环境与公共健康安全法律问题研究

韩利琳　王继恒　著

长安经济法学文库 16

法律出版社
LAW PRESS · CHINA

编审委员会

经邦济世　长治久安

（总序）

长安，作为一个地理名词，是指位于渭河平原中部，东经108.9°、北纬34.2°的关中平原地区。西汉至北周时期的长安城，位于今天西安市西北侧的龙首原，而隋唐长安城则坐落在今天的西安市区。长安，对于华人来说，似乎天然地带着浓厚的历史印记，成为一种中华文明的图腾与中国古代历史象征。这不仅仅是因为曾有13个古代王朝在这里定都，延续近千年的古都历史；更在于这自秦岭北坡向渭河平原上铺展开来的历史长卷中浸透的周秦风骨与汉唐血脉，在当时历史背景下所能达至的人类思想文化的交流、包容的自由境界，以及以文景之治、贞观之治、开元之治为代表的社会文明、安定、经济繁荣的程度。正如古斯塔夫·拉德布鲁赫所言："每一种法律思想都不可避免地带有它得以型塑的'历史气候'的标记，大多从一开始就被不知不觉地限定在历史可能性的界限之内，正是在此意义上它们与事物的性质相关联。"长安也不例外，我们无意人为地去美化和拔高长安在历史文化上的地位和意义，然而，就与其紧密联系的特定历史时期而言，我们应当肯定古人的历史格局与视野。因此，我们在将这套丛书命名为"长安经济法学文库"时便带有了这种单纯的自傲与深深的自省。

西北政法大学创立于战火纷飞的1937年的红都延安，1949年南迁西安，即历史文化古城长安。一路走来，历经陕北公学、延安大学、西北人民革命大学、中央政法干校西北分校、西安政法学院、西北政法学院,今天的西北政法大学有新、老2个校区。老校区坐落于古城西安大雁塔旁的长安南路上,谓之雁塔校区;新校区位于秦岭北麓的长安区韦郭路上,谓之长安校区。经济法学院是西北政法大学12个学院之一,创建于1985年8月,原名经济法系,是经司法部批准的全国首批设立的经济法系之一。1999年5月更名为法学二系(经济法方向)。2006年11月学校更名为大学之后成立经济法学院。经济法学院现有教职员工67人,其中专业课教师54人,教辅人员14人;教授9人,副教授22人;博士8人,博士在读14人。我院现设有1个法学(经济法方向)本科专业和经济法学、环境与资源保护法、知识产权法学、劳动与社会保障法学4个硕士学位点;设经济法学、知识产权法学、环境与资源保护法学、财税金融法学、劳动与社会保障法学、企业法与合同法学6个教研室;经济法学、房地产法学、金融法学、知识产权法学、环境与资源保护法学、法律经济学、劳动与社会保障法学、动物保护法学等22个研究中心。目前,已形成了在国内法学界具有重要影响的7个研究方向,即劳动与社会保障法研究方向、知识产权法与科技法研究方向、环境与资源保护法研究方向、金融法研究方向、房地产法研究方向、企业法研究方向、动物保护法学方向。目前,从综合实力上来讲,西北政法大学经济法学院已经成为全国有重要影响的法学院。

"长安经济法学文库"是西北政法大学经济法学院遴选本院教师的优秀研究成果,并资助出版的一套学术丛书。其选题涵盖了目前我院的经济法、劳动与社会保障法、环境资源法、知识产权法及企业公司法5个学科。这套丛书的出版,首先,得益于经济法学院近年来在科研学术水平上的不断提高和积累。学术研究是学校教学的基础,而创新则是学术研究的灵魂所在。经济法学院教师在学术研究中努力前行,追求创新,成果颇丰。在最近5年中共发表学术论文500多篇,其中被核心期刊、中国人民大学书报资料中心《复印报刊资料》等刊物转载、转摘计123余篇;出版学术专著17部;获省部级奖励及其他获奖共29项;目前承担科研项目共55项,其中国家级项目7项,省部级项目16项,厅级、校级项目26项。同时,我院教师出版教材26部,获省部级优秀教学成果奖2项。其次,丛书的出版也得益于经济法重点学科的建设。近年来,经济法学院始终把学科建设作为龙头工作来抓,取得了良好的效果。我院经济法学学科1995年被评为司法部重点学科,2001年被评为省级重点学科。经济法学课程2003年被评为陕西省首届省级精品课程,金融法学、知识产权法学课程2006年被评为省级精品课程,劳动和社会保障法学课程在2010年5月被评为国家级精品课程,是当时全国唯一的劳动与社会保障法学的精品课程。再次,丛书的出版也得益于经济法学院的人才培养计划。经济法学院实施传、帮、带的人才培养模式,支持、鼓励青年教师学业和教学科研水平提升。近3年来,专业教师中获得博士学位的有6名,博士在读的有14名。收入本文库的部分著作就是他们的博士学位论文中的精品。最后,丛书的出版也得益于法律出版社对西北政法大学经济法学院的支持和帮助。

经济法学是经世济民、安邦致用的学科,经济法学院则应是培养人才、创新学术和服务社会的园地。故而"经邦济世法魂系之,智识无涯学脉永续"是我们的办院宗旨。"长安经济法学文库"汇聚近年来西北政法大学经济法学院的科研成果,展示了经济法学院教师的教学科研能力,正是对我们学院宗旨的诠释。

公元前200年(汉高祖七年)2月,西汉朝廷正式迁入长安,"长安"之用意在于"欲其子孙长安都于此也"。而在2200多年后的今天,当我们编纂这套"长安经济法学文库"时,已经没有了封建帝王千秋万代家天下的美梦黄粱,取而代之的是现代社会主义法律人对于"经邦济世、长治久安"和谐社会的期冀。我想这是对"长安经济法学文库"最美好的祝福,也是对伟大祖国的最美好的祝福。

强　力*
长安静雅斋
2010年7月1日

---

* 西北政法大学经济法学院院长,教授。

序 言

随着我国社会经济的快速发展,环境问题日益突出,环境质量的下降直接威胁着公众健康安全,因环境污染和破坏而致人体健康损害的事件频频发生,公共健康安全引起广泛关注。改善生态环境质量,保障公众健康安全,建立环境与公共健康安全法律秩序,既是加强生态文明建设的需要,也是促进社会经济可持续发展的一项重要任务。本书以保障环境与公众健康安全为视角,以可持续发展理论为基础,增进环境与人口健康的共同发展,避免、预防和消除不健康因素,构建有效的环境与公共健康安全的法律制度保障体系,完善我国生态文明法律制度建设。

环境与公共健康安全不能简单地理解为公共卫生安全,环境健康安全与公共卫生概念应加以区分,明确环境与公共健康安全的范围、影响公共健康安全的主要风险,以便对症下药,确立衡量公共健康安全的指标体系以提高立法效率。环境与公共健康安全在整个和谐社会建设中具有非常重要的地位,其目的就是确保环境安全,预防疾病,维护公众健康安全。因此,公共健康必须以公共利益作为价值目标,为了实现公共利益,还面临着效率与公平、公共健康安全资源的合理分配、公共健康安全保护中多方利益的冲突与协调等多种选择。

回顾和反思我国环境与公共健康安全立法,我国现有立法注重公共卫生体系和突发公共卫生事件应急机制建设,并取得重大进展,但还存在对环境与公共健康安全涉及范围认识模糊、衡量环境与公共健康安全的标准体系不健全、公民在保护环境与公共健康安全的权利与义务不明确、预防性的法律手段薄弱、环境与公共健康安全保障具体法律措施不健全等问题。

本书通过国内外环境与公共健康安全立法与司法实践比较研究，探索我国与其他国家在规制公共健康安全上的差异，寻找中国环境与公共健康安全立法模式、立法体系和法律制度的选择，以寻求和谐的中国环境与公共健康安全法律秩序。中国对环境与公共健康安全国际公约、文件履行承诺的同时，更好地运用WTO的规则，充分享受我们应有的权利和合理地履行应尽的义务。

从环境与公共健康安全的范围、基本原则、政府保障环境与公共健康安全的职能、公民在保障环境与公共健康安全的权利与义务、环境与公共健康安全的法律制度建设等方面构建完善的中国环境与公共健康安全法律秩序。中国环境与公共健康管理专门机构性质是协调机构，不同于一般的行政机构。建立环境与公共健康安全分类控制法律制度体系，通过日常生活污染源的控制、危险物品转移的法律控制、优先污染物控制、重金属污染法律控制的划分，针对不同类型污染源的危害、性能分别制定相应的法律对策。

本书的出版对规范我国环境与公共健康安全法律秩序的研究具有重要的理论价值：整合学者们对该问题的零散研究，强调环境与公共健康安全保护是构建和谐社会的战略选择；构建有效的环境与公共健康安全的法律保障制度框架，可以明确不同法律、法规及国家方针、政策在规制公共健康安全的适用层次和适用顺序；对我国不同主体的公共健康安全保护权利义务的研究深化和细化，为我国建立和谐社会的公共健康安全制度体系提供一些理论上的支持和科学的法律建议，为创新我国环境法律制度，建设和谐文明社会提供法律依据。

我对于本书的出版表示由衷的高兴，并郑重地将《环境与公共健康安全法律问题研究》一书推荐给广大读者，希望读者能够从中受益。

也希望今后能够百尺竿头，更进一步，对环境与公共健康安全衡量标准体系问题的探讨，对环境与公共健康安全风险防范法律制度进行深入研究，对环境与公共健康安全保障制度进行长期关注，为丰富环境法理论成果作出贡献。

韩利琳

2019年12月25日于西北政法大学

目 录

第一章　绪　论

第一节　研究背景、目的和意义

一、研究背景

（一）环境问题成为公众健康安全制约因素

环境与公共健康安全是人类发展的永恒主题，然而，环境问题越发突出，其造成的影响范围也越来越大，环境恶化严重影响了公众的健康安全。当今世界各国经济的快速发展，往往都伴随着环境的日益恶化，而人类的生存与所居住的环境密不可分，恶劣的环境给人类健康带来的影响无法估量。因此，环境与公众健康安全的矛盾已经引发了各国的关注，并成为焦点问题。据世界卫生组织的相关报告可知，全世界大约有 1/4 的疾病是环境问题导致的，而且平均每年超过 1300 万人的死因源于环境问题，在一些经济最不发达的地区，环境问题引发的健康问题更为严重，造成了几乎 1/3 的死亡和疾病，自 20 世纪 90 年代至今，30 多种因环境问题引发的新型疾病，对人类健康产生了无法估量的威胁。

随着工业化进程的加快，我国环境污染形势日益严峻，排放多元化的污染物、污染事故频发，如沱江水污染事故、松花江水污染事故、祁连山环境污染事件等。重金属污染环境事件不断发生，因重金属污染而导致“血铅超标”事件，已涉及陕西、安徽、河南、湖南、福建、广东、四川、湖南、江苏、山东等省。①

因环境污染和破坏而致人体健康损害的事件频频发生，加之，非典、禽流感等流行病和自然灾害的发生，不断危害着人们的生命和财产，公共健康安全已成为一个突出问题，严重制约了社会经济的持续发展。

因此，建立环境与公共健康安全法律秩序，改善生态环境质量，是实现可持续发展的一项主要任务，也是经济和社会发展的重要目标。

（二）环境与公共健康安全是生态文明建设的基本要求

党的十八大报告把生态文明建设列为建设中国特色社会主义“五位一体”战略的主要组成部分。党的十九大提出，建设生态文明是中华民族永续发展的千年大计，人与自然和谐共生作为新时代发展中国特色社会主义基本方略的重要内容，将生态文明建设和生态环境保护提升到前所未有的战略高度，生态文明成为建设我国当今社会的重要战略思想。

环境与公共健康安全已经成为国际社会普遍关注的问题，环境与公共健康安全不仅是生态文明建设的基本要求，也是构建和谐社会的基本要求，是人类社会实现可持续发展的重要目标。健全我国环境与公共健康安全秩序是我国实现生态文明的重要标志，也是加强生态文明建设，改善生态环境，增进人口健康，以避免、预防和消除不健康因素，推进公共健康秩序，建立一个健康、和谐社会目标的要求。

二、研究目的和意义

建立环境与公共健康安全法律秩序是改善生态环境和实现可持续发展的一项要任务。环境与公共健康安全法律问题的研究具有重要的实际意义：(1)使人们认识到规范环境与公共健康安全的重要性；健康是一个人整个生命过程中最重要的资本。只有保障人的健康，才能谈发展进步。(2)明确各主体在环境与公共健康安全保护中的具体权利和义务，有利于保护广大公众的健康安全的生存权利。(3)增进环境与人口健康的利益，避免、预防和消除不健康因素。(4)有利于促进良好生态环境的建设。良好的生态环境是美丽中国的应有之义，对环境与公共健康安全法律问题的研究，就是对人与自然关系的研究，能促进人与自然和谐发展。

对环境与公共健康安全法律问题进行系统研究具有重要的理论意义：(1)整合学者们对该问题的零散和片面性的研究，强调环境与公共健康安全保护是构建

① 叶铁桥：《重金属污染事件频发》，载《中国青年报》2012年2月1日，第7版。

和谐社会的战略选择;(2)构建有效的环境与公共健康安全的法律保障制度框架,可以明确不同法律、法规及国家方针、政策在规制公共健康安全的适用层次和适用顺序;(3)对我国不同主体的公共健康安全保护权利义务的研究深化和细化,为我国建立生态文明的公共健康安全制度体系提供一些理论上的支持和科学的法律建议,为创新我国环境法律制度,建设生态文明社会提供法律依据。

第二节 国内外研究现状

一、国外研究现状及发展动态

环境与公共健康安全法律问题的研究在国际社会得到了重视,环境健康损害,是在工业发达国家经济发展过程中最先显现、并成为严重社会问题的。因此,相对而言,针对环境健康问题的解决而展开的实践探索和理论研究这些国家早并充分于其他国家。从理论上看,国外与环境健康问题有关的研究主要是从以下几个方面展开的:

1. 环境因素对公共健康安全的影响。特别是温室气体的排放引发公共健康损害问题解决的法律对策研究比较关注。欧洲委员会的环境和健康战略目标是集中研究环境因素和危害健康影响,实行一体化的环境和健康监测,并在欧洲实现数据共享,以引起公众对环境和健康的足够关注。亚洲公共健康与空气污染研究计划(Asia Public Health and Air Pollution Research Program,PAPA)作为亚洲城市净化空气行动(Air Purificationin Asian Cities,CAI-ASIA)的一部分,这项研究旨在回顾和综合分析亚洲地区空气污染与人体健康研究现状,组织开展新的健康效应研究项目。

澳大利亚悉尼大学法学院和澳大利亚气候与环境法中心,新奥尔良洛约拉大学和美国杜兰大学的《气候灾难法研究手册》,通过评估与国际、公共、私人和环境法相关的气候灾害法,考虑了气候灾害给法律和政策带来的独特挑战、障碍和机遇。科学和经验证据表明,应对自然灾害的法律不能充分适用于由气候变化引起的灾害。该研究手册以国际知名专家的贡献为特色,将为那些对环境法和国际政策制定感兴趣的人提供有用的资源。

法国的恩戈、雷冈编著,李大寅翻译的《废弃物与污染:对环境和健康的影响》一书,由中国环境科学出版社出版,侧重从废弃物污染角度来诠释其对环境和健康的影响。作为一本阐述废弃物与环境污染的著作,其内容广泛,涉及能源、交通运输、全球环境问题和医学等很多学科。随着当今世界人口的爆炸式增长,各类废弃物的排放以及对环境的污染程度与日俱增。该书中有关近年来在欧洲所发生的疯牛病的起源和传播情况的介绍也颇为新颖，因为这是一种在两类不同物种之间的疾病传播，它涉及的是一种没有人能够事先预料的危险，再加上法国的原子能发电、交通运输、废弃物焚烧技术等很多方面，都处于世界科技领先地位。

美国比阿特丽斯·特鲁姆·亨特(Beatrice Trum Hunter)(美国环境医学研究院名誉委员)编著，李淑琴翻译(国际环境译丛)，中国环境科学出版社出版的《水与健康》(2011)、《土壤与健康》(2011)及《空气与健康》(2011)等著作，主要解读环境要素与人体健康之间关系。《土壤与健康》主要阐述：农业行为是一大艰巨任务，重新为人类健康提供营养丰富的动植物产品。我们只有越来越重视土壤的健康，才能越来越好地为我们以及我们的后代提供更多营养健康的食品。《水与健康》主要阐述：水对人类生命健康的作用不言而喻，但是面对水资源短缺及污染的现状，如何能将现有的水都转化为可重复利用的纯净水，却是困难重重。

2. 对移动污染源和日常生活用品(消费品)对公共健康危害的控制，也包括公共健康与食品、药品监督管理措施。约翰逊(Hope Johnson)，昆士兰科技大学，《国际农业法律和政策》(2018)爱德华埃尔加(Edward Elgar)出版社，主要是以保障粮食安全为目的，全球化的农业和粮食系统是人类面临的重大问题的关键，从与饮食有关的疾病的增加到水污染和生物多样性的丧失，然而，关于农业和食品监管的法律研究才刚刚出现。这本首次系统地分析了国际公共规则对农业的影响。每一章都要考虑相关的监管工具。

3. 关于侵权损害赔偿制度方面的研究，主要有：斯蒂芬·苏格曼(Stephen Sugarman)的《侵权行为法的废除》(1985)；迪亚斯和马肯尼斯德的(Dias and Markensinisde)《侵权行为法》；格雷迪(Graddy)的《侵权改革和生产者支付——对加利福尼亚模式的前瞻思考》；安东尼·梅森爵士(Sir Anthony Mason)的《人权和侵权行为法》以及彼得·坎恩(Peter Cane)、阿提亚(Atiyah)的《意外事故、赔偿和法律》等。

4. 关于环境责任保险制度方面的研究，主要有：尼克·洛克特(Nick Lockett)的《环境责任保险》(1996)；福雷米卡尔 & 大卫 & 格里米厄(Faure Michael & David Grimeaud)的《环境责任的财务担保问题》、《环境责任的障碍、可保险性和赔偿——欧盟的未来发展》以及《现代保险危机和侵权行为法》等。

5. 关于侵权赔偿以及救济模式方面的研究，主要有：日本学者加藤雅信教授倡导的“综合救济体系”，对人身伤害赔偿制度的完善颇有裨益；另外，英国皇家皮尔森委员会关于人身伤亡与民事赔偿责任研究报告(Royal Commissionon Civil Liability and Compensation for Person Injury)，对于意外事故致健康损害补偿方面有较大参考价值。

6. 关于环境健康政策与法律方面的研究，主要有：约翰逊·巴里（Johnson BarryL.）的《环境政策与公共健康》（Environmental Policy and Public Health）、斯蒂芬·布雷耶（Breyer Stephen）的《有效风险规制》（Toward Effective Risk Regulation）、王立德（Alex Wang）的《环境健康与法律——美国经验借鉴》等，这些研究成果对环境健康政策和立法的完善有较强的借鉴意义。

从目前实践上看，美国、欧盟、日本以及韩国等国家普遍在环境政策与法律中，不仅明确规定了保障国民健康的立法宗旨，而且建立了一系列用以降低环境污染、保护和改善环境、减轻人类环境健康风险的法律措施。这些立法成果对于我国环境健康问题的科学立法具有借鉴意义。

7. 关于公共健康安全保护与国际贸易自由化的协调。《卫生与植物卫生措施实施协议》即《SPS 协议》，其宗旨是为了避免 WTO 成员所采取的卫生与植物卫生措施给国际贸易带来不必要的壁垒，以利于国际贸易的自由化。WTO 总理事会通过的《关于实施多哈宣言第 6 条款的理事会决议》赋予了发展中国家为维护公共健康安全而进口廉价仿制药品的权利，协调了公共健康安全与国际知识产权保护的利益冲突。

从国际社会关于环境与公共健康安全运动的实践来看，其主要特点有：许多国际组织和非政府组织积极倡导环境与公共健康安全运动；发达国家建立了环境与公共健康安全风险评估体系，并将环境与公共健康安全纳入社会实践，制定相关标准和规范；发展中国家积极参与国际公共健康安全活动，并制定相关立法，但是，国际社会就环境与公共健康安全的立法范围、衡量标准体系等问题的研究尚未达成共识，环境与公共健康安全保障的具体法律措施研究不深入。

二、我国相关研究现状和发展动态

悠悠民生，健康最大。审时度势，推进健康中国建设、厉行环境健康法治势在必行。在我国，鉴于以往的研究对环境问题的健康效应关注不够，关于环境健康问题无论在理论和实践上都还是一个富有挑战性、并值得深入探索的新问题。综合来看，我国学者关于环境与公共健康安全方面的研究，主要是从以下几个方面展开并持续跟进的：

（一）建立适应和谐社会环境与公共健康安全秩序研究

针对环境污染引发的突发性公共健康安全的应急措施研究比较多。生态环保部组织有关科研单位编写的《国家污染物环境健康风险名录》，系统地介绍了我国环境中存在的污染物种类、毒性、对人群健康的影响及其防治措施；由 18 个部委局共同制定的《国家环境与健康行动计划(2007-2015)》,其主要目的是制定环境与健康工作的协调机制。

(二)相关科技攻关

目前,我国的相关研究主要集中在环境健康损害诊断标准、分级标准、认定程序、相关标准的制定以及健康损害补偿机制与法律框架方面。针对包括:对镉、砷、铅、汞、铬、苯、甲醛、二噁英、臭氧、氮氧化物、二氧化硫、硫化氢、烟尘粉尘、电磁、放射、噪声、藻毒素等各种环境污染物的特性、分布和生态毒理,以及在环境介质界面间的转化过程、人体健康损伤机理、慢性累积健康效应、评价指标、易感性、理论模式、监测、风险评价等多方面进行了较深入的研究,为制定环境污染损害人体健康的判定标准、污染源控制技术规范等工作提供了较好的工作基础。如云江主编的《环境污染的健康风险评估与管理技术》从技术和管理方面切入,注重"理论结合实践",在广泛调研国内外关于环境污染所致健康危害的调查方法技术、风险评估技术、风险管理体系等方面的研究成果基础上,结合我国污染特点与案例研究,通过分析我国环境污染所致健康危害的类型和特征,较为全面、系统地提出我国环境污染的健康损害调查方法技术规范、风险评估技术导则以及风险管理技术,构建了我国环境污染与健康管理技术框架。

(三)其他部门法学术"健康权"研究

在我国,单就"健康权"问题的研究成果相对较多,除了宪法中从作为基本权利的健康权方面的研究外,已有的研究多集中在私法领域,这些研究旨在通过对健康的民法保护和救济方面积累了一些研究成果,但专门针对环境侵权导致健康损害方面的研究则并不多。

(四)环境法学研究

近年来,随着大规模环境污染所引发的渐行渐近的健康危机,"生态民生"问题引起了国家和学界的高度关注。从法律上看,目前,在环境问题导致健康损害的案件中,很多受害者得不到有效救济。环境健康问题引发的群体性事件已经成为影响社会安定与和谐的重要因素,公众要求改善环境、维护环境健康权益的呼声强烈。如何通过构造环境健康领域的"良法善治",以保障和实现公众的环境健康权,已成为生态文明时代解决好"民生问题"需要迫切面对的重要课题。

目前,关于环境健康问题,环境法学上较有影响、指引性和针对性的研究成果主要有:吕忠梅教授的《环境法学研究的转身——以环境与健康法律问题调查为例》以及《环境铅、镉污染人群健康危害的法律监管研究》(该著作主要以风险理论为基础,针对现行环境污染危害人群健康的突出现状,阐述了如何建立完善的法律监管体制;并对环境与健康监管的制度、风险评估制度和司法鉴定制度进行深入探讨)、《生态文明视野下环境健康的法律监管转型论纲》、《中国环境污染对健康损害的成因与对策》,陈虹、赵立新、吕忠梅的《中国环境健康法律分析报告》等。

此外,还有张世秋教授的《中国环境管理制度变革:应对环境退化对健康的影响》、王灿发教授的《环境污染致人体健康损害的法治问题研究》、孙佑海教授的《美国环境健康风险评估法律制度研究》、王晓辉的《环境污染健康损害填补法律制度研究》、朱谦的《环境法的权利基础——基于财产权、生命健康权的考察》、于文轩教授的《美国环境健康损害赔偿立法及其对我国的启示》、秦天宝教授的《浅谈环境法对健康权的保障》、张宝的《基于健康保护的环境规制》、张忠民的《环境与健康诉讼的困境与突破》、尤明清的《论环境污染健康损害救济机制之完善路径》等。这些研究成果对于开启和推动环境健康问题的环境法研究奠定了基础,具有一定的指引作用。

(五)WTO 框架下的国际贸易与环境公共健康安全的协调发展问题研究

专著有那力教授等主编的《WTO 与公共健康》,主要是对国际贸易体制中的环境与公共健康、WTO 在公共健康领域的规则等问题进行了研究,主要涉及 WTO 争端解决机制,介入了贸易有关的公共健康问题;公共健康政策和贸易政策在国内、国际层面协调;WTO 与公共健康理论与实践;WTO 体制中公共健康与环境保护的关系;公共健康与自由贸易的协调一致等内容。

通过对上述相关研究文献的梳理,总体来看,这些研究成果就"环境健康"问题的研究主要是从两个方面展开的:

一是着眼于说理,即通过对环境健康相关研究资源的挖掘,为中国环境健康问题研究的正当性和合理的理论证成而提供赋有说服力的学理支持。

二是着手于实务,即主要从技术层面为环境健康的法律保障提供切实可行的操作方案。

但存在的问题有以下几点:

其一,理论滞后于实践。主要表现为当前理论研究尚不足以满足环境健康立法和司法实践的现实需要,理论对实践的指导作用有限。

其二,碎片化研究多、较为深入的系统研究少。主要表现为一般性介绍多、深入研究少,点源上的制度设计多、面源上的系统建构少。

其三,总结和引进西方法学理论或者简单移植西方法律制度的多,从中国的经验事实出发,通过对问题的科学研究,提炼出概念和理论或总结出规律性的研究少。

因此,相关研究应当致力于通过借鉴已有研究成果的成功经验、科学分析已有研究成果不足的基础上,对上述几个方面的问题有大的改进,以期不断提高本课题研究的质量。

第三节 研究内容与方法

一、研究内容

全文共分九章，主要内容如下（见图 1）：

第一章，绪论。主要涉及研究背景、国内外研究现状分析、研究内容与方法。

第二章，环境与公共健康安全的基础研究。主要涉及环境问题：人类健康的新困扰；环境与公共健康安全的内涵；环境对公共健康安全的影响；环境与公共健康安全的价值定位。

第三章，我国环境与公共健康安全法律保护反思。主要涉及环境法的转身：直面环境公共健康安全的挑战；我国环境与公共健康安全立法回顾；我国现行环境与公共健康管理体制检视。

第四章，环境与公共健康安全法律保护的国际视野。主要涉及世界新主题：全球环境变化与健康；环境与公共健康安全国际法律保护；中国对环境与公共健康安全国际公约的履行；国外环境与公共健康安全立法考察；国外环境与公共健康管理体制考察；国际社会环境与公共健康安全措施对我国的启示。

第五章，我国环境与公共健康安全法律框架研究。主要涉及：制订环境与公共健康安全专门法；环境与公共健康安全立法目的；环境与公共健康安全法律原则；政府在环境与公共健康安全保护中的责任；公民在保护公共健康安全中的权利与义务。

第六章，预防性的环境与公共健康安全法律制度建设。主要涉及环境与公共健康安全规划法律制度；环境与公共健康安全信息公开法律制度；环境与公共健康安全的评估法律制度；环境与公共健康安全预警法律制度。

第七章，治理性的环境与公共健康安全法律制度建设。主要涉及环境与公共健康损害监测法律制度；环境与公共健康安全标准法律制度；环境与公共健康损害鉴定评估法律制度；环境与健康损害补偿基金法律制度；环境与公共健康安全管理公众参与法律制度；突发性环境与公共健康安全事件应急法律制度。

第八章，环境与公共健康安全分类控制法制建设。主要涉及日常生活污染源的法律控制；危险物品转移的法律控制；优先污染物法律控制；重金属污染法律控制。

第九章，农产品质量安全法律规制。主要涉及农产品质量安全基本问题分析；我国关于农产品质量安全立法现状分析；国外农产品质量安全的立法考察；我国农产品质量安全法的规制。

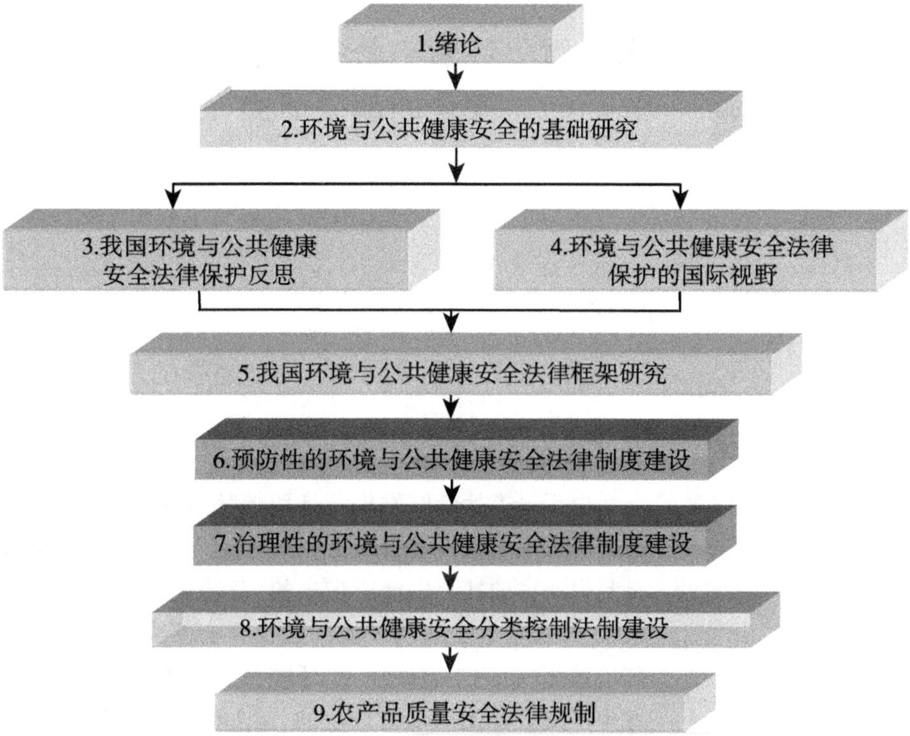

图1 研究内容

二、研究思路与方法

从理论联系实际出发，采用法学、社会学、自然科学等多学科的原理和方法进行研究论证，通过对环境与公共健康安全履行情况调查分析、借鉴国外立法经验，结合中国的实际，采用理论到实证分析、理论研究到解决对策研究的方法，探求我国环境与公共健康安全的立法范围、体系、风险防范对策等法律问题，提出一套可行的环境与公共健康安全法律建议。主要的方法有：文献研究法，在提出新问题的基础上开展文献研究，进一步梳理有关理论观点；实例分析法，从环境与公共健康安全存在的问题出发，分析环境与公共健康安全法律规制的合理性；调查、咨询法，开展调查、咨询工作，真正了解我国环境与公共健康安全的实际问题；比较研究法，对我国与发达国家环境与公共健康安全的立法模式、体系、制度进行比较分析；跨学科综合研究法，利用成员专业研究优势，从不同学科角度分析问题，以便形成科学的研究成果。

第二章　环境与公共健康安全的基础研究

第一节　环境问题：人类健康的新困扰

一、健康与发展

由于人类社会的发展所导致的环境质量下降或者生态破坏对人的身体健康以及生命安全带来的有害影响，就是我们所说的社会发展所带来的“环境健康”问题。一般来说，人类活动引起的环境问题主要有两类：环境污染和环境破坏（也称生态破坏）。环境污染，主要是指由于人们在生产或者其他活动中产生的，诸如废水、废气、废渣、粉尘、恶臭气体、放射性物质以及噪声、振动、电磁波辐射等对环境的污染和危害，使环境质量恶化，影响了人体健康、生命安全以及其他生物生存和发展的现象。环境破坏，主要是指由于不合理的开发利用活动，诸如毁林开荒、过度放牧、滥采乱猎、不合理灌溉等所造成的森林锐减、水土流失、土地退化、野生动植物资源减少或灭绝等生态恶化现象。应当说，环境污染和环境破坏这两类环境问题是密切相关、相互影响的。比如，环境污染往往会导致生态的破坏，而生态环境的破坏也会加剧环境污染。但总体上说，生态破坏对人类的危害影响更大、持续的时间更长，甚至是不可逆的。

从人与环境的关系上看，自二三百万年前，地球上诞生了具有高等智慧的生物即人类伊始，人类就与其周围环境发生着密切的联系。一方面，人是环境的产物，为其自身的生存和发展，人类需要不断从其周围环境中获取物质和能量。不仅如此，在为人类提供生活资料和生产资料的同时，环境还给人类提供了“在智力、道德、社会和精神等方面获得发展的机会”。[①] 正因如此，《人类环境宣言》郑重宣誓：“人类环境的两个方面，即天然和人为的两个方面，这对实现人们的幸福以及人们最基本的生存权利，都是必不可缺少的”。另外，人类又是环境的塑造者。但需要强调的是，自然环境中物质和能量的变化具有其自身的规律性，它不以人类主观需要而改变其自身发展规律。实际上，人类经历了历史的演变，不断发展变化，时至今日，基于科技进步，人们的探索能力也在快速提升，人们采取更多更为先进的科技方法改造自然，同时范围上也在不断扩大。人类改造其环境的能力如果能明智地加以使用的话，应当可以给各国人民带来开发的利益和提高生活质量的机会。然而，由于这种能力被轻率地使用或使用不当，给人类和人类环境带来了无法估量的损害。

从世界范围看，在地球上许多地区，我们可以看到周围有越来越多的人为损害的迹象：在水、空气、土壤以及生物中污染达到危害的程度；自然界生态系统的平衡受到严重和不适当的干扰；一些无法取代的资源遭到破坏或陷入枯竭；在人为的环境，特别是生活和工作环境里，存在有害于人类身体、精神和社会健康的严重缺陷。我国的环境形势不容乐观，纵然环境具有较强的自净能力，但是我国现阶段的主要污染物排放过多，已经远远超越了其自净能力。水污染也面临严峻的挑战，水污染的面积正逐渐扩大。我国大气污染一直都备受关注，但是却无法从根本上进行治理，近年来，持久性有机污染物引起了人们的广泛注意，其对人类产生的危害也越发明显。除此之外，我国土壤污染的现状也非常严峻，污染面积越来越广，而且土壤污染的修复难度大。海洋污染的危害也逐步凸显出来，尤其是近海海域的垃圾污染明显恶化。由于生态环境已经遭受到了破坏，从而又引发了水土流失、石漠化、草原退化、生物多样性减少等一系列生态问题。发达国家环境问题出现的较早，并持续了几个世纪，然而我国的环境问题在近二十年间集中式爆发，具有结构型、复合型、压缩型的特点。这无疑在告诉我们，中国通过工业化实现经济增长的方式，已经使环境“濒临崩溃的边缘”。我们必须直面这样的现实：环境污染和生态破坏不仅是制约经济发展和社会稳定的一个重要因素，而且也已成为影响环境安全、危害人民健康的“元凶”。

历史常常有着惊人的相似之处。在工业化发展的历程中，发达国家在创造巨大财富的同时，也将大量有毒有害物质排放到环境中，不仅加剧了环境污染和破

---

① 《斯德哥尔摩人类环境宣言》，共同原则1。

坏,也使人类的健康和生命付出了沉重代价。称为“世纪之痛”的世界八大公害事件,就是一个典型的例证。例如,英国经历了“雾都”之痛,4000 余人为此丧生;日本发生过水俣病等公害事件,患者过万;美国洛杉矶也曾因汽车尾气和工业废气造成的光化学烟雾导致400 余人异常死亡。环境污染经常会引发严重的地方性疾病——公害病。据统计,20 世纪全球发生了 60 多起公害事件,不仅病亡人数众多,而且对人体健康的潜在危害还无法估计,这可以说是工业化进程中的一个挥之不去的痛。世界经济在快速向前发展,但由此带来的生态退化以及环境污染等负面效应给人类的身心健康和生命安全带来的巨大损害,却也着实令世人担忧。

发达国家工业化发展过程中经历的公众健康的惨重代价,在我国也未能幸免。由于大量人口暴露于严重污染的环境中(空气、水、土壤和噪音),存在巨大的环境与健康风险,一些地区已经出现了比较严重的人体健康损害问题。例如,近年来在中国多个地方出现的“癌症村”,就是由于环境污染而导致人体健康受损的典型案例。虽然,快速发展的经济和城市化使成千上万的人摆脱了贫困,但给人们健康带来威胁的环境污染也同样在困扰着中国许多地区,从而使大量中国人正饱受由环境恶化所导致的健康问题的折磨。据中国知名民间环境保护组织“自然之友”于2010 年3 月19 日在北京发布的年度环境绿皮书——《中国环境发展报告(2010)》称,中国已经进入了环境污染导致人体健康受损事件的高发期。该报告认为,中国经过 30 多年经济的快速发展,环境污染所造成的危害后果特别是对人体健康的危害后果正日益显现,甚至到了集中爆发的时期,今后若干年内有可能频繁发生环境健康案件。

另外,2013 年环保部在其公开发布的关于《化学品环境风险防控“十二五”规划》中表明:近年来,我国一些河流、湖泊、近海水域及野生动物和人体中已检测出多种化学物质,局部地区持久性有机污染物和内分泌干扰物质浓度高于国际水平,有毒有害化学物质造成多起急性水、大气突发环境事件,多个地方出现饮用水危机,个别地区甚至出现“癌症村”等严重的健康和社会问题。正如有学者所指出的,“中国环境污染对健康的损害切实存在,处于‘局部性’和‘区域性’阶段,如果不在此阶段采取积极应对措施,随着环境污染的持续存在和进行性发展,局部问题有不断扩大或局部之间融合的趋势,环境污染对健康的影响存在扩大成为大范围地区性问题的可能性”。①

目前,中国正处于工业化中后期和城市化加速发展阶段,经济增长方式粗放

---

① 冯东方等:《中国环境与健康的形势判断与战略思考》,载《第四届国家环境与健康论坛论文集(2009)》。

等问题使中国的资源环境问题日益突出，污染形势十分严峻。由于污染的严峻形势难以在短期内得到根本性扭转，经济增长资源环境代价过大的问题也不可能在短期内得到根本解决，因此这可能导致中国经济发展与环境保护的突出矛盾所带来的健康风险，较之世界上其他国家在环境健康问题上面临的情况更为复杂，解决的难度也将更大。历史累积污染问题的健康影响难以短期消除，导致了传统型的环境健康问题没有得到解决，工业化产生引发的新型环境污染健康风险也在日趋严重的局面。环境健康问题已经成为中国面临的一个名副其实的严峻挑战。其实，“环境污染不仅体现为中国经济增长的外部成本，更重要的是对民众的身体健康产生影响”。但迄今为止，人们还是习惯侧重于用经济损失来衡量环境恶化的影响，而污染对人们健康的影响还远没有得到应有的重视。

环境健康问题越来越多、渐行渐近的健康危机日益显现，我们不禁要问，难道为经济增长所酿成的这枚有损于人体健康和生命安全的苦果，注定是为了成就发展所必须要付出的代价吗？经济发展过程中付出的环境成本过高，以至于经济增长速度与幸福指数不成正比，也是不争的事实。在现实生活中，人们买得起奢侈品，但干净的水、清洁的空气、无害于健康的环境，这些保障人们幸福生活的起码要求，却反而成了令人可望而不可即的新奢求。这正如波德里亚所指出的那样：“城市工业界的影响使得新的稀有之物出现：空间和时间、纯净空气、绿色、水、宁静……在生产资料和服务大量提供的时候，一些过去无须花钱、唾手可得的财富却变成了唯有特权者才能享用的奢侈品”。① 这种“现代性的后果”，不能不说是工业化、城市化的悲哀！

经济只是发展的手段，发展的目的是满足人的需要，但是在人们追逐物质和金钱时，这个真理却经常被忘记。实际上，长期以来，我们一直走的是一条“以物为本”的发展道路，片面地认为发展的核心是财富的增长，而非人本身，错误地把手段当成了目的。在实践中，也为此付出了公众健康的惨重代价，从而从根本上背离了发展应是以人为中心，始终关注人的发展和解放的“人本”价值。正如有学者所指出的，“发展就是为了人的，‘以人为本’是发展理论的应然形态，而‘以物为本’是发展理论的异化形式，所以我们今后的发展不仅是从‘以物为本’转向‘以人为本’，而且更是向‘以人为本’的回归”。②

要建立一个基于“生活质量”的发展理念，并把公众健康作为发展的首要目

---

① ［法］让·波德里亚：《消费社会》，刘成富、全志钢译，南京大学出版社2001年版，第43页。

② 陈向义：《物本与人本——发展理论的迷失与重建》，上海交通大学出版社2008年版，第163页。

标;需要建立一种发展—环境—健康的协调关系,明确不损害公众健康的环境质量是底线;需要正确地审视发展,清醒地认识到环境健康面临的挑战和重要性,并切实从发展和环境保护的各个方面承担起维护公众健康的责任。

二、公害病与健康危机

公害病(Public Nuisance Disease),顾名思义就是指因环境污染公害造成健康损害而引起的地区性疾病。如与大气污染有关的慢性呼吸道疾病、由含汞废水引起的水俣病、含镉废水引起的骨痛病等都属此类。公害病主要是由人类活动造成的环境污染所引起,而且导致健康损害的污染因素异常复杂,既有一次污染物,又有二次污染物,既可能是水体污染、大气污染造成的,也可能是土壤污染和食品污染所造成的。

不仅如此,生态退化对健康的影响也开始日渐显现。例如,一般来说,生态系统的退化不仅会降低生态系统的生产力,减少自然界向人类提供物质和服务的功能,而且也会弱化生态系统抵御洪水、干旱等自然灾害和缓冲污染的能力。同时,生态破坏也直接或间接地影响人类健康,如水土流失和土壤沙化导致农业土壤质量退化和农产品品质和营养成分下降,产生营养缺乏性疾病。再如,土壤沙化和草场退化导致的沙尘天气可引起呼吸道等多种疾病高发。

公害病危害巨大,其流行,一般具有长期(十数年或数十年)陆续发病的特征,还可能累及胎儿、影响后代。而且,在疾病谱中公害病属新病种,有些致病的机理至今还不清楚,这无疑增加了管理和防治的难度。

公害病不仅是一个医学概念,而且具有法律意义,须经严格鉴定和国家法律的正式认可。日本不仅是严重公害病的重要发病国之一,而且也是世界上最早开展公害病研究的国家之一。早在 1974 年日本就颁布了《公害健康被害补偿法》,用于规定有关公害病的诊断标准和赔偿办法。该法明确将含镉废水引起的骨痛病、含汞废水引起的水俣病,以及与大气污染有关的四日市哮喘病和米糠油事件所致多氯联苯中毒,确定为公害病。目前,我国尚未制定有关的法律规定公害病的诊断和赔偿标准,这已成为公害病防治的一大现实问题。

近年来,随着中国环境污染对健康的影响日益突出,由此而导致的公害病发展迅速,影响越来越大。尽管过去 20 多年间,中国政府在环境保护方面作出了巨大努力,但因为环境污染的累积性特征,以及中国经济发展过程存量环境问题没有解决,增量环境问题不断出现,使在当前和今后一个时期,环境形势会相当严峻,环境污染的损害特别是人体健康风险凸显、突发性环境事件频发,并大有愈演愈烈之势。例如,经过长时间的积累,由环境污染引起的包括畸形新生儿出生率上升、恶性肿瘤的发病率和病死率提高以及各种已被控制的恶性传染病的复现等健康影响,严重威胁着公众的健康。其中一个在公共健康领域备受关注的典型事例,就是分布在广大农村地区、受害群体集中、健康影响显著的“癌症村”现象。

由于环境污染的加剧,中国已经出现了一些“癌症村”。据调查,目前已经确定的癌症高发地区村庄有75个,主要分布在我国的中东部,内陆的河北、河南“癌症村”数量最多,其次是安徽、江西、湖南、湖北等地,沿海地区的江苏、浙江、天津、广东等地也有“癌症村”出现,西部则主要分布在川渝地区。可怕的“癌症村”现象告诉我们,环境污染正使病患增加,由污染所致的疾病对人口总体死亡的危害日大,甚至还有我们无法估量的其他不良影响。

在环境与健康这一主题上,2009年因环境污染损害健康事件频发而震惊社会。据统计,这一年仅引起社会强烈震动的环境健康事件就不下5起,特别是重金属污染,已成为一个必须高度关注的“紧迫而不容回避的健康危害”。[①] 这5起事件分别为:江苏盐城水源污染事件,导致20万人饮水受影响;湖南浏阳镉污染,引发群体事件;陕西凤翔儿童血铅超标,村民被迫搬迁;湖南武冈特大铅污染案,1958名儿童近7成血铅疑似超标;“铅都”河南济源再现血铅之痛,大量儿童血铅超标,与未严格划定安全防护距离有直接关系。事实上,2009年发生的环境健康案件远不止这5起,昆明东川区、福建上杭等地也相继发生了儿童“血铅超标”事件。

2009年环境健康事件高发并非偶然,它是环境问题长期积累的结果,只不过现在已经由隐性变为显性,到了集中爆发的时期。我们应当清醒地认识到未来环境问题,包括环境健康问题高发的态势远没有结束。正如有学者所指出的:“中国的环境与健康问题表现为环境污染浓度高暴露人口众多、暴露时间长、暴露途径复杂多样,历史累积污染问题的健康影响难以短期消除,导致了传统型的环境健康问题没有得到解决,工业化产生引发的新型环境污染健康风险也在日趋严重的局面。环境污染对健康造成的损害也日益加剧,已经进入了环境与健康问题的高发期”。[②] 这也预示着,中国的环境健康开始进入“发病期”。[③]

可以肯定的是,2009年的环境健康事件仅仅是当今中国有关环境污染和健康问题的冰山一角。例如,据统计,仅“十一五”期间发生的232起较大(Ⅲ级以上)

---

① 郄建荣:《环境与健康事件频发震惊社会》,社会科学文献出版社2010年版,第52~58页。

② 冯东方等:《中国环境与健康的形势判断与战略思考》,载《第四届国家环境与健康论坛论文集(2009)》。

③ 陈媛媛:《环保民间组织提出警示——环境健康进入“发病期”》,载《中国环境报》2010年3月31日,第3版。

环境事件中,56起为环境污染导致健康损害事件,37起环境事件发展为群体性事件。河南省济源市等31起重特大重金属污染事件的发生,不仅仅损害了人们的生命健康,还严重影响社会秩序,使众多不稳定因素频发,在国际上引发了热议。[①]但从积极的一面看,这些事件本身至少再一次引起人们的警惕:目前,因环境污染引起的对人体健康的影响已面临着十分严峻的局面。同时,这些事件本身也从另一个方面说明,中国已经进入治理和改善环境质量的高难度阶段。

第二节　环境与公共健康安全的内涵

健康的概念和内涵是随着时代的发展变迁而不断丰富和发展的。在传统观念中,健康是游离于环境之外的。这也就是说,过去我们对健康问题的认识主要关注的是人的身心健康、个人与社会之间的和谐,而忽视了人与自然之间的和谐和安全的生态服务对健康的影响。然而,现在我们越来越深切地感受到健康是人与环境互动的产物,不仅关乎生理和心理、更关乎生态,还认识到是自然环境因素在诱发疾病、接受治疗和康复还原的过程中扮演着重要角色。显然,针对当前我国环境与健康的现状和存在的问题,必须要树立新的健康观念、高度重视环境与健康的关系,切实做好环境与健康的协调发展,尤其要重视在保护生态环境、建设生态文明中保障和促进公众健康的问题。

一、公共健康安全的内涵

(一)健康的内涵

健康是人生命全过程的最重要的资本。使世界人民获得尽可能高水平的健康是世界卫生组织(World Health Organization,WHO)的宗旨。

关于健康有许多定义。健康是指人体查不出任何疾病的状态,并且其各种生物参数都处在正常变异范围以内,在日常范围内对外部环境(自然的和社会的)变化有良好的适应能力。20世纪70年代,联合国世界卫生组织在《世界保健大宪章》中对健康作了如下定义:"健康不仅是身体没有病,还要有全面的心理状态、生理和社会的适应能力。"身体无病:这是健康的最基本条件;心理健康:心态决定了人生的一切,良好的心理是一切的保证;生理健康:维持机体各组织的细胞,使功能协调作用完善;适应社会的能力:当今社会的三大特征为"速度、多变、危机",相

---

① 《国家环境保护"十二五"环境与健康工作规划》,第一部分(二)。

应的对策为“学习、改变、创业”。①

当今普遍接受的健康的概念是《世界卫生组织宪章》中对健康的定义:“健康是指人的躯体、精神、社会适应能力的良好状态。”这一定义表明健康的范围很广,包括公共的精神和心理的健康。它强调健康是由三个“维度”组成,包括社会适应、心理和躯体三方面。人是具有高级神经活动的生命体,一方面体现在人的内心活动,另一方面体现在其与周围社会生活环境的相互影响关系,最终环境则会对人们的身心健康产生一定的影响。躯体层面的健康是健康的最基本层次。

世界卫生组织在《阿拉木图宣言》中重申,“健康是基本人权,达到尽可能高的健康水平是世界范围的一项基本目标。”②美国学者乔治·罗森在《公共健康史》这本书中也明确表达了其对公共健康这一概念的看法,最终提出这一概念还应该扩大到对人类健康造成危害的相关运动和立法活动。主要体现为人们为减少工作时间而举行的活动,为保护童工和孕妇权益而实行的立法等。

(二)安全的内涵

安全指不受威胁,没有危险、危害、损失。含义一,是平安、无危险;含义二,是保护、保全。国家标准(GB/T28001)对“安全”给出的定义是:“免除了不可接受的损害风险的状态。”安全是一种状态,即通过持续的危险识别和风险管理过程,将人员伤害或财产损失的风险降低至并保持在可接受的水平或其以下。安全的特性是“没有危险”。

可见,安全就是没有危险的客观状态。当安全依附于人时,那么便是“人的安全”。如果放置在一个长时期的历史状态下,安全只能是相对的。

(三)公共健康安全的内涵

公共健康即公众的健康或者是人口健康、人类的健康。一般认为,只要是能影响公共健康的情况,就能将其概括为公共健康问题。比如,社会医疗水平与相应的制度建设、医院的基础设施建设与医生的医疗技能、保障健康的各种社会资源的分配问题、用工安全与保护问题、生活与健康检查问题、环境污染和破坏的修复治理与保护问题、传染病,以及吸烟、酗酒等个人生活问题。公共健康具有其特殊性,体现在以下几个方面:其一,是更加关注“社会公众”的健康问题,即其并非侧重于个人,而是侧重于所有人的健康维护。其二,是以预防为主。其基本原则是为了群体健康,疾病的预防,而非单个人的健康的开展。其三,是涵盖范围大,包括所有与公众健康相关的问题,而不仅是指医疗保健制度、医院与医生、医生与

---

① 贾振邦:《环境与健康》,北京大学出版社2008年版,第8页。

② 史军、王巍:《公共健康保障中的政府责任》,载《河北法学》2010年第1期。

患者的关系等。其四，是公共健康是一种社会产品，它的促进是一种群体性行为，必须通过社会的力量来实现。其五，公共健康突出了政府的职责与宏观调控，政府的权利和义务便是通过命令和其他强制手段消除对于公共健康的威胁。①

健康权利是公民的基本权利，任何人都无权剥夺，但是要想真正实现健康权利的顺利行使，不仅需要提高人们的权利意识，同时还需要一定的物质基础作为保障。实际上，公共健康安全具有与国防安全同等的重要性，其关系到一个国家、一个民族的存亡。同时，公共健康关系不仅体现为人与人的关系，还体现为人与自然的关系。

笔者认为，公共健康安全就是公众的一种健康状态，是躯体、精神和社会适应能力的良好状态，这种状态是客观存在，并且是可测量的。公共健康状态并非是一成不变的，人们完全可以采取一些措施，通过一定的努力和适度干预对其进行改变，促使人们的健康水平不断提升。

在现代社会，环境因素已成为影响公共健康安全的主要因素。作为公共健康的典型形式，环境健康问题主要是指因污染环境、破坏生态对人体造成的损害或危险。环境健康问题是全球性问题，并且在发展中国家尤为严峻。环境健康安全面临的挑战，要求各国政府必须加强环境与健康管理，提高环境风险的防控能力，尤其是通过建立健全环境健康损害的预防、预警和救济机制，以最大限度地减少因环境因素对健康造成的危害。从这个意义上说，环境与公共健康安全不仅指公共健康处于良好状态或不遭受环境侵害的状态，还意味着一个国家对于保障环境与公共健康安全的实际能力。

（四）公众健康安全的主要法律特征

1. 公共健康安全主体的广泛性

从国内层面看，公共健康安全的主体应当是全体公民；从国际层面看公共健康主体应该包括发达国家的全体公民和发展中国家的全体公民。从全人类的层面看，公共健康的主体应当包括全人类，既包括当代人，也包括后代人。

2. 公共健康安全内容的广泛性

法律主体的内容是指法律主体的具体权利与义务。基于公共健康安全主体广泛性的特点，每类主体具体公共健康权利与义务构成了公共健康的内容，因此，赋予了丰富的内容，主要表现为：公民的健康权利与义务、国家政府公共健康责任等。

---

① 肖巍：《关于公共健康伦理的思考》，载《河北学刊》2010年第1期。

3. 公共健康安全客体的特定性

客体是权利义务指向的对象,包括行为和物。在公共健康安全法律关系中,从行为的性质来看,可分为合法行为和违法行为,违法行为又分为作为的行为和不作为的行为两类。作为的行为是指积极的实施法律禁止的行为,不作为的行为是指不履行法定义务的行为。物包括医疗卫生设施、大气、水、土壤、食品等生存环境要素。

4. 公共健康安全的社会公益性

公共健康是一种社会产品,公共健康安全的实现是一种群体性行为,必须通过社会力量来实现,实现公共健康安全的重要途径是公众广泛参与保护环境与公共健康安全活动。

5. 公共健康安全的国际性和持续性

世界卫生组织对全球公共卫生安全的定义是,为尽可能减少对危及不同地理区域以及跨国范围公众群体健康的紧急公共卫生事件脆弱性而采取的预见性和反应性行动。这就要求加强国际合作,共同应对各种意外的和蓄意制造的疾病暴发或其他威胁人类健康的不良因素。公共健康不仅是当代人的健康问题,也包括后代人的持续的健康发展,充分体现可持续发展的特点。

6. 影响公众健康安全的因素的多样化

影响公众健康安全的因素主要有:社会卫生体制与应急系统、卫生医疗和保健资源的分配、劳动保护、卫生状况、环境保护、流行病、健康教育、交通,以及一些个人行为,如性行为和吸烟等。

二、衡量公共健康安全的指标体系

1978 年世界卫生组织提出了衡量健康的 10 项指标,主要内容包括:睡眠充足,精力旺盛;具有良好的应变能力,能适应环境的各种变化;对普通的、常见的疾病都能有相应的抵抗能力;体重得当,眼睛明亮;牙齿清洁;头发有光泽;肌肉、皮肤有弹性,走路轻松有力。

世界卫生组织发布的《2008 年世界卫生报告》报告中指出,一是孕产妇和新生儿的生存和健康是卫生系统效率的关键指标,报告敦促卫生系统要重新定位,以确保所有的人,包括富人和穷人,都有机会获得优质和费用低廉的卫生保健。二是人口健康状况是衡量公共健康安全最直接的指标。三是公共健康安全事件发生后国家的应急机制是否健全。这是公共健康安全最后一道衡量指标。四是其他指标。如国家的安全、经济的安全等。

实际上,健康并非是我们日常理解的无病无痛,其可以概括为躯体上、心理上和所处社会生活中的健康状态。换言之,真正意义上的健康的人不仅具有健康的身体,还要有积极乐观的生活态度。除此之外还能很好地将其与社会生活环境融合,和积极向上的精神面貌。由此可见,当下人们对健康的定义,已经超出了传统意义上健康的概念。"世界卫生组织"指出:健康不仅是指身体上的无病无痛,还要包括生理上、精神上以及生活中的健康状态。这已经成为现代意义上相对科学的定义了。

健康体质的人形体肥瘦适中,男性肌肉健壮;女性皮下脂肪适中,不过肥,不过瘦。面色滋润,红白适中,细腻而有光泽,而且神采奕奕。传统的健康观是"无病即健康",现代人的健康观是整体健康,因此,现代人的健康可以概括为:身体健康、心理健康、心灵健康、社会健康、智力健康、道德健康、环境健康等。健康是每个人最大的财富;健康是人们享受优质生活的前提;健康是维持生存的必要条件,其具有非常丰富的内涵。影响公共健康安全主要因素有:公共生存环境条件、人口健康状况、公共健康安全事件应急机制等。

因此,衡量国家公共健康是否安全,一般应有四个标准:一是公共生存环境,即生态系统是否健康。生态系统健康是指生态系统的物质循环和能量流动处于正常状态,系统对于外界干扰具有抵抗力和恢复力,系统能够维持自身正常运转的能力和组织结构的长期稳定。生态系统健康是人类经济社会活动以及人类自身可持续发展的基石,从而构成国家公共健康安全的基础,公共生存环境条件也是衡量公共健康安全的基础指标。二是公共健康安全是否遭受不可逆转的破坏,国家人口是否达到健康标准。人口健康状况是衡量公共健康安全最直接的指标。三是公共健康安全事件发生后国家的应急机制是否健全。四是国家人口是否达到健康标准。

三、影响公共健康安全的风险

"风险"(risk)一词从字面意义上理解,就是一种可能的危险。危险是可能造成的伤害或破坏的根源,或者是可能导致伤害或破坏的某种状态。"风险"与"危害"不同,"危害"是引起对人类健康或环境产生不良作用的原因;而"风险"是对危害是否发生作用,并是否发生不良作用的规定。① 世界卫生组织在回首 2008 年重大公共卫生问题时指出:2008 年的一个特点是全球卫生方面出现的新趋势就是流行性、烟草使用、致命的结核、社会因素与健康之间的联系、卫生保健机会不平

---

① 唐双娥:《环境法风险防范原则研究——法律与科学的对话》,高等教育出版社 2004 年版,第 5~7 页。

等以及慢性病的增加都榜上有名。影响公共健康安全主要风险包括疾病风险、食品安全风险、有毒化学物品风险、核放射风险、环境风险等。

(一)疾病风险

易流行疾病风险(Risk of Epidemic-Prone Fiseases)

易流行疾病风险传染性疾病传播速度快,对人类健康安全的危害程度大。例如,严重急性呼吸道综合征(Severe Acute Respiratory Syndrome,SARS)以及人禽流感就对人类社会带来巨大恐慌并且造成重大经济损失,已引起国际上高度重视。

(二)食品安全风险

食品安全风险(Risk of Food Safety),食源性疾病是当今世界最广泛的卫生问题之一,据报告,其发病率居各类疾病总发病率的第二位。在过去50年中,人类食物迅速发生了相当大的变化,变得更加复杂和隐蔽性。例如,三鹿奶粉中的三聚氰胺事件。

(三)危险物质、化学品、重金属、持久性有机物和其他有害物质污染风险

有危险物质、化学品、重金属和其他有害物质污染是在危险物质、化学品、重金属、持久性有机物和其他有害物质的生产、使用、储存、运输过程中,如果发生意外泄漏,就会造成人员伤残或者死亡,这是现代社会生产生活中威胁公共卫生安全的一个突出问题。例如,2006年,非洲国家科特迪瓦因倾倒石油化学废物,造成了本国和毗邻国家的化学污染和人员健康损害。

(四)核放射风险

核放射风险(Risk of Radio Nuclear Risk),1986年的切尔诺贝利核电站爆炸,是核动力史上最严重的一次意外事件。大爆炸造成周围地区放射性污染,大量沉降物遮蔽了苏联西部地区、东欧和西欧以及一些北欧国家和北美东部的天空。乌克兰、白俄罗斯和俄罗斯的大片地区污染严重,导致33.6万余人搬离家园。

(五)环境灾难风险

环境灾难风险(Risk of Environmental Disaster)危害严重,如1986年中部非洲尼奥斯火山湖这个火山口深湖释放出大量气体后,1700余人死于二氧化碳中毒。对此类事件需要作出快速评估,以确认其是否是国际性威胁。

第三节　环境对公共健康安全的影响

一、人类与环境的关系

生命科学已经证实,生命是以蛋白质的方式生存着,并以新陈代谢的特殊形式运动着。恩格斯曾说,生命是蛋白体的存在方式,这个存在方式的基本因素在于和它周围的外部自然界的不断新陈代谢,而且这种新陈代谢一停止,结果便是蛋白质的分解。因此,从机体的新陈代谢过程,可以看出人与环境的关系是非常密切的。[①]

人类是物质世界的组成部分,物质的基本单元是化学元素。生命科学通常认为人体是由化学元素组成的。人体内的化学元素按含量的多少分为常量元素和微量元素。微量元素在人体中所占比重虽小,但对人体健康却起着重要作用。微量元素被科学家称为"生命的钥匙",它们是人体激素、酶和维生素的组成部分。微量元素或通过食物链进入人体,或经由水、空气直接进入人体。

人体通过新陈代谢和周围环境进行物质交换。化学元素是把人和环境联系起来的基本因素。例如,英国科学家密尔顿对人体血液成分分析发现,人体内60多种元素的相对含量与地壳中元素的相对组成十分相似。自然界是不断变化的,人体总是通过内部调节自己的适应性来与不断变化的地壳物质保持平衡关系。环境、微量元素及人体之间存在十分密切的关系。空气、水、土壤与食物是环境中的四大要素,都是人类和各种物质不可缺少的物质。一旦这些基本的环境要素发生变化,则该环境必然直接或间接地造成对人体健康的危害。环境污染物对健康的影响取决于污染物进入人体的剂量、作用时间、个体敏感性和污染因素是单个或多个因素的联合。

如果大量的工业三废、农药等毒物进入环境,并通过各种途径侵入人体,当超过了人体所能承受的限度,就会引起中毒,严重的可能导致疾病和死亡。某些元素在自然界含量过高或偏低,会造成一些地方病。有毒物质通过呼吸、饮水、食物等直接或间接地进入人体会造成疾病,影响遗传甚至危及生命。自20世纪中叶起,频繁发生的环境公害事件如日本发生的使近万人受害和上千人死亡的水俣病事件、美国洛杉矶市发生的造成几百名老年人超长死亡的光化学烟雾事件、苏联切尔诺贝利核泄漏事件造成数十万人受到核辐射的影响、臭氧层破坏导致的皮肤癌和白内障患者增加等等都是环境影响人体健康的现象。

人和环境是不可分割的统一体,在地球的长期历史发展进程中,形成了一种相互制约、相互作用的统一关系。人类只有与环境保持和谐伙伴关系才能保障人类可持续发展。

---

① 刘天齐等:《环境保护概论》,高等教育出版社1999年版,第6页。

二、环境恶化对公共健康安全的影响

影响人们身体健康和寿命的因素中，环境对健康和寿命的影响占17%。所有人类健康问题都与环境有关，环境包括自然环境和社会环境。污染、人口和贫困是当今世界面临的严重威胁人类健康的三大社会问题。自然环境中的物理因素、化学因素、生物因素、大气、水体、土壤、食物的污染程度，生产过程中的毒物、粉尘、噪声等，都与人体健康有相当密切的关系。社会环境涉及政治制度、经济水平、科技发展、文化教育、人口状况等诸多因素。

（一）自然环境对人体健康的影响

自然环境中水、大气、土壤、生物、矿物和太阳辐射等各种因素间相互联系、相互渗透和相互影响，对人类健康产生各种各样的影响。通常，我们把自然环境引起的疾病称为地方病。

气象因素对人体健康的影响，尤其以气温对公共健康的影响最为显著。气候变化的原因可能是自然的内部进程，或是外部强迫，或是人为地持续对大气组成分和土地利用的改变。高温可以导致心脏负担加重和肾脏机能受损，还可以导致注意力、精确性、运动协调和反应速度等机能的降低，当体温调节失衡和水盐代谢紊乱还可能引发中暑。但是随着全球变暖，火炉城市的数量和地方发生了很多变化，高纬度地区也呈现“火炉”的特点。寒冷导致流感和慢性支气管炎、高血压、脑溢血等发生。例如，我国南方的湖南、贵州等省近年连连发生冻雨和冰灾，造成大面积的突发性公共健康和安全问题。

地理因素对公共健康有不可忽视的影响。(1)某些地理环境中的生物因素可能导致鼠疫、天花、疟疾、结核病、丝虫病、黑热病和血吸虫病等疾病的流行。中国在20世纪60年代就消灭了一度猖獗的天花，并在防治麻风病、结核病、血吸虫病等方面成绩显著。但是目前还无法根除环境生物引发的流行病。例如，2002年血吸虫病在长江沿岸城市和云南的流行。(2)土壤中化学组成发生异常，或某些地区土壤中缺乏人体需要的某种化学元素，或含有某种不适合人体需要的化学元素，食用这类土壤中生长出来的农产品，也可能导致轻则水土不服，生理过程、生化过程就会出现障碍或紊乱，重则导致某些地方病的发生。例如，碘缺乏导致地方性甲状腺肿和地方克汀病，而碘含量过高可能引起高碘性甲状腺肿；氟缺乏导致龋齿，氟过量导致氟斑牙和氟骨病；铊中毒导致“鬼剃头”病；全球1994年有3亿多碘智障人口和5亿多地方性甲状腺肿患者；2003年中国龋齿患者达数亿；新疆伽师病经查镁钾过高和锰锌不足所致。①

（二）环境污染对公共健康安全的影响

环境污染物种类繁多，而影响作用于人的时候还因个人的年龄和敏感程度的不同存在差异。因此环境污染对人体健康造成的损害呈多样性和复杂性。环境污染导致的公共健康损害形式主要有急性中毒、慢性中毒、致癌和致畸（遗传毒性）等。环境污染经常引发严重的地方性疾病即公害病，而且公害事件对人体健康的潜在危害还无法估计。

近一世纪以来，高强度人类活动引发了土地沙化、环境污染、物种灭绝、资源耗竭、全球变暖和臭氧层破坏等一系列环境问题，剧烈的环境变化和气候变化已经使公共健康受到严重影响。以臭氧层破坏为例，1985 年发现南极洲臭氧层空洞相当于美国的国土面积，但到了 1991 年南极臭氧层空洞扩大了，大体相当于美国国土的2～3 倍。处于接近空洞区的国家皮肤癌的发病率明显增高；海伦娜岬角位于世界上最狭长的国家智利的南端，那里的许多动物都是瞎子，这是由于南极臭氧层空洞不断扩大造成的。据科学家预测，如果臭氧层中的臭氧量减少 1%，则太阳的紫外线的辐射量要增加 2%。据研究这将会使皮肤癌的发病率增加 3%～5%，白内障发病率约增加 1.6%。②

对人体来说，环境有害因素的影响取决于其物理化学或生物性质、作用剂量或强度、作用时间。此外，人所暴露的环境因素常常不是单一的而是多种因素同时共存的，多种环境有害因素的同时作用会使人产生联合效应，主要表现为相加作用、独立作用、协同作用和拮抗作用。当然，环境有害因素对人群的影响还与个体的年龄、性别、体质、生活条件、遗传易感性等密切相关。长寿之乡的存在就是优良宜居的环境的典型例证，而“癌症村”、畸形儿童高发地就是环境污染而导致人体健康受损的典型案例。③ 不只是人的健康和生命受到威胁，紫外线辐射量增加还会引起海洋中浮游生物及虾、蟹幼体、贝类的大量死亡，造成某些生物灭绝；还能使主要农作物小麦、水稻减产，间接的影响人类的健康和安全。

目前，全球环境变化与公共健康的主要研究内容包括全球大气组成改变对健康的影响、土地利用/土地覆被变化与健康、全球环境变化与传染病、食物生产系统改变与健康、城市化与健康。例如，城市化快速发展引起人口密度过大、生活节奏紧张、被污染的饮用水和食品、恶劣的生态环境、暴力等问题对公共健康安全的

① 贾振邦：《环境与健康》，北京大学出版社 2008 年版，第 8 页。
② 刘天齐等：《环境保护概论》，高等教育出版社 1999 年版，第 6 页。
③ 刘新会等：《环境与健康》，北京师范大学出版社 2009 年版，第 8 页。

威胁。①

1. 大气污染对公共健康安全的影响

大气污染对人体的侵害路径是多样化的。一方面,污染物可以通过人体的呼吸系统侵害人体健康,而人体的呼吸道黏膜具有非常强的吸附功能,加剧了污染物对人体的侵害;另一方面,空气中的污染物质会随风飘动,随后落在水面上、食物中以及人们可以接触到的其他物体上,最终空气中的污染物质就随着这些可以触碰到或食用的物体进入人体,产生危害。此外,大气中二氧化碳浓度升高引发的温室效应,影响全球气候,也间接影响公共健康安全。

大气污染对人体产生的危害也是多方面的。一是可能会导致突发性中毒事件。二是会诱发疾患或引起慢性中毒。三是对妇女儿童的身体造成极大危害。当妇女接触环境中的污染物质,就会使有毒有害物质直接或间接的进入体内,对其身体健康造成严重损害。在妇女妊娠和哺乳期间,还会将毒害物质传染给孩子,而儿童的抵抗力、免疫力都较差,其受侵害程度也较大,还可能会带来更为长久的影响。四是可能会引发癌症。据统计,大气中含有多种有害物质,其中致癌物质就已经超过200种。空气中的致癌物质会随着人们的呼吸而进入人体,或者随风降落到人们可接触、可食用的物质上,最终造成的危害无法估量。根据不完全统计,在世界范围内,每一年高达数百万人口是因患肺癌而去世的。五是污染物质具有较强的刺激性。大气中硫化物、氮氧化物、氯气和光化学烟雾对眼、鼻、喉黏膜等有强烈的刺激作用,由此对人体的很多器官产生较大的危害。

2. 土地利用、土地覆被变化对公共健康安全的影响

土地是人类安居乐业的基石,人类的一起生活和生产活动都需要土地。保护耕地和保护土地是头等大事。土地保护包括保护依附于土地上的野生动物和植物种群。土地沙化、荒漠化,造成水土流失,影响土地的物质生产能力,严重的引起洪涝、干旱或泥石流等自然灾害,威胁公共健康安全。比如,2010年舟曲的特大泥石流灾害,就是由于20世纪六七十年代我们伐完了舟曲珍贵的原始森林而导致的沉痛教训。令我们引以为傲的粮仓“北大荒”同样面临植被破坏,水土流失,尤其是珍贵的黑土层流失,对我国的生态环境和粮食安全等多方面构成隐患,也同样影响公共健康安全。

3. 水污染对公共健康安全的影响

水是人体的重要构成部分,也是人体的营养来源之一。为了保障身体健康,要讲究科学饮水。专家指出,健康饮水的七大标准分别是:不含有毒、有害及有异

① 喻文德、李伦:《国外的公共健康伦理研究》,载《河北学刊》2010年第1期。

味的物质;硬度适中;人体所需的矿物质含量适中;pH 呈微碱性;水中溶解氧及二氧化碳含量适中;水分子团小;水的生理功能强。可见饮水卫生与人健康的关系十分密切,特别是随着科技和时代的发展,饮水已不仅是为了单纯的解渴,其重要的生理功能和作用正在被人们逐步认识。

水污染会对人们产生无法估量的损害。首先,水污染会导致人们中毒,严重的还会引发死亡。例如,日本的"水俣病"事件导致大量人口死亡。其次,会引发各种传染病或者寄生虫疾病。最后,很多化学物质在人体中的累积,会引发癌症。[①] 这些损害是我们无法承受的,因此,我们必须尽快想办法水污染问题,以维护自身健康。

4. 臭氧层破坏对公共健康安全的影响

臭氧层的消耗对人类健康的影响是:长时间反复照射过量紫外线将引起细胞的自身修复能力减弱,免疫机能减退,皮肤发生弹性组织变性、角质化以至皮肤癌变,诱发眼球晶体发生白内障等。

5. 核污染对公共健康安全的影响

核污染是指由于核泄漏甚至爆炸而引起的放射性污染。其危害范围大,对周围生物破坏极为严重,持续时间长,事后处理危险而复杂,尤其是对公共健康安全的危害更大。苏联的切尔诺贝利核电站的核泄漏事故、日本"3·11"海啸引起核电站的核泄漏污染等严重威胁公众健康的安全。核污染产生的放射性物质的衰变中产生电离辐射。它能破坏人体组织的分子和原子之间的化学键,对人体重要的生化结构与功能产生严重影响,儿童是核污染最易伤害的群体。

6. 城市化发展对公共健康安全的影响

随着城市化的发展,住宅不断向空中发展,高层建筑越来越多。在建筑施工过程中,为提高工程进度,常在混凝土里添加高碱混凝土膨胀剂和含尿素的混凝土防冻剂等外加剂,以防混凝土在冬季施工时被冻裂。这些外加剂在墙体中随着湿度、温度等环境因素的变化而还原从墙体中缓慢释放出来,成为室内空气中的污染源。以公寓为主的城市住宅,活动空间日益拥挤,常常发生公共安全隐患。例如,2010 年上海的大火灾 4 小时夺走了 58 条鲜活的生命。[②] 居住空间的装饰装潢使各种各样化工材料进入室内,这些材料中的污染物如甲醛、苯、氨等均会危害人体健康。

---

① 王文浩:《自然环境与人类健康研究》,载《新课程学习》2010 年第 6 期。

② 朱红军、曹海东:《我们铭记的绿历》,载《南方周末》2011 年 1 月 6 日,第 B13 版。

7. 环境激素对公共健康安全的影响

环境激素类似于雌性激素，通常称为“外因性内分泌干扰物质”，对人体健康及其重要，会影响人们的生殖功能。环境激素的来源很多，任何一种环境污染行为都可能伴随着激素的产生，根据相关数据统计，我国每年大致能够产生1000种有害物质。即使数量极少，也会使生物体的内分泌失衡。

世界卫生组织给环境激素所下的定义是：“使内分泌功能发生变化，并因此而对个体及其子孙或者集团产生有害影响的外因性化学物质或者混合物。”环境激素一般也都是经呼吸系统和饮食最终进入生物体内，并产生严重影响，尤其是这种激素会对生物的生殖系统造成严重损害。经研究表明，长时间受污水影响的雄性鱼，大多数都发生了变异，即有的雄性变成两性，有的雄性甚至衍变成雌性；环境激素对鸟类的影响主要体现在，会减少鸟类产卵，最终导致很多非常珍稀的鸟类处于灭绝的边缘。

8. 其他因素对公共健康安全的影响

食品污染与公共健康：食品是人类维持生存和能量的物质，食品安全近些年来严重威胁公共健康安全，例如，毒奶粉事件、毒豇豆事件。食品污染通常可分为生物性污染、化学性污染及放射性污染三大类。1998年中国环境质量公报，我国的七大水系，湖泊、水库、地下水与近岸海域都受到了污染，同时也导致众多水生生物中毒死亡，这些生物最终也可能通过食物链被人们吃掉，从而引起人类中毒并导致各种疾病的发生，甚至祸害子孙后代；农业生产滥施农药和化肥的现象非常普遍，农村养殖业产生的粪便和污水也对环境非常不利。除此之外，很多地区将工厂排出的污水直接引入田地，使污水中的毒害物质污染作物，然而最终这些毒害物质都会通过我们的饮食进入体内，长期累积，最终引发疾病甚至死亡。环境污染引起的食品污染已经构成对人类健康的严重威胁。

总之，环境与人群健康的关系极为复杂。环境污染致病因为污染物质种类多，致病的作用也成多样性，影响范围大，涉及人群广，接触时间长，影响高危人群（高危人群指老弱病残幼甚至胎儿，他们抵抗力最弱，最容易受到有害因子伤害）；污染物质作用时间长，多途径进入人体，污染物相互转化，诸因素综合作用，对人体造成急性危害、慢性危害和远期危害。

第四节　环境与公共健康安全的价值定位

一、环境与公共健康安全是构建和谐社会基本价值追求

为人类谋幸福，这是社会主义的最高价值原则，也正是科学社会主义的最高

价值原则。科学社会主义的其他基本价值原则,都是由此而产生的。构建社会主义和谐社会,把提高构建社会主义和谐社会的能力作为加强党的执政能力建设的重要内容。和谐社会的总要求民主法治、公平正义、诚信友爱、充满活力、安定有序、人与自然和谐相处。社会主义和谐社会的本质是法治社会。法治是社会有序运转的重要保证,是构建和谐社会的基石。我国的社会发展过程中存在很多利益冲突,当然不可避免会出现非常复杂的矛盾,这些问题如果只依靠人们内心的道德是根本无法解决的,所以需要法律进行规制,约束人们的行为。环境与公共健康安全在整个和谐社会建设中具有非常重要的地位,公共健康的目的就是预防疾病,维护大众健康。环境与公共健康安全是可持续发展的基本要求,也是可持续发展核心内容,因为环境公共健康安全所对环境、经济、文化等方面的要求,正是实现可持续发展所必需的要素,对公共健康安全的追求正是对可持续发展的促进。可持续发展要求协调发展。公共健康安全有利于协调经济、社会和生态环境保护的关系。公共健康的安全本身就是这种协调关系的一种表现,换言之,公共健康安全与否是判断是否达到协调发展目标的标准之一。可持续发展的公平性体现在人际、代际、区际等多个方面。公共健康安全是可持续发展的最佳体现。可持续发展要求每个人都享有良好舒适的环境的权利和健康权利。环境权利的非排他性决定了,一定范围内的群体都能够高度平等地享受该范围内的生态环境成果。可见,环境与公共健康安全促进发展的持续性、协调性、公平性和高效性。因此,环境与公共健康安全也是构建和谐社会的基本价值追求。

二、环境与公共健康安全是可持续发展的最高价值目标

环境与公共健康安全是人类生存和发展的核心问题,是人类关注的永恒话题,对人类来说,健康不仅是人类生存的基本要求,而且是享受幸福和愉悦生活的基础。就个人而言,没有了健康,人们就享受不到经济增长所带来的受教育、就业和实现自我价值的机会。就社会而言,环境与公共健康状况不佳会造成人力资本的破坏、生产力的降低以及私人和公共资源的流失。因此,如果我们还承认可持续发展的人本价值,那么也就意味着,健康理应成为可持续发展追求的最高价值目标。

人类的健康状况与其生存环境之间存在紧密联系。优良的环境总是有益于人体健康;反之,不良环境则不利于人体健康。这也就是说,环境质量与人体健康具有协调统一关系。从这个意义上看,所谓的人体健康其实就是指人的躯体和精神与其周围环境相适应的一种协调平衡关系。当人对其周围环境难以适应时,人的躯体和精神就会产生不良反应而导致疾病。例如,处在污染环境中的人,当人

体对不良环境的承受能力超过机体缓冲阈值时，人体就会出现诸如功能异常和组织损伤等有害效应，这也就是我们所说的环境污染而导致的健康受损的情况。如日本出现的“水俣病”，以及近年来我国多个地方出现的“癌症村”就属于这种情况。

其实，“环境、生态问题，是民生问题。是一个、一个的人能不能健康生活的问题”。[①] 明白这一点，有助于我们在考虑如何改善公众健康这个问题的时候，更加关注影响健康的环境诱因。关于这一点，在一些国际机构的统计数据中也得到了佐证。据世界卫生组织统计，人类80%的疾病都是由不良环境因素所致，而中国有22%的疾病应归咎于环境因素。

上面我们提到，中国在快速发展的同时，也遭受了严重的环境污染；人民在分享现代社会发展成果的同时，也付出了健康损害的沉重代价。尤其是近年来频发的环境健康事件，使环境因素与人类健康的关系越来越为一些学者、社会公众以及政策制定者所认识、理解和重视。

不损害健康的环境质量是底线，也是政府必须提供的基本公共服务。因此，在环境与健康这个问题上，常常是不容忽视的。早在2006年，国家环保总局在《环境与健康工作的总体思路》一文中就指出：环境与健康问题涉及我们每个人的健康安全，所以必须将该问题的解决作为环保工作的重心。而且，我国近年来的环境损害事件越发频繁的发生，已经对人们的健康产生了严重威胁，该问题的解决不仅是为了保障人们的健康权利，更是为了避免社会矛盾。

值得注意的是，为了有力推进我国环境与公共健康工作，针对我国环境与健康领域存在的突出问题，2007年我国18部门联合制定了《国家环境与健康行动计划（2007－2015）》，这是为指导国家环境与健康工作的科学展开而制定的中国环境与健康领域的第一个纲领性文件。这对于推动以健康影响为目的环境质量管理，具有重要意义。计划在前言中明确指出：面对人民群众对生活环境和健康安全的期望不断提高，而环境污染带来的环境质量下降、生态平衡破坏以及公众健康危害的现实，切实加强环境与健康工作，努力解决发展、环境、健康之间的突出矛盾，已经成为当前迫切需要解决的重大问题。该计划还提出，到2015年前，建立起环境健康的法律法规体系、执行保障机制和技术支撑体系，以切实提高环境保护和健康保护的成效。

另外，为了集中处理环境污染或破坏所引发的健康问题，有效解决环境与健康二者的关系问题，根据国务院《关于落实科学发展观加强环境保护的决定》、《国

---

① 李楯：《所有人都是污染的受害者：我们的责任》，社会科学文献出版社2009年版，第36页。

家环境与健康行动计划(2007－2015)》以及《国民经济和社会发展第十二个五年规划纲要》的规定和理念,环境保护部于2011年还组织编制了《国家环境保护“十二五”环境与健康工作规划》。该规划进一步全面客观地指出:现阶段我们国家环境与健康之间的关系具有以下几项明显的特点:首先,复合型污染不仅仅影响的范围较大,污染程度也是非常严重的,成为人体损害最重要的因素;其次,污染物质的累积性在人体内不易被发现,一旦造成健康损害又无法在短期内消除致害物质;再次,城乡差异明显,研究表明大气污染主要集中在城市,然而水和土壤污染在农村频发;最后,我国近些年来城市化进程不断加快,从而引发的环境问题也越发突出,进一步加剧了人们的健康风险。实际上,环境与健康之间的问题是无法在短期内得到有效处理的,环境问题无法遏制,健康隐患越发突出。这无疑让我们更加清醒地看到了解决环境健康问题所面临的巨大挑战,以及保护环境、保障健康的极端迫切性。为此,国家在高度重视环境与健康问题的同时,更要设法通过强化对环境与健康的管理和干预,在切实解决当前环境与健康问题的同时,也能够积极应对未来环境与健康问题的挑战。

环境质量的好坏影响着人们的健康水平,当下物质生活得到满足的人们,对其身处的环境提出了更高的要求。面对人们的广泛需求,就必须认真对待这一现状,切实处理好环境与健康的关系。同时,我们应该认识到,提供一个相对良好的环境条件是满足人们生存最基本的要求,是政府的本职工作。但是,近些年的环境问题层出不穷,因大气、水、土壤污染致害的人数逐年增多,根据相关数据表明,我国农村有超过8000万人的地区的水质含有致害物质,全国很多城市的灰霾天数已经快达到全年的一半,由此而导致的群体性事件在近些年也是频发。因此,为解决这一严峻问题,需要进一步加大环境保护与治理的强度,为人们的生存营造一个良好的环境。① 进一步显示了中国政府在积极应对环境健康问题方面的坚强决心和基本立场。

2012年4月25日,时任国务院总理温家宝在瑞典首都斯德哥尔摩出席斯德哥尔摩可持续发展伙伴论坛时坦言:中国是世界上最大的发展中国家,正处于工业化、城镇化快速发展的进程中,发展中的不平衡、不协调、不可持续的问题还很突出。但我们绝不靠牺牲生态环境和人民健康来换取经济增长。

2015年5月中共中央、国务院印发《关于加快推进生态文明建设的意见》,这是继党的十八大对生态文明建设作出顶层设计后,中央所作的全面部署。该意见开宗明义地指出,生态文明建设不仅仅影响人们的幸福指数,更是关系到本民族

---

① 时任国务院副总理李克强在2012年1月第七次环境保护大会上发表讲话。

的发展前景。

就如何进一步提升环境保护与治理的效果，为人们提供更好的生存环境，该意见指出，环境质量是公共产品，它涉及全人类的健康，良好的环境质量自然是造福全人类。所以，一定要从源头控制，加强采取预防措施，并提高环境治理的有效性，使得空气更清洁，水更加洁净，为人们营造一个舒适、健康的生活环境。

在全面推进污染防治保障人体健康方面该意见指出，要坚持以人为本、防治结合、标本兼治、综合施策的原则，在治理过程中，逐渐确立以健康为中心、以环境质量的明显提高为最终理念、以实现环境风险的有效预防为基准的综合管理体系，着力解决我国现阶段存在的非常严峻的大气、水、土壤污染等问题。①

在这里，还尤为值得一提的是，为了更好地保障社会公众的健康，国民健康则国强，基于党的十八届五中全会的要求，由中共中央国务院于 2016 年 10 月 25 日印发并实施了《"健康中国 2030"规划纲要》。该纲要是今后 15 年推进健康中国建设的行动纲领，这对于构建健康中国、提高人们的健康水平、实现现代化起到明显的积极作用。除此之外，这也充分体现了我国致力于全球环境保护与健康维护、实现"2030 可持续发展议程"的国际目标。纲要进一步明确了健康是促进人的全面发展的必然要求，是经济社会发展的基础条件。为此，纲要确立了"健康优先"原则，这一原则贯穿纲要始终，同时也明确了人类健康的重要地位。为有效落实这一原则，就需要将此原则的理念贯彻到相关政策的始终，通过各方的积极努力，营造一个更适宜的生活环境，更美好的生态环境，最终达成健康、环境与经济共同发展的目标。

在加强影响健康的环境问题治理方面，纲要提出要深入开展大气、水、土壤等污染防治，实施工业污染源全面达标排放计划，建立健全环境与健康监测、调查和风险评估制度，从而再一次从建设健康环境的高度明确了环境健康问题治理的工作重点和制度建设的发展方向。对于有效落实环境保护的相关法律与政策，真正解决环境对人们所产生的健康问题具有非常显著的意义。

2017 年 2 月，为了解决健康问题，必须有效控制污染源，重视环境预防的作用，并采取相应的风险预防措施，积极开展这一问题的相关工作，根据《环境保护法》《"健康中国 2030"规划纲要》《"十三五"生态环境保护规划》等精神，环境保护部还引发了《国家环境保护"十三五"环境与健康工作规划》。该规划指出，在"十二五"期间，基于各方的不懈努力，环境与健康工作也在各方面都获得了较为明显的成功，但是不可否认，依然还存在很多问题没能得到解决，例如，基础设施

---

① 参见《关于加快推进生态文明建设的意见》第五部分第（十五）项的有关内容。

落后、相关的制度也不健全等。规划对该问题进行了全面的分析,最终明确了未来工作中的重点内容,这为环境与健康工作的进一步落实提供了保障。

为了通过加强对环境的预防性保护从而最大限度削减健康风险,2018 年 1 月环保部还颁布实施了《国家环境保护环境与健康工作办法(试行)》。正如其第 2 条指出的:本办法适用于环境保护部门为预防和控制与健康损害密切相关的环境因素,最大限度防止企业事业单位和其他生产经营者因污染环境导致健康损害的发生或削弱其影响程度而开展的环境与健康监测、调查、风险评估和风险防控等活动。该办法的出台,对于进一步加强环境健康风险管理,特别是推动保障公众健康理念融入环境保护政策意义重大。

国内外经验表明,只要国家重视环境与健康工作,建立相应的管理机制,采取切实可行的措施,环境与健康问题能够得到很好的解决。

三、环境与公共健康安全推动人类走向生态文明的新时代

从健康、民生角度认识生态文明,建设生态文明,关乎人民福祉。生态文明建设不仅是资源环境问题及经济问题,还是健康民生问题、人民群众日益增长的优美生态环境需要问题。正如 2018 年习近平总书记所说,生态环境关乎人们的生存,因此必须重视起来,营造一个利于人民生活,更舒适、更健康的环境,我们要将重心放在环境问题的预防与治理上,这是生态文明的必然要求。

民之所好好之,民之所恶恶之。建设一个优良的生态环境,为人类的生存发展提供基本保障,促进人与自然和谐共生。因此,生态文明建设必须以保证人民群众的生命权、健康权为重,把以解决突出环境问题作为优先领域,不断满足人民群众生态需求的迫切需要,这是中国社会主义生态文明建设的基本原则,可以说,也是检验生态文明建设成效的试金石。

生态文明是一个众说纷纭的新话题,对其具体内涵和实现的方式见仁见智。不过,不同的理解和看法也恰好说明,生态文明是一个内涵丰富、包容性强的概念。生态文明作为人类文明的一种生态化新模式,主要是在针对传统文明特别是工业文明"反自然"特性的缺陷和弊端,所造成的生态危机的基础上提出的新兴的文明形态。而生态危机,正如有学者所说的,它是一个"专门用来表明人类活动与自然关系的概念,主要指由于人类不合理的活动,导致基本生态过程即生态结构与功能的破坏和生命维持系统的瓦解,从而危害人类存在的现象"。① 从表现上看,生态危机主要体现为环境污染、资源破坏以及生态恶化等现象,但其实质是人

① 余谋昌:《当代社会与环境科学》,辽宁人民出版社 1986 年版,第 213 页。

类存在方式的危机，是人类文明的危机。要解决这些问题，就必须对工业文明的诸多不利于人与自然和谐发展的方面有所改造，不仅要求人类用更文明的方式对待大自然，而且要求人类必须在价值观、生产方式、生活方式、社会制度等方面都体现出一种人与自然能够协调发展的崭新面貌。在此意义上，生态文明是一种后工业文明，是人类社会对传统工业文明“天人对立”的弊端进行反思，提出的一种新的人类文明发展形态。

文明反映着人类与自然的矛盾，但不同的文明方式在对待和处理人与自然的关系方面却截然不同。在历史的长河中，人类文明发展的历史进程其实是一部“以人类为中心”征服自然和改造自然的历史，同时也是一部大自然惨遭人类贪婪索取和肆意破坏的“血泪”史。自工业革命以来，特别是20世纪中叶以来，大规模、高速度发展的现代生产活动，造成了人与自然矛盾的尖锐对立和冲突，引发了诸如环境污染、资源枯竭、土地沙化、物种灭绝、全球变暖和臭氧层空洞等一系列的环境问题，严重威胁到了人类的生存和发展。可以说，人类整个现代文明就是在人类统治自然的基础上发展起来的。历史已告诉我们，在人与自然对抗与冲突的基础上创造的文明，必然是生命之绿的衰减愈演愈烈的文明。因此，人类必须吸取旧的工业文明的教训，实现现代文明的生态转向，建立新的文明形态——生态文明。从这个意义上看，生态文明作为人类的一种高级形态的文明形式，应当是人类摆脱生态危机、实现自我救赎的总对策。它既是历史的必然，又是主体的自觉选择。

以史为镜，生态文明的观念，必然是把旧的“以人类为中心”的发展转向人类与自然持续协调发展的轨道上来，在人类的行为与生态的关系方面强调“生态系统的美丽、完整和稳定，将是判定人的行为是否正确的重要因素”。在人类的生存和发展与环境的关系方面，应强调自然界的生态优化是人类生存的基础和发展的保障。因为，只有这样才能从根本上实现人与自然的“双赢”，真正把人类带向“希望之乡”。显然，与具有反自然特性的传统文明截然不同的是，生态文明应当是一种在尊重自然的基础上发展起来的与自然亲和的文明、一种能够重建和催生自然之绿的文明，它首先是以要求人与自然建立和谐关系为主导和标志，使之更适合人类生存和发展的新的文明形态。当然一个完全意义上的生态文明还应当包括经济、政治、文化、社会福利等各方面的文明成果在内，使发展成为全面协调可持续的新文明形态。但无论如何，可以肯定的是，生态文明不仅是一次有意义的理论创新，更是一种有建树的实践活动。

人生存在地球上，到底应当怎样对待他所赖以栖居的大自然，既是一个现实问题，也是一个未来问题。其实，中国古代传统文化中的“天人合一”“大同社会”

的理想,就体现了人类生存对本真的追求与和谐的向往。笔者认为,这里面既有对现实问题的关注,又不乏对未来问题的考量。如今,我们之所以倡导推动人类走向生态文明的新时代,就是因为,文明是人类特有的一种存在方式,而且是人类唯一的存在方式。以什么样的文明方式生存,不仅是决定人类是否能够走出现实"生存困境"的大问题,而且也关涉人类能否在和谐美好的自然生态中走向诗意栖居的家园这样一个生存理想问题。生态文明,正是这样一种旨在促进人与自然实现双赢和谐境界的人类生存方式。这正如有些学者所指出的,作为一种新型文明,生态文明是"一种重新实现人类与自然生态系统和谐发展的'亲生态'新型文明,或者叫作'良好生存于自然生态之中的文明'。这样的文明既是与生态相关的,又是符合生态学规律的,不仅是一种事实描述,也具有一定的价值内涵。虽然,'生态文明'带上了'生态'一词,但并不意味着它是与人无关或者要否定人们利益的文明,它仍然是属人的文明。任何一种文明都离不开人,生态文明也一样,不可能完全'走向荒原',但可以并需要'走向和谐'"。①

在生态文明中,和谐意味着人与自然界之间绝不只局限于物质关系,而是建立起人的完整本质同自然的多维价值(包括资源、环境、伦理、科学、审美、医疗、休闲、教育和宗教等方面的价值)之间的全面的联系。这种文明的价值体系,是人与自然之间认识的、功利的、伦理的和审美的关系的统一,是精神关系和物质关系的统一。它以人的最终解放和全面发展为元价值,并以此为人类终极关怀的核心。自然界不仅是自然科学的对象,而且也是"作为艺术的对象",人不能仅将自然界作为物质资源加以占有,还应保持一种精神上的沟通,保持一种诗意与审美关系。这是人与自然、人与社会的崇高境界。

总之,在人与自然的关系中,一方面,生态是基础,即人的生存与发展都本于生态,正如马克思主义所认为的那样,"自然界,就它本身不是人的身体而言,是人的无机的身体"。良好的生态环境是人的生存之本、发展之基、健康之源。另一方面,人又是生态的目的和主体。这要求人类履行好管理自然的使命,做一个称职的自然的管理者,切实"担任起自己与自然关系的主动协调者、自然意志的忠实表达者,自然法则的自觉执行者"。② 对于自然要有关切之心,热爱之情,要倾心尽力去维护自然对人类的可享用性。唯有如此,自然界才能为人类提供更多以往无法比拟的福利,子孙后代才能拥有一个天蓝、地绿、水净的美好家园;也只有在这样

① 严耕等:《中国省域生态文明建设评价报告(ECI2010)》,社会科学文献出版社2010年版,第54~55页。

② 刘湘溶:《生态文明论》,湖南教育出版社1999年版,第211~212页。

一个人与自然的矛盾能够得到很好解决的情况下,人的本质和人的自由的全面发展才能真正实现。

可以想象,在一个“天人共泰”的世界里,环境优美舒适、人民丰衣足食、安居乐业,人们能够全身心投入自然的怀抱,感受自然之美、领略自然之妙、接受自然的熏陶;同样,在这样一个世界里,“鹰击长空、鱼翔浅底,万类霜天竞自由”,人与自然能够各得其所、和谐共存。在笔者看来,这正是值得我们热切期待,并需要为之努力奋斗的生态文明的新时代。

当然,需要认识到的是,尽管这些年在应对资源、环境和生态问题上我国采取了诸多卓有成效的措施,但由于特殊的国情和特殊的发展阶段,我国的生态文明建设仍将会面临资源短缺、环境污染和生态恶化所带来的严峻挑战。正如一些学者所指出的,作为社会经济发展的环境代价,中国环境已经发生了巨大变化。目前,人与环境关系的主要矛盾已经从人类开发利用能力的制约转变为自然环境的脆弱性和自然资源有限性的制约,人对自然的依赖性不但没有减弱,反而在更多层面上加重了。① 在这方面,经济合作与发展组织的报告也指出,中国的经济在向发达国家靠拢,环境水平却与最贫穷的国家近似。这说明,在中国现代化发展的道路上,经济发展和环境保护的矛盾还异常突出,而且这个问题不可能在短期内得到根本解决。因此,如何处理好生态文明建设和现代化建设之间的关系,从而走出一条环境与发展“双赢”的生态现代化的绿色发展道路,可谓任重而道远。

---

① 王五一、杨林生:《全球环境变化与健康》,气象出版社2009年版,第113页。

第三章　我国环境与公共健康安全法律保护反思

第一节　环境法的转身：直面环境公共健康安全的挑战

近年来，全国各地环境公共健康事件频发，累积的环境健康风险中也不时夹杂着突发性重大环境污染事故，在给公众健康和生命安全带来了严重威胁和损害的同时，也成了诱发群体性事件的一个新的“导火索”，“环境健康”这一紧迫而又不容回避的重大现实问题引起社会普遍关注。伴随着环境健康损害事件的不断出现，也使有关环境健康的法律问题日益凸显，重新对环境法的审视和反思尤为重要。

环境与健康是一个实践性、成长性极强的研究领域，也是今后相当长一段时间内中国政府及职能部门需要着力解决、积极应对的焦点问题。[①] 这一点其实不难理解：

首先，健康既是个人需要，也是公共需要。就个人需要而言，健康是个人生存和发展的基本需要，并且是维系其自由和幸福的基本前提。事实上，在自然法学派的眼里，人的健康就被认为是与生俱来的权利。就公共需要来看，公共健康是衡量一个社会文明程度的标志，也是一个社会可持续发展的基石。因此，健康历来是一切人类活动

---

① 陈虹等：《中国环境健康法律分析报告——以Y省H县C公司铅锌矿污染为中心的展开》，载吕忠梅主编：《环境资源法论丛》（第9卷），法律出版社2011年版，第98页。

最重要的价值取向之一。无论东西方，健康作为一项基本权利，都受到法律上的普遍严格的保护的。1966 年联合国《经济、社会及文化权利国际公约》第 12 条就规定了，“人人享有可能达到的最高标准的身体健康和精神健康的权利”。

其次，在现代社会，环境健康还是一个远没有能够得到很好解决的棘手问题，面临着越来越多的风险。有学者将中国的环境与健康问题分为前后两个时期：20 世纪 80 年代以前主要是传统型健康风险，即主要与生活基础设施及公共服务供给不足密切相关的环境与健康问题。20 世纪 80 年代以后中国的环境与健康问题主要是现代型健康风险，即主要是由于工业污染所引发的环境与健康问题。① 就中国目前的发展情况来看，几乎可以肯定的是，环境污染的根源，如工业化、城市化、人口增长和对资源能源消耗量的持续走高，不仅存在而且将会长期存在，甚至还会加剧，这可能使公众健康面临更大的压力。例如，2009 年我国环境污染导致健康受损事件高发，就是一个典型的例子。然而，随着经济社会的发展和人们生活水平的不断提高，对健康效应的期待必将使人们会更加关注环境质量对健康的影响。因此，积极应对环境问题对健康的挑战，是现代政府又一个亟待重视和解决的课题。

环境污染健康损害事件高发，既与因立法上的缺失所导致的对环境健康关注不足、力度不够有关，也有我国环境法律法规在很大程度上没有得到很好执行和遵守方面的原因。正如吕忠梅教授指出的：事实上，中国近年重大环境健康事件的发生是有很多原因的，不仅因为我国技术能力不够，无法处理污染物，更为重要的是制度因素。缺少较为完善的制度，以及我国环境法律法规在很大程度上没有得到很好执行，最终引发健康危害。所以，制度是环境健康问题得以真正解决的必要手段。②

正如环境问题一样，环境与健康问题是多介质、多因素综合作用的结果，几乎涉及社会生活的方方面面，这使环境健康风险面临的挑战涉及的范围也十分广泛。因此，环境健康问题的解决，离不开对其所处的政治、经济、社会文化乃至科学技术等复杂背景的理解。这意味着，从包括社会学、人类学、管理学、法学以及环境学等多学科视角开展跨学科研究，以便从不同的方面去认识环境与健康之间的关系、探寻对环境与健康问题的解决之道，不仅非常重要，也十分必要。但无论怎样，从制度入手去分析环境健康问题的成因和解决之道不仅切入肯綮，而且也

---

① 苏杨、段小丽：《中国环境与健康工作的现状、问题与对策》，社会科学文献出版社 2010 年版，第 73 页。

② 吕忠梅：《中国环境污染对健康损害的成因与对策》，载《前进论坛》2011 年第 9 期。

有着其他方面所不可替代的优势。

关注环境健康,是环境法人本价值的必然要求,也应当是贯穿在整个环境立法中的一个基本理念。但是,由于中国的环境立法对这类问题缺乏相应的预防和应对机制,导致环境法律难以有效应对日益突出的污染健康损害问题,环境健康的法律保障远远落后于现实的需要。因此,把保护环境和保障人体健康联系起来,并以人体健康的保障为中心反思中国的环境保护制度,建立和完善中国环境与健康的法律制度体系,从而为解决环境污染对健康的损害奠定法律基础,是目前环境法面临的一项重要而又紧迫的任务。

由国家卫生部、环保部等18个部委联合签署的《国家环境与健康行动计划(2007-2015)》已于2007年宣布实施,根据该计划我国环境与健康工作的目标是建立一个节约能源、环境友好的社会,解决人类健康受到损害的环境问题,推动可持续的经济与社会的发展。建立和完善的环境健康工作体系包括以下几个方面:第一,加大对该问题的科研力度,组建高水平的团队,加强协作能力;第二,针对环境问题所引发的人们健康损害情况做相应的调查,并提出解决方案,建立预警设施;第三,构建高效的监测体系,采取相应措施,加大风险防范力度,并注重对预警设施的建立;第四,制定切实有效的法律法规和标准;第五,扩大相关知识的宣传范围,促进社会公众的广泛参与。

无疑,推进环境与健康工作,就需要将损害的风险尽可能地控制在一定范围内,并确立为未来环保工作的目标,这不仅有利于构建健康中国,更加推动了我国生态文明的进一步发展。这意味着,如何通过进一步加强和完善环境法制在提高国家环境风险防控能力、保障公众健康、有序推进环境与健康工作方面的基础地位,将会成为未来我国环境政策与法律的当务之急和发展方向。

第二节　我国环境与公共健康安全立法回顾

一、我国环境与公共健康安全立法现状分析

鉴于中国几十年来经济快速发展所导致的环境污染问题给公共健康带来的危害日益显现,使环境污染和公共健康之间的矛盾越发尖锐。因此,为了解决这一问题,我国近些年相继颁布了很多防治环境污染、保护公众健康的法律。

(一)与环境健康有关的公共卫生立法

环境与健康问题,是随着中国经济社会的发展而日益显现,对其重视的程度和采取的应对措施也是随着时间不断变化的。我国的环境与健康工作起步于环境卫生工作。由于中华人民共和国成立之初,中国的环境问题并不十分严重,相

应地，这个时期的环境健康问题主要表现为“传统型健康风险”，即主要与生活基础设施以及公共服务供给不足密切相关的环境健康问题。例如，由于环境卫生体系的基础薄弱导致血吸虫病、疟疾、鼠疫等病原微生物引发的传染病传播和蔓延，以及饮水和排污等基础设施相对不足导致的卫生条件差而对人群健康带来的威胁等。因此，这时的环境健康问题更多地表现为公共卫生问题。至于因经济发展所带来的环境健康风险，还远未被卫生部门所重视。

长期以来，由于我国的环境与健康工作处于一种分离状态，分属不同的部门管理，因此在我国与环境和健康有关的立法主要是由卫生和环境这两个领域的立法构成。在卫生领域这方面考察发现，迄今为止我国实际上制定了相当一部分涉及环境健康方面的卫生法律、法规和规章。例如，《传染病防治法》《食品安全法》等，都有相当一部分的内容规定了环境健康。在卫生法规方面，1987 年颁布的《公共场所卫生管理条例》，对公共场所的空气、水质、采光、照明、噪声、卫生设施等各方面都有相应的规定。除此之外，为了确保人们的饮用水是无污染的、安全的，加大饮用水的监督管理力度，卫生部、建设部于 1996 年联合发布了《生活饮用水卫生监督管理办法》，对供水主体的责任进行明确，而且，对饮用水的监督与管理都进行了更为详细的说明。

此外，我国为了预防医疗器械等有毒有害垃圾对人们可能产生的侵害，相关部门制定了《医疗废物管理条例》《医疗卫生机构医疗废物管理办法》；针对日常消毒工作制定了《消毒管理办法》，针对突发公共卫生事件制定了《突发公共卫生事件应急条例》；为了保护劳动者的健康，还制定了《尘肺病防治条例》《使用有毒物品作业场所劳动保护条例》《放射工作人员职业健康管理办法》《核设施放射卫生防护管理规定》等规范性文件。这些与公民健康权益保护有关的卫生法规的制定，这对于促进社会公民健康水平的提升起到积极的作用。

（二）宪法和其他立法中与环境健康有关的立法规定

健康权的宪法保护，是世界各国普遍的立宪实践。我国也在《宪法》中确立了健康权保护的根本法地位，从而为其他立法关于健康权保护法律规制确立了宪法依据。例如，我国现行《宪法》第 21 条规定，国家发展医疗卫生事业，发展现代医药和我国传统医药，鼓励和支持农村集体经济组织、国家企业事业组织和街道组织举办各种医疗卫生设施，开展群众性的卫生活动保护人民健康。另外，《宪法》在第 36 条第 3 款、第 42 条和第 45 条还分别从宗教活动、加强劳动保护和改善劳动条件以及社会救济等方面规定了对公民健康权的宪法保护。虽然现行宪法没有明确规定公民享有健康权，但从公民的基本权利和义务一章关于“国家尊重和保障人权”的规定上看，国家有义务保护公民健康权的实现，应是我国宪法的议题中应有之义。

不仅宪法,在我国民法中也不乏关于健康权益保护的法律规定。如我国《民法通则》第98条就明确规定:“公民享有生命健康权”,这是民法为公民健康权提供私法保护的最直接的依据。当公民的健康受到不法侵害时,民法还为健康损害赔偿提供了可资援引的具体操作规则。

(三)环境保护法体系中与环境健康有关的规定

首先,在我国的环境法律体系中,保护环境健康具有国家根本法依据。例如,现行《宪法》第26条规定:“国家保护和改善生活环境和生态环境,防治污染和其他公害”。虽然该规定并未具体指明保护环境的国家职责应服务于公民环境健康之目的,但是从20世纪60年代末70年代初环境保护入宪的背景来看,把环境保护作为国家的一项重要职责在宪法中确定下来,主要是出于日益严重的生态危机对人类生存和发展的不利影响的考虑。正如1972年《斯德哥尔摩人类环境宣言》所郑重宣示的,“保护和改善人类环境是关系到全世界各国人民的幸福和经济发展的重要问题,也是全世界各国人民的迫切希望和各国政府的责任”。因此,环境保护入宪绝不仅在于宣告国家在环境保护方面的责任,而且也宣告了“人人享有生活在免遭污染、环境退化以及其他损害环境,威胁生命、健康、生计、福利的环境中的权利”。显然,从保护和改善生活环境和生态环境、防治污染和其他公害的目的上看,保障人的生命健康权应当是首当其冲的。

其次,我国1989年《环境保护法》也对环境健康的法律保护从立法目的的高度作出了明确规定。例如,该法第1条规定:“为保护和改善生活环境与生态环境,防治污染和其他公害,保障人体健康,促进社会主义现代化建设的发展,制定本法”。在环境健康损害赔偿方面,该法第41条规定了,造成环境污染危害的,对直接造成损害的主体应该承担赔偿责任。在环境健康法律责任方面,该法第43条还规定了刑事责任。

2014年修订的《环境保护法》开启了我国环境与健康管理制度化建设的新征程,对于指导和完善我国环境与健康管理制度建设具有重要意义。良好的环境不仅是人类物质生活的保障,还是公众健康不可缺少的条件。鉴于近年来因环境污染导致的健康损害问题层出不穷,这已经严重影响了我国国民的健康安全,也阻碍了当今社会的稳定与和谐,因此,面对环境与健康的矛盾已经成为人民群众迫切需要解决的现状,2014年修订的《环境保护法》坚持了环境保护的人本价值理念,从保护公众健康权益出发,对立法目的作出了修正,即为保护和改善环境,防治污染和其他公害,保障公众健康,推进生态文明建设,促进经济社会可持续发展,制定本法。

为了落实保障公众健康的立法目的,《环境保护法》还就环境质量与公众健康方面的问题作出了相应规定。例如,该法第 39 条规定,国家建立、健全环境与健康监测、调查和风险评估制度;鼓励组织开展环境质量对公众健康影响的研究,采取措施预防和控制与环境有关的疾病。另外,《环境保护法》还从紧急环境事故的预警制度、应急措施和如何恢复等各种事项都更加强调对健康的重视,从而使环境与健康的法律保障得到进一步完善。例如,该法第 47 条规定:"各级人民政府及其有关部门和企业事业单位,应当依照《中华人民共和国突发事件应对法》的规定,做好突发环境事件的风险控制、应急准备、应急处置和事后恢复等工作。县级以上人民政府应当建立环境污染公共监测预警机制,组织制定预警方案;环境受到污染,可能影响公众健康和环境安全时,依法及时公布预警信息,启动应急措施。"

毫无疑问,我国宪法关于环境保护的规定,是环境法的基础,是各类别、各层次环境法律、法规和规章的立法依据。而我国环境保护基本法又是制定环境法体系中自然资源保护和环境污染防治单行法、环境保护行政法规、规章的基本依据。显然,宪法和环境保护基本法中关于保护环境、保障人体健康的规定都会程度不同地体现在环境保护单行法律法规之中。因此,可以说,环境保护的单行法律,主要是污染防治方面的单行法,如《大气污染防治法》《水污染防治法》《固体废物污染环境防治法》《环境噪声污染防治法》等在防治环境污染、保障人体健康方面也都发挥着重要作用。

另外,其他部门法中关于环境健康保护的规定,也是我国环境健康保护法律体系的一个重要方面。例如,我国《民法通则》第 124 条关于:"违反国家保护环境防止污染的规定,污染环境造成他人损害的,应当依法承担民事责任"的规定。我国《刑法》第 338 条关于"违反国家规定,排放、倾倒或者处置有放射性的废物、含传染病病原体的废物、有毒物质或者其他有害物质,严重污染环境的,处三年以下有期徒刑或者拘役,并处或者单处罚金;后果特别严重,处三年以上七年以下有期徒刑,并处罚金"的规定等。①

我国环境标准体系中的大部分标准都与环境健康密切相关,因此环境标准也是我国环境健康保护法律体系中的一个重要而不可或缺的组成部分。例如,按照《环境标准管理办法》(1999 年 4 月 1 日)第 3 条的规定:为防治环境污染,维护生

---

① 根据 2016 年《关于办理环境污染刑事案件适用法律若干问题的解释》的规定,严重污染环境以及严重和后果特别严重环境污染犯罪定罪量刑的标准,都包括了危害人体健康或者导致人身伤亡的严重后果的情形,体现了刑法对环境健康权的法律保护。

态平衡，保护人体健康，国务院环境保护行政主管部门和省、自治区、直辖市人民政府依据国家有关法律规定，对环境保护工作中需要统一的各项技术规范和技术要求，制定环境标准。第7条规定："对下列需要统一的技术规范和技术要求，应制定相应的环境标准：（一）为保护自然环境、人体健康和社会物质财富，限制环境中的有害物质和因素，制定环境质量标准；（二）为实现环境质量标准，结合技术经济条件和环境特点，限制排入环境中的污染物或对环境造成危害的其他因素，制定污染物排放标准……"该办法第9条还规定，省、自治区、直辖市人民政府对尚不存在国家标准的项目，可制定地方标准；对存在国家标准的项目，可制定更严的地方标准。

从上述关于环境与健康的立法情况可以看出，我国并没有环境健康方面的专门立法，已有的一些环境健康方面的立法，散见于各个部门法之中。目前，在环境健康立法方面，我国已经形成了一个以宪法为基础，以公共卫生和环境保护法律法规为主干，以其他部门法有关环境健康的规定为补充的，不同类别、不同效力等级的法律、法规及标准构成的体系。

（四）司法解释关于从严惩罚环境污染行为，保障公共健康安全的规定

最高人民法院制定了若干涉及环境健康保护的司法解释。2001年《关于确定民事侵权精神损害赔偿责任的若干问题的解释》切实解决了生命健康权保护在司法中可操作性问题，使有的污染受害者因此可以获得精神损害赔偿。2011年《关于审理船舶油污损害赔偿纠纷案件若干问题的规定》，根据我国的法律规定，结合国际公约的规定，对审理船舶油污损害赔偿法律适用等方面作出具体实施性规定。

2013年最高人民法院、最高人民检察院《关于办理环境污染刑事案件适用法律若干问题的解释》（以下简称《2013年解释》），在环境污染形势异常严峻的背景下，对环境污染犯罪的定罪量刑标准和有关法律适用进一步明确，着重考虑了从严打击环境犯罪的基本宗旨。在保障公共健康安全方面，该解释规定，引发30人以上中毒的，引发3人以上轻伤、轻度残疾的，引发1人以上重伤、中度残疾等，认定为"严重污染环境"追究刑事责任。

该解释还规定了在医院、学校、居民区等人口集中地区及其附近，违法国家规定排放、倾倒、处置有放射性废物、含传染病病原体的废物、有毒物质或者其他有害物质的，都属于从重处罚的情节，这些规定进一步突出了刑法对环境健康权的保护。实践证明，自《2013年解释》实施以来，污染环境犯罪案件数量增长十分明显，这对强化环境司法保护、推进生态文明建设发挥了十分重要的作用。

人的生命健康是至高无上的，因此也成为《宪法》重点保护的法益之一，由环境侵害致伤或致亡的，都应该承担刑事追责。对此，2016 年最高人民法院会同最高人民检察院等部门，根据近年来环境污染犯罪出现的一些新情况和问题，又对《2013 年解释》作出了全面修改和完善，发布了 2016 年《关于办理环境污染刑事案件适用法律若干问题的解释》（以下简称《2016 年解释》）。在对环境健康的刑法保护方面，《2016 年解释》重申了《2013 年解释》在保护环境健康方面的定罪量刑的标准。其贯彻实施对统一法律标准，严厉打击环境污染犯罪，保障公众健康都具有非常重要的意义。

（五）地方性法规关于保障环境与公共健康安全的立法

涉及环境与健康的地方性法规主要表现为环境污染防治、公共卫生健康和劳动保护三大类。环境保护类：《北京市水污染防治条例》《山东省水污染防治条例》《陕西省渭河流域管理条例》《陕西省渭河流域管理条例》等。卫生类：《天津市大气污染防治条例》《上海市尘肺病防治实施暂行办法》《上海市职业病防治条例》《湖北省血吸虫病防治条例》等；劳动保护类：《西藏自治区劳动安全卫生条例》《青岛市安全生产条例》《重庆市安全生产行政责任追究暂行规定》等。

（六）我国参与的国际公约

涉及环境与健康方面的公约有：《联合国气候变化框架公约》《保护臭氧层维也纳公约》《关于消耗臭氧层物质蒙特利尔议定书》《控制有害废物越境转移及其处置公约》《防止倾倒废物和其他物质污染海洋公约》《防止船舶污染国际公约》《国际油污损害民事责任公约》《联合国海洋法公约》《核事故或辐射紧急情况援助公约》《作业场所安全使用化学品公约》《化学制品在工作中的使用安全公约》《促进职业安全卫生框架公约》等。

（七）其他涉及环境与健康的标准

《民用建筑工程室内环境污染控制规范》《室内装饰装修材料人造板及其制品中甲醛释放限量》《室内装饰装修材料内墙涂料中有害物质限量》等。

二、我国环境与公共健康安全立法的缺陷分析

不可否认，我国自 1979 年颁布第一部环保法律——《环境保护法（试行）》至今，中国的环保法制建设已经有了 40 多年的发展历程。在这 40 多年里，环境立法从无到有、从少到多、由简入繁，制定了一系列内容涉及环境、资源、能源以及清洁生产和循环经济等方面的法律法规。可以说，环境立法的大发展，不仅确立了中国环境法治的基本框架，而且在一定程度上解决了环境保护监督管理过程中无法可依的问题。事实上，这些法律、法规的实施对治理环境污染和生态破坏、合理开发利用自然资源、保护和改善环境起到了非常积极而又十分重要的作用。然而，

在数量上“批量产出”的环境立法,并没有带来立法质量上的同步发展。不要说从20世纪90年代开始,中国环境立法开始步入高频修法的时期,这种由“变化性大”本身所能够说明的环境立法在质量上存在的问题,单就从与环境立法的高产出形成鲜明反差的中国环境质量“局部好转,整体恶化”这一现实来看,就足以说明中国环境立法质量的瑕疵。主要从立法目的、立法范围、管理体制、法律制度等方面加以阐述,主要表现为:

(一)立法目的有偏误

从理论上说,任何一部法律都有其追求的立法目的,这正如德国法学家耶林所说,“目的是全部法律的创造者,每条法律规则的产生都源于一种目的”。立法目的,是指为一部立法所追求的基本价值目标或依法所要实现的结果。由于不同的立法目的往往反映着一定时期的立法理念,因此立法目的本身也往往承担者判断一部法律的正当与否、合理与否的价值基准的作用。环境法的立法目的也不例外。

就我国环境法对环境健康问题的重视程度看,尽管在1989年《环境保护法》第1条中就明确了立法目的之一是保障人体健康,但是可以发现,基于立法时对环境法的价值取向定位不清,或者说立法的意图并不在于确立以公众健康为首要价值目标的一系列制度安排,而更多的是从属于保护环境促进经济发展的考量,所以,即便立法中出现了“保障人体健康”这样的语词,但总体上来看,健康在这部基本法中的地位是很边缘的。这突出表现在该法第7条关于环境监督管理体制的规定上。也就是说,在我国的环境监督管理体制中,环境管理和健康管理是相互分离的、不相融的。这正如美国自然资源保护委员会中国环境法项目主任王立德,在研究中国的环境健康与法律问题时所指出的:中国的环境法律“在大多数情况下并没有明确地把环境污染与健康联系起来,也没有把保护公众健康当作一个首要目标”,“环境法规对人体健康缺乏针对性,是导致对环境健康关注不足且力度不够的一个可能原因”。①

其实,在这里我们不难看出,这次修法的经济发展“指挥棒”的指导思想是十分明显的。这一点在该法第4条的“协调条款”中可以得到印证。该法第4条规定:“国家制定的环境保护规划必须纳入国民经济和社会发展计划,采取措施使环境保护工作同经济建设和社会发展相协调”。事实上,环境保护与经济发展相协调的结果,往往是“环境政策的设计、执行和实施不能有效纳入到社会经济发展和

---

① 王立德(AlexWang):《环境健康与法律:美国经验借鉴》,社会科学文献出版社2010年版,第153~154页。

决策过程的主流,导致环境政策实际上发挥着消防队的作用,具有典型的末端治理特征,无法从根源上解决环境与发展的矛盾”。① 的确,环境政策无法通过干预社会经济过程来发挥其应有的效力,是环境政策在实践中常常会遇到的尴尬。环境保护与经济发展的矛盾、环境利益与经济利益的冲突,使环境管理的地位尚且被边缘,环境健康问题就更不可能成为政策制定中被关注的重点了。因此,面对中国环境法的常规情景,即在总体上对环境健康保护的法律基础比较薄弱,也就没什么不好理解了。

当然,可以肯定的是,较之以 1989 年环境保护法缺乏直接规定环境与健康问题的法律条款而存在的立法缺陷,2014 年修订的《环境保护法》在对环境与健康相关制度的建设上有了较为明显的改进。例如,2014 年《环境保护法》不仅在第 1 条关于立法目的条款中重申了“保障公众健康”的价值理念,而且还在第 5 条关于环境保护基本原则的规定方面确立了“保护优先”,这些规定无疑为环境与健康制度建设提供了立法理念及原则支撑。

不仅如此,2014 年《环境保护法》还在第 39 条和第 47 条规定了有一些直接涉及环境与健康保障的具体条款。该法第 39 条规定了监督检查和风险评估等内容;支持以环境与健康为目的的相关活动,并积极出台相关法律,为相关疾病的控制提供基本保障。该法第 47 条还从突发环境事件导致公众健康损害应急处置的角度规定,面对突发环境事件,各级人民政府及其有关部门和企业事业单位,除了应当做好紧急环境事故的预警制度、应急措施和如何恢复等各种工作外,县级以上人民政府也必须构建污染监测的相关机制;在环境问题可能损害人们健康的情况下,启动预警设施,采取紧急措施尽可能止损。

显然,这些规定不仅丰富和完善了环境与健康安全的法律保障制度,为推进环境与健康工作提供了基本法遵循,同时也进一步强化了公众环境健康保护的环境法价值。但是我们也应当看到,我国环境法在环境与健康制度建设方面存在的碎片化现象是十分明显的,甚至在一定程度上可以说,我国环境法还没有真正确立以保护公众健康为根本目的的立法价值取向。

那么,环境立法到底是为什么?或者说,什么才是环境立法的真正归宿呢?这里面有一个问题是需要注意的,即如果把环境和健康这两个问题联系起来,环境立法会有什么样的改变?如果将健康而不是经济增长作为发展水平的一个重要指标,那么由发展带来的健康风险这一事实,将会对政策的制定者产生什么影响呢?下文将介绍国外环境立法对其立法目的是如何认识的。

---

① 郑易生:《中国环境与发展评论》(第 2 卷),社会科学文献出版社 2004 年版,第 499 页。

以日本为例,1967年实施的《公害对策基本法》第1条明确提出该法的目的,即采取污染防治措施,保护国民健康和维护其生活环境。在这里,公害防治对策的价值取向服务于人体健康,明白无误。然而,该法第1条第2款"关于前款规定的保护生活环境,是与经济健全发展相协调进行的"补充规定,又使保护国民健康的单纯立法目的多少有些蒙羞。因"协调条款"的规定,为企业不顾环境保护而追求经济发展埋下了伏笔,因此,该法公布后遭到社会人士的反对。为此,日本著名环境法学家野村好弘曾批评说:协调条款"明显地反映了工业优先的思想"。[①] 在众压之下,所谓的"协调条款"终被删除,随确立了日本环境法以保护人体健康为唯一立法目的的地位。1993年日本又颁布了《环境基本法》,该法在第1条同样明确规定"确保现在以及将来国民健康、文化的生活,为人类的福利做贡献"。显然,该规定不仅继承了《公害对策基本法》"保护国民健康"的立法目的,而且进一步丰富和发展了保护国民健康这一立法目的的内涵,从而使日本的环境立法进入全面保护人体健康的立法时期。

以美国为例,"以人为本是美国环境立法贯穿始终的理念,一切为了人的健康是美国所有环境立法的共同标准"。[②] 如美国《国家环境政策法》第1条规定:"……联邦政府……采取各种方法与措施保护环境,增加社会福利,为国民建设更美好的生存环境,以满足世世代代的美国人对环境、经济、健康等最基本的需求……"为了贯彻上述政策目标,该法第2条第2款还规定:国家"保证为全体美国人创造安全、健康、富有生产力并在美学和文化上优美多姿的环境"。正是在充分认识到良好环境对人的生存和发展所可能具有的意义的基础上,才促使美国的环境立法不惜以更为严格的法律手段去保护和改善环境,从而使立法朝着不断增进人类的健康和福利为目的的方向发展。

目前,美国已经制定了一系列环境管理法律,典型的如《清洁空气法》(Clean Air Act)、《清洁水法》(Clean Water Act)、《有毒物质控制法》(Toxic Substances Control Act)、《资源保护和恢复法》(Resource Conservation and Recovery Act)、《应急计划和社区知情权法》(Emergency Planning and Community Right to Know Act)、《联邦杀虫剂、杀真菌剂及灭鼠剂法》(Federal Insecticide, Fungicide, and Rodenticide Act)和《综合环境反应、赔偿和责任法》(Comprehensive Environmental Response, Compensation, and Liability)等。这一系列环境与健康法律,基本上都更

---

① [日]野村好弘:《日本公害法概论》,康树华译,中国环境管理、经济与法学学会1982年版,第74页。

② 郄建荣:《美国:环境立法归宿是以人为本》,载《法制日报》2009年3月20日,第3版。

注重对污染物本身的监管，采取各种措施实现风险预防，将污染控制在早期。实际上，美国还不存在独立且完备的环境健康的相关法律，但是不可否认，环境健康的理念始终引导着美国各种法律的制定与实施。①

以韩国为例，1990年《环境政策基本法》对该法之立法目的进行了明示："提供良好的生活环境，并处理好健康与环境二者之间的矛盾关系，是保障人们健康、享有优质的文化生活以及促进国家发展的必要条件之一。任何组织和个人都应该为构建良好环境而努力奋斗。因此，人们在从事一切与环境有关的活动时，应当都需要尽量减少或者避免环境污染。既要保证当代人享有良好的生存环境，也不得损害后代人的生存条件"。人类要享用环境，势必先要维护环境对人类的可享用性。通过立法确立环境保护优先原则，使《环境政策基本法》在保护国民健康、提高人类福利的立法目的昭然若揭。

以欧盟为例，《单一欧洲法》和《欧洲联盟条约》中的"环境条款"，即130R条规定：共同体的环境政策应致力于如下目标：保持、保护和改善环境质量（Preserving, Protecting and Improving the Quality of the Environment）；保护人类健康；节约和合理利用（Prudent and Rational Utilization）自然资源；《欧洲联盟条约》规定了这个任务，实际上赋予共同体采取任何必要措施的权限，具体包括消除已经造成的污染、预防污染、环境行动计划，提供信息、资助科学研究和教育培训、鼓励使用清洁技术等。欧盟在采取有关的环境保护措施时，必须遵守高级保护原则。高级往往意味着"最好"，也就是说"最好保护"。提高环境质量的措施，客观上都有助于保护人类健康，提高环境质量的措施，也就是保护人类健康的措施。②

通过对国外一些国家关于环境立法目的的考察，我们可以看到这些国家和地区不仅重视环境健康问题，而且都在环境基本法中确立了保护和促进环境健康的立法目的。

（二）立法范围局限性明显

一国对环境健康问题的重视程度如何，往往可以从相应有针对性的立法上得知一二。前面我们说，虽然美国并没有专门的环境健康立法，但由于其诸多环境法律明确提出了提高公众健康水平的目标，并通过一系列法律提出了一套广泛的用以降低污染、减轻人类健康风险的法律措施，因而其环境健康问题得到了较好的解决。

---

① 张金良：《EPA环境健康法规简介及其对建立我国环境健康法律法规体系的启示》，载《第四届国家环境与健康论坛论文集（2009）》。

② 高家伟：《欧洲环境法》，工商出版社2000年版，第25页。

日本史上曾经以“公害列岛”闻名，世界八大公害事件有四起发生在日本。为此，日本国民饱尝了公害之痛，因此较注重发挥立法在保护公民健康方面的作用。目前，日本的环境法数量众多，内容涉及大气、水、土壤、噪声、化学物质控制、废弃物处置等。值得一提的是，在环境纠纷解决程序方面，日本专门制定了独一无二的《公害纠纷处理法》。不仅如此，在损害赔偿上，制定了《公害健康被害补偿法》，这部法律中详细规定了损害的鉴定流程、如何进行支付、受害人获得补偿的具体程序等。这两部法律的规定，大大增强了法律在维护国民健康权益方面的可操作性。

欧盟也非常重视公民健康，其制定的环境法规都会综合考虑健康标准以及可能会影响公民健康的各种原因。在其环境法体系的构成中，宪法指导其他法律法规的制定与实施。除此之外，还包括欧盟机构制定的条例、指令、决定、决议、标准等法律形式，内容主要涉及污染防治和自然保护两方面的立法规定。污染防治方面，如防治空气污染和水污染、控制危险废物、防止核污染和放射性污染等方面的内容；在自然保护方面，主要包括保护野生动植物及其生境、保护生物多样性及生物安全等方面的立法。

值得关注的是，随着现代生物技术的广泛应用，也使生物安全(diosafety)问题，即由生物技术或用生物技术改变和产生的生物所引起的对人体健康和环境的不利影响日益凸显。例如，由基因工程技术制造的转基因生物(Genetically Modified Organisms，GMOs)，既可以造福人类、又孕育着巨大的潜在风险，如果管理和处置不当既可能对人体健康产生不利影响，严重的可以致癌和诱致其他遗传疾病，同时又可能对环境质量、生态系统或生态平衡产生不利影响。目前，欧盟的《关于转基因微生物的封闭利用的指令》和《关于向环境谨慎引入转基因产品的指令》是生物安全领域的两个重要法规，对其成员国应用有关转基因生物体作了统一规定，其目的是保护人体健康和环境。① 实际上，欧盟现在已经具备了一套相对完善的环境法律体系，这一体系在改善环境、促进公民健康发展具有重要意义。

韩国目前也已经形成了一个相对完善的环境法律体系。在宪法方面关于“环境权”的保护，是值得肯定的。如韩国《宪法》第35条规定：法律赋予一切国民都可以主张环境权，任何组织和个人都应该为构建良好的生活环境而贡献一己之力；与此同时，法律也应该作出回应，详细规定什么是环境权以及如何行使环境权。在环境保护方面，韩国经历了一个不断发展完善的过程。例如，早在20世纪60年代，为了防止产业活动造成的诸如大气、河流污染，以及噪音、振动对公众健

① 蔡守秋：《欧盟环境政策法律研究》，武汉大学出版社2002年版，第230页。

康的损害,韩国就制定了《公害防治法》。20 世纪 70 年代的时候,面对经济发展过程中出现的新问题,政府又颁布了《环境保全法》。该法通过引入环境标准、环境影响评价、污染情况监察、污染物的达标排放等制度,目的在于减少环境问题的发生,改善人们赖以生存的环境,为人们提供一个具有清洁空气、清洁水源的生活环境。进入 20 世纪 90 年代以后,韩国还制定了《环境政策基本法》《大气环境保全法》《水质环境保全法》《噪声震动限制法》《有害化学物质管理法》等在内的法律,形成了一个内容更为全面的复合型环境政策。①

值得重视的是,在环境健康立法方面,韩国在 2008 年还颁布了《环境健康法》,这部法律是专门针对环境健康保护的立法,可见韩国政府对环境健康保护的重视。该法主要涉及 6 个方面的内容:

第一方面是总则的内容,主要包括立法目的、范围、政府职责;第二方面是关于风险评估的规定,涵盖风险评估与监管、健康损害评估等;第三方面是防控与监管的具体措施的规定,涵盖了环境健康情况的了解、针对损害人体健康的疾病的诊断、健康损害评估意愿调查、政府在环境治理与维护人体健康方面的具体任务、环境健康标准的制定等;第四方面规定的是儿童健康保护的相关内容,主要涵盖了风险评估、信息的调查以及健康指标的制定等;第五方面是附则,涵盖了环境健康机构的设立、相关教育人员的资质等内容;第六方面是关于违反法律规定如何处罚的规定。韩国的这部法律,不仅内容全面、科学合理,为环境健康风险管理奠定了坚实的法律基础,而且也代表了现代环境健康立法发展的一个重要趋势,值得借鉴。

从上述国家有关环境健康方面的立法可以看出,这些国家和地区不仅重视环境健康问题,而且普遍把"环境健康"作为环境立法的一个重要的价值目标,并以此去不断发展和完善环境健康保护的制度体系,从而使保护环境健康的法网日益缜密。不仅如此,有些国家还根据形势的发展变化和对健康保护的新要求,制定了专门的环境健康法,从而把法律对健康的保护推向了一个更为全面和科学合理的新质态。

我国在应对环境健康问题上,虽然法律体系不断完善,但由于环境立法大都缺乏与健康的有效衔接,导致真正有针对性的涉及环境健康法律保护的内容其实并不多。这突出表现在环境健康保护法律制度建设上要么滞后,要么空白,尤其是在环境纠纷处理、环境健康损害赔偿、环境公益诉讼等方面法律的缺口比较大。在对健康损害影响比较大的立法方面,如土壤污染防治、农药污染防治、危险化学

---

① 郭琳、刘佳环:《日韩环境政策对中国的启示》,载《环境保护》2008 年第 24 期。

品污染防治等方面还没有相应立法,至于针对环境健康的专门立法更是无从谈起。仅有的一些保护环境健康的明示条款,也只是作为一种激励性的语词或者原则声明规定在环境立法目的中。一些散见于相关立法中涉及环境健康的法律规定,在可操作性规定方面还显得异常薄弱,难以给环境管理部门和司法部门在解决环境健康纠纷时提供可循的具体规则,大大削弱了法律在维护公众健康权益方面应有的作用。因此,总体来看,我国环境法对环境健康保护的法律基础比较薄弱,很难有效应对我国日益严峻的环境与健康形势。因此,环境健康立法提速,势在必行。

(三)法律制度措施落后

环境健康风险既有其制度上的成因,同时制度也是思考和建立有效预防和积极应对环境健康风险对策的关键之所在。

目前,根据环境保护实践以及结合国外立法方面的成功经验,我国在防治环境污染和其他公害、合理开发和利用自然资源、保护和改善环境方面,已经制定了一系列环境保护法律制度和措施。这里面既有事前预防类制度(如环境规划制度、环境影响评价制度)和行为管制类制度(如申报许可制度),又有影响与诱导类制度(如环境费制度),还有事后补救类制度(如限期治理制度)。①

围绕污染防治现行的法律制度有环境规划制度、环境标准制度、环境影响评价制度、“三同时”制度、排污申报登记制度、排污收费制度、排污许可制度、总量控制制度、限期治理制度、污染事故应急制度、违法企业挂牌督办制度、法律救济制度等。在卫生立法方面现行的法律制度主要有传染病预防控制制度、突发公共卫生事件应急制度、职业病防治制度、公共场所和学校卫生管理制度等,这些制度建立在分类控制的基础上。

现行环境法律制度主要建立在适应计划经济体制要求的基础上,以基于个体责任的“谁污染,谁治理”为指导原则,以单一的行政强制为运行机制,以“末端控制”为基本对策,未从根本上体现可持续发展的要求。并且,制度间相互分割甚至抵触,配套性差,特别是污染防治与资源保护的法律制度之间相互割裂,各成体系,严重削弱了制度的综合效率和效力。卫生法并没有把维护和保障公民的身体健康和生命安全作为卫生立法的根本宗旨,并且,卫生法调整的是一种纵向的,以命令与服从为基本内、以隶属性为基本特征的卫生行政关系。其法律制度自然不能满足保障和增进人体健康的要求。

可以说,我国环境保护监督管理制度体系已经形成。但有制度,并不等于制

---

① 汪劲:《环境法学》,北京大学出版社2006年版,第198页。

度本身不存在问题。这正如汪劲教授针对我国环保法律制度在执行中存在的问题时所总结和描述的那样：环境保护计划制度，纸上谈兵；环境标准制度，失枝脱节；环境影响评价制度，自相矛盾；排污许可制度，名不副实；排污收费制度，鼓励超标；现场检查与环境监察制度，软弱无力；限期治理制度，遥遥无期；自然保护制度，有名无实；环保法律责任制度，千疮百孔。① 可见，我国环保法律制度落后是客观存在的。

不仅如此，从环境与健康风险管理的角度上看，由于在长期的管理实践中，环保部门的环境管理制度建设与健康风险管理脱节，导致制度制定中的一些具体条款和措施并未真正体现出以保护人体健康为最终目标的政策宗旨，如环境目标责任制、总量控制、环境准入制度、优先控制污染物筛选、环境监测体系建设、环境影响评价制度，在具体设计中都普遍缺少针对那些对人体健康具有重大危害污染物的考虑和管理措施。鉴于环境管理的重点主要侧重于对一些常规污染物的控制，对环境与健康风险的分析与评价就更是无从谈起。因此，即便从环境与健康管理的角度看，现行的一些管理制度和措施存在的缺陷也是十分明显的。具体而言：

1. 我国环境健康风险评价制度严重滞后

近年来，我国的环境污染损害健康事件频发，不仅产生了严重的健康威胁，还造成了巨大的经济损失，社会影响恶劣。这不能不让人去思考这样的问题：如何才能提前识别环境污染可能存在的健康隐患，并有效预防可能导致的健康损害？如何才能避免“事先缺乏预警、事后处理忙乱”的被动反应式工作方法，做到及时控制事态发展的同时又能够最大限度地减少损失、保护人体健康？对这些问题的回答，需要人们重新深入认识环境健康风险评价在防范环境健康风险中的意义。

环境健康风险评价（Environmental Health Risk Assessment，EHRA），是指对接触或暴露于某种有害环境中的人群，在一定时期内可能产生的不良健康效应的发生概率进行的定量估计。简单地说，就是对环境污染可能发生的健康危害作出的定量预测和估计。由于 EHRA 在保护公众免遭环境污染的健康损害以及为风险管理提供重要科学依据方面发挥着重要作用，目前已成为国际公认的环境健康风险评价的基本方法。

20 世纪 80 年代以来，我国已经广泛对建设项目开展了环境影响评价，但是由于我国既没有对相应的健康影响评价的内容作出明确要求，也没有规定采用环境健康风险的评价方法，以至于到目前为止，在环评中，大多数项目主要作了对环境和生态的一般性评价，而没有作以“人群健康为中心”的环境健康风险评价。然

① 汪劲：《环保法治三十年：我们成功了吗》，北京大学出版社 2011 年版，第 134～178 页。

而,事实上很多项目对环境的污染以及包含的健康隐患却是长期存在的。可以说,近年来的一些环境污染损害健康事件频发的背后,实质上是长期以来我国对建设项目缺乏全面、科学的人群健康风险评价所产生的后果。可以预计,如果国家有关部门对健康风险评价工作不能引起足够的重视,此后很长一个时期类似的环境污染损害健康事件将会难以避免地陆续爆发出来。因此,在建设项目的环境影响评价中导入健康风险评价的方法,加入具体人群健康风险评价的内容和程序并陆续在全国开展健康风险评价,应是近期国家环境保护及相关决策部门的当务之急。①

2. 信息公开缺失、公众参与不足

环境健康的保护离不开政府的干预。但政府主导,并不等于政府包办。这意味着,在强调政府责任的同时,自然离不开公众积极而广泛的参与。在保障环境健康方面,需要而且始终需要政府和公众并肩而行。要参与,首先就要知情。如果没有了知情,也就不可能真正地参与行动。因此,从公众参与的要求上看,与环境健康风险有关的信息公开以及保障公众的知情权,也就成了环境健康风险控制的一项重要内容。正如有学者所指出的,健康问题与我们社会公众的利益都密切相关,社会公众有权利知道任何涉及其利益的信息,所以必须将这些信息向社会公众公布。政府作为社会服务机关,应该将其因职权获取的环境健康信息向全社会公示,为积极行使权利的人们提供便利条件,这不仅能够促进公众对该问题有更深入的了解,也是保障其基本权利的必要方式。增强信息的透明度,有利于公众对政府工作以及污染企业进行监督,以实现环境保护;除此之外,通过公布的信息还可以及时发现存在的问题,并针对该问题制定相应的对策予以解决。同时还能够促进社会公众树立正确的环境与健康观念。② 的确,越来越多的人认识到,信息公开对于完善中国的环境管理机制,克服地方保护主义、执法不严、违法成本低等强大阻力,有着特别重要的意义。

既然信息公开如此重要,那么我们在信息公开方面又做了些什么?效果又如何呢?2008 年无疑是一个值得关注的年份。因为在这一年事关公众知情权的《政府信息公开条例》以及《环境信息公开办法(试行)》,将于 2008 年 5 月 1 日起实行。

《政府信息公开条例》明确说明,制定条例旨在保障公民、法人和其他组织依法获取政府信息,提高政府工作透明度,促进依法行政,充分发挥政府信息对人民群众生产、生活和经济社会活动的服务作用。为此,条例规定,各级人民政府应当

① 潘小川:《环境健康风险评价(EHRA)亟待推进》,社会科学文献出版社 2010 年版,第 112 ~ 113 页。

② 王俊秀:《别让环境污染损害我们的健康》,载《中国青年报》2011 年 6 月 2 日,第 3 版。

加强对政府信息公开工作的组织领导。《环境信息公开办法(试行)》是中国第一部关于信息公开的部门规章。该办法强制环保部门和污染企业向全社会公开重要环境信息,为公众参与污染减排工作提供平台。《政府信息公开条例》和《环境信息公开办法(试行)》的颁布,填补了我国环境信息公开专门立法的空白,无疑对满足公众知情权有着里程碑式的意义。正是在这个意义上,2008 年也被称为信息公开元年。

《政府信息公开条例》《环境信息公开办法(试行)》在万众期待中出台,那么它们的执行情况又如何呢?在它们颁行之后,为了更为系统地评估各地政府部门对相关法规的执行情况,公众环境研究中心与自然资源保护委员会共同开发了污染源监管信息公开指数,并据此对 113 个城市 2008 年度污染源监管信息公开状况进行了初步评价。初评结果显示,环境信息公开在中国许多地区取得了进展,但一些重污染城市公开程度很低,依申请公开艰难起步。总体上看,环境信息公开仍处于初级水平。①

同样的在另一份来自公众环境研究中心的报告中,公众环境研究中心通过调查,对《环境信息公开办法(试行)》中涉及违规企业信息披露相关部分的实施情况在进行梳理和总结的基础上发现,相当一些地区的政府部门依照《环境信息公开办法(试行)》要求,加大了环境信息公开的力度,其中一些地区开始系统地公布环境信息。与此相对应,调查显示没有发现任何一家污染企业按照《环境信息公开办法(试行)》的要求公布其排放数据,而作为《环境信息公开办法(试行)》规定的执法主体,地方政府部门没有对其中任何一家企业实施《环境信息公开办法(试行)》所规定的处罚。②

《环境信息公开办法(试行)》第 28 条规定,不达标企业"不公布或者未按规定要求公布污染物排放情况的,由县级以上地方人民政府环保部门依据《中华人民共和国清洁生产促进法》的规定,处 10 万元以下罚款,并代为公布"。然而,从报告反馈的情况看,污染企业漠视新的法规要求的情况普遍存在,同时违规企业拒不公开其排放信息的情况,也充分暴露出政府执法部门的不作为问题较为突出。更为重要的是,政府行政部门的不作为,使《环境信息公开办法》这一重要的法规,可能沦为纸上谈兵。

由于环境信息公开不充分,客观上会给公众参与环境保护造成很多现实障

---

① 公众环境研究中心、自然资源保护委员会:《环境信息公开艰难破冰》,社会科学文献出版社 2010 年版,第 241 ~256 页。

② 王晶晶、阮清鸳:《推动环境信息公开的多方行动》,社会科学文献出版社 2009 年版,第 238 ~248 页。

碍,以致难以充分保障公众参与的实现。其实,这恰好也从另一方面说明,环境信息的全面公开和公众环境知情权的真正实现,并不是仅靠一两个法律文件的发布就能够完成的,还需要针对环境信息公开立法中存在的一些缺陷,如信息公开的主体、范围、时限、环节、方式、监督以及信息公开的法律救济等方面存在的不足,去不断充实和完善相关环境信息公开的法律保障制度体系,尤其是针对实践中暴露出的一些不利于环境信息公开的突出问题,不断强化保障性和强制性措施,才可能将环境信息公开推向一个更高的层次和水平,以便更好地推动公众参与真正走向环境保护的实践。

其实,建立信息公开制度或者制定保障公众知情权的法律,是世界各国普遍的做法。除了一般性的信息公开立法外,一些国家还制定了专门的环境信息公开法。例如,欧盟在2000年通过了《环境信息公开指令》,德国于1994年就通过了《环境信息法》,英国也在2004年颁布了《环境保护信息自由法》,美国则有《应急计划和社区知情权法》以及根据该法创制的《毒性物质排放清单》等专门规定环境信息公开的法律。总体来看,这些立法的一个共同特点就是,环境信息公开的主体有不断扩大的趋势、对环境信息公开范围的限制越来越少、注重加强环境信息公开制度与公众参与制度以及责任救济制度的密切联系。通过以围绕着确认公众知情权而展开的对环境信息公开法律制度的立法建构,使公众环境知情权的实现有了较好的制度保障。这些立法上的成功经验,无疑是值得我们学习的。

3. 环境健康损害赔偿制度不健全

客观来说,目前我国的环境健康形势非常严峻,而相应的是应对该问题的法律法规却相对滞后,并没有与环境健康问题形成正比。从环境健康管理的角度看,相对于污染防治工作,我国的环境健康管理起步较晚,现行的环境法律制度中普遍缺乏明确的健康保护要求。与环境健康有关的标准、法律、法规、管理制度严重供给不足,现行的环保管理标准,政策法规大多缺乏与健康问题的有效衔接。由于政策法规未能及时跟上环境健康管理的需要,致使行政、法律部门在调处环境健康纠纷的过程中,对违法行为缺乏有效的约束依据和执法手段,难以切实有效地维护污染受害者的健康权益。

另外,不仅法律基础薄弱,在环境健康方面的技术基础也远远无法满足人们群众对于健康安全的需要。长期以来,由于环境健康领域的基础研究严重滞后,导致一方面不断出现环境污染健康损害事件,另一方面因缺乏针对环境健康问题的专项调查而无法全面掌握环境污染导致的健康损害的基本情况和数据。正是因为底数不清,才给环境污染与健康损害因果关系的判定带来了一定困难,这不仅会使相关问题的处理陷入被动,在一定程度上也削弱了法律在维护公众健康权益方面的可操作性。

可以肯定的是,随着环境污染的长期存在和进行性发展,环境污染对人体健康造成的损害将会日益加剧。近年来频发的环境污染损害健康事件已经将公众的健康推向了风口浪尖,从而也将使公众的健康权益面临更大的风险挑战。无疑,建立事前预防环境污染损害健康的法律机制固然重要,但对环境污染损害健康的事后填补法律机制的建构同样不容小觑,甚至在某种程度上可以说这是应当予以优先解决的问题。

"有权利就有保障,有损害就有救济",乃是人类社会之公平正义的理想赖以建立的基石。反之,当权利受到损害却无法得到及时、有效的法律救济,那么"国家尊重和保障人权"的宪法承诺就会落空。然而,尽管环境健康问题很突出,事实上也大量存在环境污染导致健康损害的案件因为环境健康损害赔偿法律机制的不健全,而导致的污染受害者的健康权益得不到法律及时、有效救济的情况。不仅如此,环境污染导致健康损害问题,也成了诱发群体性事件的新的导火索,给社会的和谐稳定也带来了新的安全隐患。因此,如何救济污染受害者以及如何有效填补污染受害者的健康损害,就成了环境健康政策法律中的一个迫切需要解决的现实问题。

正是在认识到了环境污染导致健康损害,是直接关涉公众健康权益的重要问题。2007 年 11 月 6 日,卫生部等 18 个部委联合发布了《国家环境与健康行动计划(2002 - 2015)》。作为环境健康领域的第一个纲领性文件,《国家环境与健康行动计划(2002 - 2015)》坚持"以人为本"的理念,旨在加强环境污染防治,提高环境健康损害的预防、预警和救助等措施和手段,以最大限度地减少环境污染造成的健康危害,通过不断完善环境与健康管理,解决好环境与健康这个突出的民生问题。

另外,我国在相应的环境与健康规划制度以及环境与健康监测制度等方面也还存在不足。例如,尽管我国《环境保护法》第 13 条规定了环境规划制度:"县级以上人民政府应当将环境保护工作纳入国民经济和社会发展规划。国务院环境保护主管部门会同有关部门,根据国民经济和社会发展规划编制国家环境保护规划,报国务院批准并公布实施。"但总体上来看,我国的环境规划还是较为原则的立法规定,且法律地位不明,尤其是仅提及计划的制订却不重视计划的实施和检查。

就环境与健康监测方面而言,较为突出的问题有以下几点。一是缺乏统一界定环境监测的性质、地位、作用及管理体制方面的专门法律法规,容易导致环境监测活动因缺乏统一监管而出现混乱现象。二是我国现阶段的环境监测体系还很不健全,并没有针对人们健康情况的监测。因为,我国尚未建立环境与健康一体化的综合监测体系,总体上看应对重大环境与健康问题的能力薄弱。我国目前还没有专门针对因环境问题导致的健康损害情况的监测系统。除此之外,我国环境与健康的监测系统是相互独立的,这就使二者之间没有信息共享、反馈和联动机制。可能造成因相关数据不能共享而难以就探究污染物与健康之间的关系进行研究的后果。同时,在监测资源的配置和监测项目的设置上不能有效联动,收集的数据因此难以从因果关系上相互匹配,大大降低了监测数据的实用价值。

4. 环境标准建设滞后

环境标准是指为了防治环境污染,维护生态平衡,保护人体健康,对环境保护工作中需要统一的各种技术规范和技术要求,按照法定程序制定的各种标准的总称,亦称环境保护标准。① 目前我国已经形成了由二级、五类环境标准构成的相对完整的体系。二级,即国家环境标准、地方环境标准;五类,即环境质量标准、污染物排放标准、环境监测方法标准、环境样品标准和环境基础标准。但这一环境标准体系看似结构完整、内容充实、功能互补,但其实在标准的目标定向、内容的先进性以及与相关标准和法律法规的协调性方面,仍存在很多问题。

从环境标准的目标定向上看,我国污染防治标准与人体健康标准混同不分。我国环境标准的制定更多体现了技术性措施,然而并未注重对人们健康安全的保护,所以其并未体现出该标准的真正价值所在,也并没有发挥出明显的健康保障作用。② 然而,与此形成鲜明对比的是,美国、日本等一些发达国家在制定环境标准时均区分了人体健康保护和财产保护的不同目标,在制定关系人体健康的环境标准时,根据环境医学的要求,运用环境毒理学实验和流行病学调查等方法,按照最敏感的原则,设定更为严格的人体健康环境标准。但是,我国目前的环境标准并没有区分人体健康保护和环保的不同目标,而是采用统一标准,这不利于人体健康的保护。

例如,美国《清洁空气法》建立了国家环境空气质量标准(National Ambient Air Quality Standards,NAAQS)。该标准分为初级和二级两类。初级环境空气质量标准的目的是保护公众健康,包括"易受伤害"人群如老、弱、病、残者的安全。它规定的标准水平为"留有充分安全余地"(Margin of Safety),即从标准规定的水平到污染物对人体健康产生影响的临界值之间尚有一段距离。这样规定的目的

① 韩德培:《环境保护法教程》,法律出版社2012年版,第113页。

② 吕忠梅、刘超:《环境标准的规制能力再造——以对健康的保障为中心》,载《时代法学》2008年第6期。

是为保护人体免遭污染物的有害影响提供充分保障。二级环境空气质量标准以保护公共福利为目的，包括人类在内的整个自然和社会环境免遭空气污染的危害。① 另外，日本环境质量标准也分为保护人体健康的标准和为保全生活环境的标准两类。关系人体健康的环境标准根据从疫病学的角度进行的科学判断设定。这种设定不同环境质量标准的形式体现了国家环境政策对保护公众健康的重视，能够为保护人体健康免受污染的有害影响提供更为充分的保障。②

从内容的先进性上看，我国的环境标准建设亟待完善。首先，部分环境标准已经过时。环境标准具有显著的技术性和时限性，因此，随着经济的发展、科学技术的进步和环境质量要求的提高，环境标准必须要定期进行修改和完善。然而，我国的环境标准大多制定于20世纪八九十年代，受当时技术、经济条件所限，总体来看环境标准的控制水平较低，已经无法满足当前环保的需要。其次，我国环境标准存在空白。以污染排放标准为例，尽管我国已经制定了包括水、大气、噪声、固废、放射性以及电磁辐射等污染防治标准，但针对一些新型环境污染，如光、热、土壤等污染类型，我国尚未出台相应的标准。已经颁布的标准，因其数值涵盖有限，导致许多在现实生活中已经造成大规模污染或者人身损害的重金属、持久有机污染物等污染物质并无对应的控制标准。尤其是，现有环境与健康标准在覆盖面上存在明显不足，一些相关工作完全无标准可依，如环境污染健康损害的评价与判定方面，环境污染健康影响的监测方面等。

在协调性方面，标准之间相互脱节、协调性差。首先，环境与健康标准制定所涉部门多，如环保、卫生、农业、标准化等部门，由于各部门在制定标准时协调和统筹不够，可能会出现内容相同却标准不一的情况，从而给环境与健康工作带来不必要的混乱。其次，污染物排放标准和环境质量标准之间的衔接不够，尤其是与其他环境媒介的质量保障严重脱节，导致污染物排放逐步达标而环境质量却日益恶化的不正常现象出现。另外，在环境标准实施与配套制度工具的协调上也存在问题。例如，污染物的排放与排污许可证制度之间就缺乏配合。虽然排污许可证制度已经在环境管理中强制推行多年，但由于缺乏实施上的制度约束和保障，使排污许可证的申请核发随意性较大，加之与许可证制度配套的监测系统建设滞后，实际上导致了许可证的发放简单按照“交费—发证”的程序，无法发挥有效控制环境污染风险的作用。这种配套工具设计和运用中的缺陷让环境标准的执行

---

① 王曦：《美国环境法概论》，武汉大学出版社1992年版，第250~251页。

② 汪劲：《环保法治三十年：我们成功了吗》，北京大学出版社2011年版，第146页。

大打折扣,甚至完全架空了环境标准的政策功能。①

5. 现有的环境健康管理法律责任的缺乏

根据我国《环境保护法》的规定,环保监管人员滥用职权、玩忽职守、徇私舞弊的,会对其进行行政处分,也可能导致刑事处罚。但在实际执法过程中,滥用职权、玩忽职守、徇私舞弊的标准规定得不具体难以进行法律责任追究。我国《传染病防治法》第65条规定,"地方各级人民政府未依照本法的规定履行报告职责,或者隐瞒、谎报、缓报传染病疫情,或者在传染病暴发、流行时,未及时组织救治、采取控制措施的,由上级人民政府责令改正,通报批评;造成传染病传播、流行或者其他严重后果的,对负有责任的主管人员,依法给予行政处分;构成犯罪的,依法追究刑事责任"。但是对于采取的措施不当而造成传染病传播、流行或者其他严重后果的,应当如何追究法律责任,仍缺乏明确的规定。

6. 环境与健康管理中公众参与规定不足

公共参与环境与健康活动,有利于公共健康工作的推进。《人类环境宣言》明确:为了更广泛地扩大个人、企业和基层社会在保护和改善人类各种环境方面提出开明舆论和采取负责行为的基础,必须对年青一代和成人进行环境问题的教育,同时应该考虑到对不能享受正当权益的人进行这方面的教育。《关于环境与发展的里约宣言》明确提出:"环境问题关乎我们每一个的生命健康,良好环境的营造也需要我们每一个的付出,因此,需要所有人民积极加入到环境保护与治理的行动之中。加强环境权利意识的宣传,积极每个人都积极行使自己的权利,通过向相关机关搜集环境资料,保障个人的知情权,培养环境责任意识,投身于环境建设之中,参与环境相关问题的决策,为环保事业贡献个人力量。"

我国《环境保护法》明确提出环境保护是任何组织和个人的义务,并应当积极承担义务,同时享有检举和控告他人环境污染的权利。《环境影响评价法》规定"专项规划的编制机关对可能造成不良环境影响并直接涉及公众环境权益的规划,应当在该规划草案报送审批前,举行论证会、听证会,或者其他形式,征求有关单位、专家和公众的意见。但是,国家规定需要保密的情形除外。编制机关应当认真考虑有关单位、专家和公众的意见,并应当在报送审查的环境影响报告书中附对意见采纳或者不采纳的说明"。《环境影响评价公众参与暂行办法》对公众参与进行了具体的规定。《传染病防治法》第9条规定,"国家支持和鼓励单位和个人参与传染病防治工作。各级人民政府应当完善有关制度,方便单位和个人参与

① 陈虹等:《中国环境健康法律分析报告——以Y省H县C公司铅锌矿污染为中心的展开》,载吕忠梅主编:《环境资源法论丛》(第9卷),法律出版社2011年版,第60页。

防治传染病的宣传教育、疫情报告、志愿服务和捐赠活动。”

尽管我国已经有一些法律条文对公众参与环境健康活动作出规定，但目前公众如何参与环境健康管理仍缺乏系统和完整的规定。具体表现为：公众参与的立法规定分散，且法条间存在的冲突；参与范围较窄，公众参与主要在环境影响评价、环境信访和环境举报方面做了一些具体规定。公众参与的方式和内容仅仅停留在制度层面，缺乏相应的参与途径、程序，明确公众的权利义务以及权利救济措施。

第三节　我国现行环境与公共健康管理体制检视

《人类环境宣言》指出：环境问题涉及全人类，拥有一个健康的环境不仅可以提升人们的幸福指数，也可以实现一个国家经济的良性发展，创造这样的环境是每一个国家政府的义务；政府作为公共环境的维护者，对于其管辖内的任何环境问题都需要承担修复和治理的义务；海洋的流动性使得海洋污染的危害性更大，它不仅仅会扩大污染范围，减少海洋生物多样性，人类也会因为食用了受到污染的还要生物而引发各种疾病或者死亡，所以各国都必须采取相应的手段保护海洋环境；必须委托适当的国家机关对国家的环境资源进行规划、管理或监督，以期提高环境质量。①《阿拉木图宣言》指出：健康是一项基本的人权。《经济、社会及文化权利国际公约》规定：各缔约国承认每个人都应该享有获得较好生存环境与健康身体的权利，各国也也应该为实现这一目标而采取各种有效措施，但是措施的采取必须考虑下列因素：(1)维护人们的健康要从胎儿做起，注重对孕妇的健康保护可以有效降低胎儿的死亡率，出生后还要重视对婴儿健康的保护，为他们的健康成长保驾护航；(2)环境问题大部分都是工业生产的副产品，所以应该严格控制企业的排放，构建良好的工业卫生环境；(3)积极采取各种有效手段防控各种因环境问题可能引发的传染病，提高医疗技术水平，加强医疗设施建设，提高治愈受害者的概率；(4)扩大医疗范围，确保每一个人在患病时都可以获得及时的医疗救治。②

就国家而言，实施初级卫生保健是政府的职责。我国《宪法》第 26 条规定："国家保护和改善生活环境和生态环境，防治污染和其他公害。国家组织和鼓励

---

① 《人类环境宣言》：于 1972 年 6 月 16 日斯德哥尔摩联合国人类环境会议全体会议通过。宣言的内容是由各国在会议上取得的 7 项共同观点和 26 项原则组成。

② 北京大学法学院人权研究中心：《国际人权文件选编》，北京大学出版社 2002 年版，第 30 页。

植树造林,保护林木。”

我国《环境保护法》第 28 条规定:“地方各级人民政府应当根据环境保护目标和治理任务,采取有效措施,改善环境质量,未达到国家环境质量标准的重点区域、流域的有关地方人民政府,应当制定限期达标规划,并采取措施按期达标。”不言而喻,政府对环境责任的履职情况直接关系环境质量的好坏,而环境质量的优劣又直接关乎人体健康。显然,各级政府对于环境健康问题应当承担责任。

环境与健康监管是政府的一项职责,完成该项职责就需要一个完整的管理体制。每一个管理部门都有相应的职权,他们之间相互协作的同时也会监督彼此,他们之间的衔接能力,最终会严重关系整个管理体制的运行的效率,而且这种管理体制在中央、地方、部门、单位整个管理中起着决定性作用。环境与公共健康管理涉及多部门、多行业,是系统工程。

一、我国现有环境与公共健康管理机构设置及其职责

纵观这些年的环境立法可以发现,国家对环境问题已经相当重视,同时也加强了对公共健康的监管与保障的力度,因此可以说,我国现阶段已经初步确立了环境健康管理体系。中华人民共和国成立初期,我国提出了“预防为主、防治结合、综合治理”等环保方针。此后,相关卫生部门针对这一问题采取了很多措施,不仅设立了专门的环境卫生机构,加大对人们健康的保护力度,增强健康水平;还组织制定了很多环境健康的准则以及相关立法,支持和组织举行健康卫生的活动,采取各种有效的方式宣传相关知识,提升人们的健康意识,最终取得了令人满意的成效。20 世纪 80 年代,环保部门成为专门的部门开展工作,与卫生部门共同致力于环境健康保护。国务院以及地方环境保护行政主管部门,主要负责对环境保护工作进行规划、协调,依法提出环境保护法规草案和制定行政规章,依法监督环境保护法律、法规等的实施,在控制环境污染、促进人们健康的过程中具有不可取代的地位。除此之外,环保部门通过其他相对可行的防控和治理手段,能够对卫生部门开展工作起到补充作用①。而且,环境健康的保护还可能关系国土资源部、国家气象局、水利部等部门。

(一)国家卫生和计划生育委员会

承担环境与公共健康主要的牵头部门是国家卫生和计划生育委员会和环境保护部。国家卫生和计划生育委员会的相关机构特别是中国疾病预防控制局在中国的环境与公共健康管理中发挥了重要的作用。国家卫生和计划生育委员会

---

① 王灿发:《环境法学教程》,中国政法大学出版社 1997 年版,第 55 页。

的环境与公共健康管理工作主要由食品安全与卫生监督局和疾病预防控制局。食品安全与卫生监督局负责职业卫生、放射卫生、环境卫生和学校卫生的监督管理；负责公共场所、饮用水等的卫生监督管理；负责传染病防治监督；疾病预防控制局主要承担着全国范围内的各种疾病的防控工作以及爱国卫生方面的事项，同时负责制定与之相关的法律规范等；制订各种预防和控制疾病的相关规划，针对明确的已经对人们健康产生损害的事项，积极采取措施予以解决；加强各有关机构之间的协同合作能力，共同致力于对疾病问题和卫生问题的有效预防，提高工作效率，将对人们的损害控制在最小；对人们健康受损害情况进行实时检查，并对其病情进行记录备案；将环境污染情况以及人们的受灾情况及时向有关部门报告；承办全国爱国卫生运动委员会、国务院防治艾滋病工作委员会的日常工作。卫生系统已经由国家卫生和计划生育委员会、各级疾病预防控制中心和医院等建立了一套公共卫生与疾病预防控制系统，对环境污染有关的健康问题进行监控和管理。

(二)生态环境部

生态环境部环境与公共健康管理主要由科技标准司组织管理环境与人体健康有关工作。下属的环境健康管理处负责的主要工作有：拟订环境与人体健康规划、法规、规章、制度、标准；组织开展环境与人体健康问题相关工作；承担应对气候变化组织协调工作；协调和联系国家气候办及其他相关部门。

国家环境与公共健康工作领导小组是我国目前环境与公共健康管理的主要专门机构，在其协调之下，各部门分工负责，构成了我国现行环境与公共健康管理体制。

《国家环境与公共健康行动计划(2007－2015)》指出要构建专门的环境与公共健康机构，该机构由多个相关部门构成。具体包括：以卫生部、环保总局为主体，发展改革委、财政部、国土资源部、水利部、统计局、安全监管总局、国务院法制办、气象局等相关部门共同参与的体系，各部门分工协作，为共同目标而不懈努力。与此同时，还要重视与环境健康相关的政策的出台，为工作的顺利开展与实施提供保障；由卫生部、环保总局组成秘书处，为各部门贯彻实施环境健康工作起到衔接、调节的作用，有效促进工作的运行；设立专家咨询委员会，吸纳社会中的专业人士、知识分子以及该领域有较大影响力的人士，为环境与健康决策或行动提供专业的咨询，以提高决策的准确性和可行性。①

《国家环境与公共健康行动计划(2007－2015)》也明确：建立国家环境与公共

---

① 《国家环境与公共健康行动计划(2007－2015)》,5.2 部分,2007 年 11 月。

健康工作领导小组例会制度、国家环境与公共健康工作秘书机构工作制度、部门间协调地方工作制度以及考核与责任追究制度,保证国家环境与公共健康工作全面有效落实。各部门之间明确工作分工,提高工作效率。

卫生部、生态环境部作为牵头部门,承担着相关工作的总部署,负责制定法律法规、对涉及公众环境健康的信息进行监管、采取措施实现风险防控并对紧急事件进行应急处理,对于环境健康工作起着引领作用。

(三)其他部门

发展改革委主要承担组织制定有利于环境与公共健康协调发展的宏观管理和调控政策;财政部主要承担该工作开展与落实过程中资金方面的问题,由国家财政提供拨款,为工作的进行提供物质基础。同时还要负责拨款资金使用情况的监管;国土资源部主要承担防控地下水环境所引发的健康问题;水利部主要承担制定水资源合理利用的相关规划,防止饮水区受到污染,对全国范围内的水资源开发与使用进行监管,促进水资源合理利用;统计局主要承担与环境健康有关的数据库的管理与应用;安全监管局主要针对某些威胁公共健康的场所进行监管,采取措施严格控制各种危害健康的行为;国务院法制办主要承担环境健康法律的起草与修订的任务,促进公民依法行使权力,切实保障公民健康权;气象局主要承担气象监管任务,针对一些严重的灾害性气象进行监测评估,对可能出现的影响进行预测,并提出预防灾害的可行建议。收集全国各地方的气象数据并进行研究,为全国人民提供更准确的气象预报。①

地方环境与健康按照法律规定主要由地方人民政府负责,也有一些法律规定由若干部门分别负责。

二、我国环境与公共健康管理机构工作的协调发展变化

我国各政府职能部门承担相应的环境与公共健康管理的职责,随着环境与健康之间存在关联的认识不断不统一,这就需要有统一的环境健康标准进行考量,同时要求环境与公共健康管理部门之间协调合作,增强环境与公共健康的保护,实践中,环境与公共健康管理机构工作的协调也是不断变化发展的。

(一)禁止吸烟行动

1997 年 1 月 7 日,全国爱卫会、卫生部、铁道部、交通部、建设部、民航总局发布了《关于在公共交通工具及其等候室禁止吸烟的规定》,根据该规定,铁道部、交通部、民航总局、建设部是本系统公共交通工具及其等候室禁止吸烟工作的主管

---

① 《国家环境与公共健康行动计划(2007 - 2015)》,5.3 部分,2007 年 11 月。

部门,铁路、交通、民航的卫生主管部门和建设部的城建主管部门负责本系统实施本规定的卫生监督管理工作。

(二)预防控制行动

2002 年 1 月 23 日,中国疾病预防控制中心在原来的中国预防医学科学院等单位合并的基础上正式组建成立,是由政府举办的实施国家级疾病预防控制与公共卫生技术管理和服务的公益事业单位。其使命是通过对疾病、残疾和伤害的预防控制,创造健康环境,维护社会稳定,保障国家安全,促进人民健康。

(三)宣传教育行动

2004 年 1 月 18 日,中宣部、卫生部、全国爱卫会、建设部、铁道部、交通部、民航总局发出了《关于加强公共场所及公共交通工具卫生防病健康教育的通知》,要求:要因地制宜使用现有的宣传设施,在车站、机场、码头等公共场所和列车、长途汽车、客机、轮船及公共汽车、出租车、电车、城市轨道交通等公共交通工具上开展健康教育。

(四)公共健康检查调查行动

2005 年 1 月,国家环保总局在科技标准司设立了专门的环境健康与监测处,具体负责中国环境健康工作的管理与指导,进一步明确了环境健康工作思路。目前正重点开展环境与公共健康基础调查、基本法律制度建设、管理与评估技术规范与标准的研究与制定等工作。

2005 年 12 月 3 日,国务院发布的《关于落实科学发展观加强环境保护的决定》要求健全环境保护协调机制。建立环境保护综合决策机制,完善环保部门统一监督管理、有关部门分工负责的环境保护协调机制,充分发挥全国环境保护部际联席会议的作用。

(五)建立了环境与公共健康工作组织机构

2007 年 2 月 15 日,卫生部、国家环保总局印发了《卫生部　国家环保总局环境与公共健康工作协作机制的通知》。建立了环境与公共健康工作组织机构:

1. 建立环境与公共健康工作领导小组。领导小组采取双组长制,组长由卫生部、国家环保总局分管领导担任,成员由相关业务司局司局级领导担任。领导小组负责研究拟出台或需进行重大调整的环境与公共健康工作宏观管理政策,指导环境与公共健康工作的开展。

2. 建立环境与公共健康工作联合办公室。联合办公室采取双办公室制,分别设在卫生部卫生监督局和国家环保总局科技标准司相应处室,办公室主任分别由两部门主管环境与公共健康工作的处级领导担任。联合办公室是领导小组下设的办事机构,负责环境与公共健康相关活动的组织与管理。

3. 建立环境与公共健康主题工作组。主题工作组根据环境与公共健康工作的重点领域设置，组长单位由卫生部和国家环保总局共同确定，组员单位可为相关行政部门、技术机构、科研院所、大专院校等。各主题工作组承担某一重点领域的具体工作。①

4. 建立环境与公共健康专家咨询委员会。专家咨询委员会由两部门推荐技术机构、科研院所、大专院校等从事相关领域工作的技术专家和学者组成。专家咨询委员会为环境与公共健康工作的开展提供咨询建议和技术支持；

2008 年 1 月 17 日，为切实加强国家环境与公共健康工作的领导和部门间协作，卫生部办公厅、国家环境保护总局办公厅发出《关于成立国家环境与公共健康工作领导小组的通知》明确，国家环境与公共健康工作领导小组的主要职责是：负责国家环境与公共健康工作的宏观指导；研究制定国家环境与公共健康工作方针、政策；协调解决国家环境与公共健康工作重大问题。领导小组下设联合办公室。联合办公室采取双办公室制，分别设在卫生部卫生监督局和国家环保总局科技标准司相应处室，办公室主任分别由两部门主管环境与公共健康工作的处级领导担任。联合办公室是领导小组下设的办事机构，负责环境与公共健康相关活动的组织与管理，并组织联络员会议。各部门联络员负责与领导小组联合办公室保持经常性联系并协助落实本部门环境与公共健康相关工作。

（六）风险防范行动

2011 年 3 月 16 日发布的《国民经济和社会发展第十二个五年规划纲要》明确提出，要加大环境保护力度，以解决饮用水不安全和空气、土壤污染等损害群众健康的突出环境问题为重点，防范环境风险，提高环境与公共健康风险评估能力。明确提出，要加大环境保护力度，以解决饮用水不安全和空气、土壤污染等损害群众健康的突出环境问题为重点，防范环境风险，提高环境与公共健康风险评估能力。

2011 年 9 月 20 日，环境保护部《关于印发〈国家环境保护“十二五”环境与公共健康工作规划〉的通知》明确：进一步完善和强化协作机制，联合卫生部门，推动地方成立环境与公共健康工作领导小组，逐步建立监测网络互联、信息共享、危机处理责任共担为核心的部门协作机制。

2011 年 9 月 6 日，环境保护部科技标准司、国家安监总局职业健康司日前在京签署《国家安监总局职业健康司、环境保护部科技标准司关于推进环境与公共健康工作的合作备忘录》。按照备忘录的要求，两部门将着力从风险联防联控、调

① 《卫生部国家环保总局环境与公共健康工作协作机制》，2007 年 2 月 15 日。

查监测与评价、科学研究和宣传教育等方面，共同加强环境与公共健康工作。双方将根据环境与公共健康工作实际需要，结合部门职能，基于优势互补、先易后难、注重实效的原则，选择合适的主题开展试点合作。

（七）建立环境与公共健康信息通报机制行动

2011 年 12 月 27 日，环境保护部和卫生部在北京联合组织召开了第二次国家环境与公共健康工作领导小组会议，建立了信息通报机制，明确了信息通报的种类及内容：部门相关政策、规章、规划和重要计划；环境与公共健康相关标准；环境危害因素和健康影响监测、评估与预警；突发环境与公共健康公共事件处置；重要环境与公共健康研究项目及成果；环境与公共健康国际交流等。

目前，只是在中央层面形成领导小组对环境与健康工作进行协调，地方大多没有形成相应的机构。

三、我国现行环境与公共健康管理体制的缺陷

从管理学的角度看，一个科学、合理的管理体制，不仅是实现管理目标的基本组织保证，还是进行卓有成效的管理应当具备的先决条件。管理体制的状况往往反映着一国对管理对象所持有的基本态度和采取的基本对策，同时管理体制的状况也与管理效率有着密切的关系。因此，研究管理问题，不但无法回避管理体制问题，而且管理体制的优劣还是决定管理成败与否的最为核心的问题。我们在这里讨论的环境健康管理同样也不例外。

为执行国家环境管理的职责，必须建立环境管理的专门机构。从目前环境管理绩效较好国家的经验来看，它们普遍重视环境管理体制的立法，无论是机构的设置，还是职权的配置，均有较详尽的规定。这是进行长效环境管理的基本制度保障。

我国已分别建立相对完善的环境管理制度和疾病防控制度，但是，从现行法律制度考察，环境管理和疾病防控并没有有机地联系起来，似乎是不相关的两个方面。例如：(1)监测制度。《环境保护法》第 17 条规定，国务院环保部门制定监测的相关法律，并联合其他部门建立监测系统，构建数据共享平台，实时提供准确的数据报告，加大管理力度。我国《传染病防治法》第 17 条规定“国家建立传染病监测制度”，但环境监测是由环境监测机构按照规定程序和有关法规的要求，对代表环境质量及发展趋势的各种环境要素进行技术性监视、测试和解释，对环境行为符合法规情况进行执法性监督、控制和评价的全过程操作。(2)影响评价制度。环境影响评价，是指对规划和建设项目实施后可能造成的环境影响进行分析、预测和评估，提出预防或者减轻不良环境影响的对策和措施，进行跟踪监测的方法

与制度。通俗说就是分析项目建成投产后可能对环境产生的影响,并提出污染防止对策和措施。可以看出,环境监测和环境影响评价并没有把人体健康作为该制度实施的目的和依据。

就我国的环境保护监督管理体制而言,尽管我国《环境保护法》第 7 条明确规定:“国务院环境保护行政主管部门,对全国范围内的环保工作进行统一监管。县级以上地方环保部门,则对本辖区内进行统一监管。国家海洋行政主管部门、港务监督、渔政渔港监督、各级公安、铁路等部门,依照法律的授权而享有环境监管职权。县级以上人民政府的土地、林业、水利行政主管部门,依照法律的授权而享有资源监管职权”。依上述规定,看似是一个统一管理与分级、分部门管理相结合的环境保护监督管理体制,且无论在机构设置还是职责权限的划分上似乎都很明确。但细究起来,该规定对统管与分管部门之间的关系以及职责权限的划分还仍然不够详尽具体。尤其是在参与污染防治和资源管理的众多部门的机构职能、工作计划、项目安排等方面如果没有一个统筹协调监督部门的话,各部门的工作目标和工作重心将很难从环境保护工作的全局出发发挥合力。这可能会导致,在一些具体项目的管理上一些职能在其部门内有效,但从环境保护的整体上可能产生相互掣肘、难以统筹的情况。这不仅会大大降低环境管理的绩效,事实上也正是这种体制上的弊端,为环境保护监督管理活动中的相互推诿或者揽权争利、互相扯皮留下了遗患。

然而,更为不利的或许是在面对“现代型的健康风险”时,即主要由于工业污染所引发的环境与健康问题,我们还没有真正形成一个自上而下分工明确、权责清晰的环境与健康管理体制。这突出表现在,我国的环境管理与健康管理无论在国家层面还是地方层面都仍然保持着相互独立的分离状态,没有作为一个整体进行统一管理。实际上,这种环境健康风险监管的边缘化现象,在环保系统的工作目标和监测工作上,表现十分明显。例如,长期以来,环保部门只重视对污染物排放的管控,制定减排规划、污染防控的法律制度以及污染后的治理方案,但是却未重视环境污染所引发的健康问题,未针对人们的健康风险制定有效的预防措施;对于一些污染较为严重的区域未将人们的健康放在首位,没有采取更为严格的监管措施以及治理污染的具体方法。直到 20 世纪 90 年代,我国的环境污染事件频发,导致了很多人员伤亡,才引起了人们对环境问题的议论、思考和研究,环境保护成为人们共同关注的事情。但是从近些年的实践中可以发现,环境保护一直都是以某区域的污染总量和环境质量为标准来衡量环保工作的成效,并没有将人们的健康作为衡量指标,为显示出对人们健康水平的重视。所以,由于环保工作并未把健康作为衡量指标之一,导致我国近些年因环境污染而引发的人员伤亡人数并未得到有效控制，反而呈现增多的趋势。目前，中国环境治理和监测的重点是化学需氧量（Chemical Oxygen Demand，COD）和二氧化硫（sulfur dioxide，SO_2）等常规污染物，对与人体健康关系密切的重金属、有机污染物等指标的监测较少。①由于环保部门没有将"以人体健康为本"，作为工作的重点和目标，导致其相关工作无论在资源配置、目标确定、制度和标准的制定以及行动安排上，始终不能与健康联系起来，并走向环境与健康统筹管理的轨道上来。

尽管中央层面已经在环保和卫生之间构建了协作机制，明确了责任部门，并且颁布了涉及18个部门的《国家环境与健康行动计划》，其中也规定了各部委在相关事物中的分工，但这并不意味着中国环境与健康风险管理体制机制的形成。由于环境与健康工作在中央政府层面都尚未真正统筹，在行政资源支配力度小得多的地方政府层面，就更加困难了。显然，管理体制上的不健全，加之也尚未形成成熟的预防和应对新型环境与健康风险的工作机制，如环境与健康预防机制、环境与健康综合监测机制、环境与健康风险管理、预警和应急机制等，使我国的环境与健康工作远远落后于现实的需要。这是造成当前环境健康管理工作被动，各种环境健康风险问题不断的重要原因。近年来频发的环境污染损害公众健康事件，就是最好的例证。因此，重新思考和定位现有的环境保护监督管理体制，并试图通过立法建立由环保部门主导的环境与健康管理新体制，是当前环境与健康管理工作中面临的一个重要课题。②

（一）部门分割，难以保障环境与公共健康管理的有效实施

现行环境与公共健康管理由不同部门分工进行，分工虽然提高了部门工作的专业性，但同时也导致了职权、资源和信息的碎片化。其一，现行的环境与公共健康管理方面在国家和地方层面都仍然保持着相互独立的分工状态，政出多门，没形成有机的协调，在政府职能的运行方面，政府部门之间的职能交叉和重叠现象依然存在，既影响了政府的行政效率，又容易导致政府管理空白区域。其二，由于行政体制所造成的条块分割，部门之间缺乏有效的沟通，妨碍各部门之间的信息

---

① 苏杨、段小丽：《中国环境与健康工作的现状、问题与对策》，社会科学文献出版社2010年版，第94页。

② 在环境与健康工作中，卫生与环保部门都扮演着重要角色。那么究竟哪个部门统筹更好呢？国务院发展研究中心社会发展部研究员苏杨认为，根据我国环境污染导致健康损害的一般情况和环境与健康管理的特点，环保部门牵头能更好地实现统筹、高效：这是因为，环保部门拥有对污染源的约束手段，能及时从源头上清除危害健康的污染因素，而卫生部门通过公共卫生调查或临床症状来发现污染问题，通常是"事后"的。环境污染造成疾病通常是长期积累的结果，而且往往是在职业病后，所以环境卫生的地位长期排在职业卫生后面，未引起重视。参见王俊秀：《别让环境污染损害我们的健康》，载《中国青年报》2011年6月2日，第3版。

交流。此外,中央和地方之间信息渠道也不畅通,且上述“条块分割”的管理体制在实践运作中,各部门之间常常由于权限限制或部门利益而难以很好地进行协调和配合,而目前又没有一个有效的中立性综合性协调部门来协调解决这些问题,无论是对于环境健康问题的风险预防,还是有关环境健康紧急事件的处置,都存在管理体制所带来的困难和障碍。其三,牵头监督管理部门与分管部门的关系不明晰。《国家环境与公共健康行动计划》明确卫生部、国家环保总局作为国家环境与公共健康工作的牵头部门,也明确其他部门的责任,但是牵头部门与其他部门之间是什么关系没有规定。更没有相关立法予以支撑。其四,统管部门与分管部门权利义务不明确,我国有关卫生健康、环境保护的法律、法规和规章中几乎都有管理体制的规定,而最基本的管理规定模式就是“某某行政主管部门对某一事项进行统一监督管理”,“某某、某某……部门结合各自的职责对某某事项进行监督管理”。例如,我国《传染病防治法》第6条规定,国务院卫生行政部门主管全国传染病防治及其监督管理工作。县级以上卫生行政部门负责本行政区域内的传染病防治及其监督管理工作,其他部门在职责范围内负责防治工作。

我国《环境保护法》第10条规定:“国务院环境保护主管部门,对全国环境保护工作实施统一监督管理;县级以上环保主管部门,对本行政区域环境保护工作实施统一监督管理。县级以上人民政府有关部门和军队环境保护部门,依照有关法律的规定对资源保护和环境污染防治等环境保护工作实施监督管理”。

然而,到底怎样“统一”“牵头”?统一、牵头监督管理部门、对分管部门有何权利?分管部门对统管、牵头部门有什么权利?对此,法律没有作出规定。这就使统管、牵头部门与分管部门权利与义务不明确,难以起到协同监管效果。

(二)环境与公共健康管理体制缺乏法律支撑

在国务院赋予其政府管理职能中均没有特别针对环境与公共健康事务的职能。现行管理体制方面没有专门法律依据,相关规定散在于各法律法规中:

我国《职业病防治法》规定:国务院安全生产监督管理部门、卫生行政部门、劳动保障行政部门依照本法和国务院确定的职责,负责全国职业病防治的监督管理工作。国务院有关部门在各自的职责范围内负责职业病防治的有关监督管理工作;县级以上地方人民政府安全生产监督管理部门、卫生行政部门、劳动保障行政部门依照本法和国务院确定的职责,承担各行政区域内职业病防治的监管职责。县级以上其他部门按照各自职权承担着相应的监管职责;县级以上人民政府安全生产监督管理部门、卫生行政部门、劳动保障行政部门(以下统称职业卫生监督管理部门)应当加强沟通,密切配合,按照各自职责分工,依法行使职权,承担责任。

我国《传染病防治法》第5条规定：各级人民政府领导传染病防治工作。第6条规定：国务院卫生行政部门主管全国传染病防治及其监督管理工作。县级以上卫生行政部门负责本行政区域内的传染病防治及其监督管理工作，其他部门在职责范围内负责防治工作。

从现实考量，现行的环境与公共健康管理的主要专门机构协调、各部门分工负责的环境与公共健康管理体制缺乏有效的法律依据。这导致了以下问题的产生：环境与公共健康管理的各机构的关系和职权的分工在法律上的规定不清晰，权责不明的现象比较普遍，部分机构间的职能冲突；环境与公共健康管理协调机构与各分管部门间的地位是平等的，导致相互扯皮的现象严重；跨区域的环境与公共健康管理受到限制；其他部门间的协调机制不明确；有关管理具体措施不明确。

（三）中央环境与公共健康管理专门机构公信力以及权威性难以保证

现行专门机构是卫生部、国家环保总局建立的环境与公共健康工作领导小组。领导小组采取双组长制，组长由卫生与计划生育委员会、环境保护部分管领导担任，成员由相关业务司局司局级领导担任。由于领导以及成员的级别不高，其公信力以及权威性难以保证，难以对相关部门施以有效的影响，其协调作用难以充分发挥。

（四）中国的环境与公共健康工作体制不完善，缺乏统一的宏观管理机制

首先，缺乏统一的标准体系，现有环境标准、卫生标准侧重不同，两者之间不相容。其次，缺乏部门间有效的协调机制，虽然已经形成部门分工的框架，但是如何具体实施，部门间如何衔接、制约没有具体规定。再次，缺乏信息交流的统一平台，环境与健康的保障，需要从财政、技术、管理、应急等方面通盘考虑，缺一不可。但是，财政、技术、管理、应急信息分别掌握在不同部门之间，部门的分割导致信息交流不通畅。最后，地方政府负责本辖区环境与健康管理，中央和地方的权责如何划分、管理如何协调，还没有形成具体框架。

（五）缺乏社会广泛的参与

随着公众环境保护意识的提高，以及环境危害的公共性认识日益加强，大家都意识到公众参与的支持对于环境与公共健康保护起着至关重要的作用。但是，在现行管理框架下，环境与健康管理主要由政府及其部门负责，没有重视私立部门、非政府组织、学术机构、媒体、公众、自治组织等相关方面积极参与环境与健康管理工作。

四、我国环境与公共健康管理专门机构设置的必要性分析

环境与公共健康管理涉及多部门、多行业，是系统工程，需要部门间的协调，

成立专门的协调机构应当是我国环境与公共健康管理体制完善的重要环节，并且，我国已经成立了环境与公共健康工作领导小组，从实际工作需要还需要进一步完善，其必要性在于：

（一）有利于更好地保障公共健康

有专门机构承担环境与公共健康管理，便于环境与健康信息的交流，避免政出多门，可以提高工作效率，减少部门间职能重叠，避免出现管理的空白，推进保障公共健康的工作。

（二）符合环境与公共健康管理发展的趋势

环境与公共健康的联系涉及多因素、多元主体。环境对健康的影响在机制上是环境中的污染物通过各种富集作用，最后进入人体，以各种形态存在人体不同的结构组织中，并不易被新陈代谢掉。污染物种类多，污染物通过各种方式进入人体，并且彼此相互作用，使危害呈不确定；仅仅靠单一环境因子污染管理，或者个别部门环境健康管理难以预防和控制环境污染对人体健康的不良影响。

（三）符合我国现实和人体健康保障需要

我国环境与公共健康管理体系的发展与我国对环境问题认识的发展相一致，并且管理体制也随之发展。目前，从环境问题是卫生问题、劳动保护问题出发，在环境与公共健康管理方面突出卫生部门和劳动保障部门的管理，随着对环境与公共健康关系认识的不断深入，逐步建立协调管理的机制，在管理组织上，已经成立了由卫生部、环境部组成的国家环境与公共健康工作领导小组。

（四）环境与公共健康问题得到及时、有效解决的保障

应对具有综合性、复杂性的问题，需要不同部门协作解决，自中华人民共和国成立后便设置了一些临时性或者常设性机构，实践证明，这些措施在一定时期对于社会问题的解决是有效的。现代政府的科层制结构建立在专业分工的基础上，分部门、分类型的模式体现了现代社会的专业分工原则。环境与公共健康管理涉及不同领域、不同层次的管理机构，没有专门的机构协调，就不可能快速、有效地解决问题。2007 年 2 月 15 日，卫生部、国家环保总局印发了《卫生部国家环保总局环境与公共健康工作协作机制》。建立环境与公共健康工作领导小组，建立环境与公共健康工作联合办公室。

第四章　环境与公共健康安全法律保护的国际视野

第一节　世界新主题：全球环境变化与健康

人类健康与其周围的生存环境有着密切联系。在地球上，生命的历史一直是生物与其周围环境相互作用的历史。地球上各种生物的自然形态和生活习性都是由自然环境塑造而成的。毫无疑问，空气、水、土地和食物等，都是人类生存和健康的必要条件。人体在其生命活动的过程中，不断地同周围环境进行物质和能量的交换，以增强与环境的适应性。然而，长期生活在被污染环境中的人们，当这种生理功能达到一定限度，超过人体的“忍受”限度时，就必然会引起健康和生命安全问题。20 世纪五六十年代，世界史上的“八大公害事件”，就是举世公认的因环境污染所导致的人类健康灾难。而我国 20 世纪 90 年代以来出现的“癌症村”现象，同样是一首述说着因环境污染带来的生命悲歌。显然，环境变化与健康，已经成为人们无法回避的重大现实问题。

全球环境变化条件下的人类健康与安全问题，是国际上近年来密切关注的新问题。这一问题的提出，是与当今全球环境的变化所导致的健康风险密切相关的。虽然目前为止尚未完全搞清全球环境变化的机制、各种变化之间的联系以及全球环境变化对人类健康的影响，但已有的研究表明全球气候变化、臭氧层损耗、生物多样性锐减、淡水资源短缺，以及城市化进程中的问题从多方面给人类健康带来直接和间接的影响。其中,气候变化导致自各类自然灾害的频发,包括热浪强度的增加和持续时间的增长导致的疾病或死亡发生,直接影响人类健康安全。气候变化对健康的间接影响则更为复杂,气候变化包括厄尔尼诺现象可引起地球生态系统紊乱。短期气候变化可带来多种传染病的流行,同时气候的变化可影响地表水的分布和质量,会引起霍乱、痢疾等流行疾病,在发展中国家这种情况尤为严重。

大气成分变化对健康的另一重要影响,就是臭氧层破坏使人类紫外线辐射暴露增加而导致的健康问题。臭氧是位于平流层的重要气体,因可以吸收和过滤太阳光中有害的紫外线,保护地球上的生命免遭有害太阳紫外线辐射,而被称为地球生物的"天然保护伞"。然而,随着大气臭氧层的日趋耗减,将增加地面的太阳紫外线辐射,这将对人体健康、海洋生物资源和植物生长带来十分严重的危害。如有害紫外线会造成皮肤癌和白内障,还会降低人的免疫力而增加传染病发病率。正是在认识到了由于臭氧层的改变可能对人类健康和环境带来的伤害,1985年国际社会在维也纳通过了《保护臭氧层维也纳公约》。该公约规定,采取适当措施,规制人们的行为,制约那些对臭氧层可能造成破坏的人类行为,同时加强警惕,预防臭氧层破坏带给人类的危害,以保护人类健康和环境。为此,1987 年在加拿大蒙特利尔举行的国际会议上还通过了《关于消耗臭氧层物质的蒙特利尔议定书》,旨在分阶段削减破坏臭氧层物质的生产与消费。

土地利用、土地覆被变化对人类健康的影响,首先就是生物多样性丧失对健康的影响。生物多样性为人们提供了大量维生所需的产品和服务,并在保护生命健康和确保生命对变化所带来的压力具有恢复力方面发挥着重要作用。生物资源是人类文明发展的支柱,是生物多样性中对人类具有现实和潜在价值的基因、物种和生态系统的总称,它们是生物多样性的物质体现,是人类赖以生存的物质基础。生物多样性的丧失意味着我们正在失去大量对人类健康有益的物质和基因,会导致大量未被利用的物种失去潜在的利用价值,而且从生态系统的水平上说,生物多样性对于维持生态平衡、调节气候、保持水土以及清除污染、美化环境方面有着不可估量的作用,这些环境的变化都与人类健康密切相关。因此,从长远看,生物多样性的丧失将使人类生存最为重要的基础受到严重威胁,为人类提供必需品和服务的生态系统遭到破坏,并且生物多样性的丧失具有不可逆性。

目前,全球生物资源的破坏已经构成对人类生存和发展的威胁,为此《生物多样性公约》第一次达成这样的共识:保护生物多样性是人类的共同利益,是发展进程中不可缺少的一个组成部分。在此基础上,《生物多样性公约》还提出了三项主要目标:保护生物多样性、持续利用其组成部分以及公平合理分享由利用遗传资源而产生的惠益。公约认识到，自然资源不是无穷无尽的，为了人类的利益，生态系统、物种和基因必须得到利用。并且，这种利用的方式和速度不应导致生物多样性的长期下降。

水资源危机对人类健康的影响也日益深重。由于经济社会发展对水资源利用的需求不断加大，如农业灌溉用水和工业用水，使人类淡水提取量大幅增加，导致人类可利用淡水资源呈现严重短缺，甚至在地球上的许多地方出现了水荒。淡水不仅存在数量问题，而且存在质量问题。污水排放是利用河流的传统方式，不合理的污水排放会导致鼠疫和霍乱的流行。而排放化学和危险物质，使用杀虫剂和化肥都会影响水的质量。污染源包括未经处理的污水、化学排放物、石油的泄漏和外溢、固体污水渗漏以及从农田中冲刷出的和渗入地下的农用化学品造成的严重的水体污染，更加加剧了水资源危机。水体污染造成的饮用水污染可能导致各种生物媒介传染病和化学因素疾病的发生，如痢疾、伤寒、砷中毒、氟中毒等，其在造成空气、土壤、粮食、鱼类、贝类等污染的同时会对人体健康造成危害，如"水俣病"和"痛痛病"等。

土壤是地球环境的重要组成部分，是人类赖以生存的物质基础，是人类生存的各种食物链的底层。它不仅通过支撑植物生长向人类直接提供粮食、蔬菜等植物性食物，或通过畜牧手段向人类供给肉类等动物性食物，甚至通过向河流、湖泊、海洋等地表水体提供营养物质而向人类供给鱼虾等水生食物。土壤还不断改变着大气和水体的化学组成，最终通过食物、空气和水体影响人体的生理功能。随着地球人口的增加和生态破坏，一方面土壤资源的紧张日益威胁人类自身的生存和食物安全；另一方面土壤环境的污染和恶化，也成为威胁人类健康的重要的环境问题。土壤环境目前已经成为人类活动改造最彻底的地方，人工施肥、灌溉、耕作等，能显著提高土壤的生产能力，同样人类过度的农业活动也可以导致土壤盐碱化等退化问题，特别是农药和化肥的过度使用，不仅威胁农业生产和通过农业生态系统威胁人类健康，而且已经对整个生态系统产生影响，甚至成为全球性的环境健康问题。

亚里士多德说："人因为生存，涌向城市；追求更优质的生存环境，定居在城市"。这可能归因于，城市为人们提供了更好的工作、教育、文化以及医疗保障等社会服务，因而人们倾向于聚集于城市、居留于城市。目前，全世界大约有一半的人口居住在城市。在20世纪后半叶，世界各大洲都出现了大量人口从农村到城市的迁移，城市化已经成为全球环境变化的重要驱动因素。一方面，城市化能促进资源循环和生产效率增长、提高预防灾害的能力和提供比农村更好的医疗和社会服务等；另一方面，过快的城市化进程也造成了贫穷、环境退化和无法满足的人口需求,带来了拥挤、大气污染、水资源缺乏和水污染、三废处置问题、传染病的流行、交通工具的增加、贫困、失业、城市热岛效应等众多问题,这无疑给人类健康带来了不良影响。正如联合国《城市化的世界》中指出的:“城市化极可能是无可比拟的未来光明前景所在,也可能是前所未有的灾难的凶兆”。而未来会怎样,取决于我们今天的所作所为。

总之,上述的问题表明,环境变化带来的健康风险挑战,不仅是现实存在的、而且是全球性的。因此面对挑战,我们需要从环境与健康的角度去重新认识和评价环境变化的影响,特别是对人类健康的影响,尤其需要是在充分认识到全球环境变化是人类面临的重大健康问题的情况下,采取行动去积极应对环境变化与健康风险的挑战。

第二节 环境与公共健康安全国际法律保护

一、环境与公共健康国际立法的一般考察

(一)环境权

公共健康的保护不仅迫切需要各国政府通过法律规制去加以解决,而且也急需国际社会通过广泛合作在国际法律框架下去加以解决。在国际上,把环境与健康问题联系起来较早出现在1972年斯德哥尔摩会议上美国提出的一项关于环境权的建议:“任何人均享有健康、安全的环境权,包括健康、安全的空气、水、土地、食物和其他的物质必需品。所有这些必需品都应免于污染和其他损害人类健康和福利的侵害”。尽管该建议得到了非政府组织的支持,但并未得到与会国的接受。

虽然1972年斯德哥尔摩人类环境会议通过的《人类环境宣言》中并没有明确提出环境与健康问题,但是在关于人与环境的关系方面提道:“人类既是他的环境的创造物,又是他的环境的塑造者,自然环境是人类生存和发展最基本的条件,例如环境为人们提供清洁的空气和水源,没有自然环境人类瞬间就会走向覆灭;除此之外,环境还可以塑造人的性格、道德水平以及精神面貌等”。应当可以认为,这里面已经暗含了“人类健康与其生存环境密切相关,优良的环境有益于人类健康,反之不良环境则不利于人类生存”。因为显而易见的是,良好环境是维系健康、实现合乎人性尊严和福利生活的一种基本手段(essential means),没有了环境健康这块人类社会可持续发展的基石,人类“在一种能够过着尊严和福利的生活

的环境中,享有自由、平等和充足的生活条件的基本权利"①也就成了无本之木。

(二)健康权

其实,这一点从联合国《经济、社会及文化权利国际公约》第12条对健康权的界定上也可以得到证明:健康作为一项基本权利,是指"享受可达到的最高生理和心理健康的权利"。那么什么样的条件才能达到可享受的最高生理和心理的健康标准呢?经济、社会和文化委员会在对该公约第12条的进一步解释中指出,"不应将健康权仅理解为保持健康的权利",而应理解为"享受各种对于实现最高可能达到健康标准所必需的设施、物品、服务和条件的权利"。显然,对健康的维护,不仅指必要的卫生保健和医疗条件,而且一个清洁、安全和适宜的环境条件对身心的健康更是不可或缺。

按照世界卫生组织1989年对健康概念的界定,健康是"一个人在身体健康、心理健康、社会适应健康和道德健康四个方面皆健全"。而一个身体、心理、社会适应以及道德皆健全的良好健康状态,都有赖于一个良好的环境,也都可以在一个良好环境的多维价值中得到理解,正如《人类环境宣言》所言,"自然环境是人类生存和发展最基本的条件,环境还可以塑造人的性格、道德水平以及精神面貌等"。

(三)环境与公共健康

20世纪80年代,环境与公共健康问题得到了世界环境与发展委员会的关注。例如,1986年世界环境与发展委员会环境法专家组提交的一份关于"环境保护与可持续发展的法律原则"(Legal Principles for Environmental Protection and Sustainable Development)建议中,第1条就规定:全人类对能满足其健康和福利的环境拥有基本的权利。②

如果说《人类环境宣言》对"环境与健康"问题的关注还是隐而不显、缺乏明示的话,那么1992年联合国环境与发展大会通过的《里约环境与发展宣言》对环境与健康问题的关注,则逐渐开始明朗化。例如,原则1规定:"人类处在普受关注的持续发展问题的中心。他们应享有以与自然相和谐的方式过健康而富有生产成果的生活的权利"(Right to a Productive Life)。这里面就提到了人与自然和谐与健康的问题。原则13关于"各国应制订有关对污染的受害者和其他环境损害负责和赔偿的国家法律"的规定,则提出了污染的健康损害问题。原则14关于

---

① 《斯德哥尔摩人类环境宣言》原则1。

② 世界环境与发展委员会:《我们共同的未来》,王之佳等译,吉林人民出版社1997年版,第454页。

"各国应有效地进行合作,以阻止或防止把任何会造成严重环境退化或查明对人的健康有害的活动和物质迁移和转移到其他国家去"的规定,则从污染转移对环境与健康损害的方面,言明了环境与健康的关系。

虽然环境与健康问题在《里约宣言》中已经浮出水面,但由于这种认识还停留在笼而统之的政策宣言的阶段,因此总体来看,对环境与健康问题的重视还是不够的。《21 世纪议程》则正式揭开了环境与健康问题的面纱,从根本上改变了这一状况。根据各国和各地区的不同情况、能力、优先次序,在充分尊重《里约宣言》所载明的所有原则的基础上,《21 世纪议程》作为一个能动的方案,则不仅规定了"保护和增进人类健康"的专章,而且对该项目的执行从行动依据、目标、活动和实施手段等不同方面进行了详尽说明。

例如,针对环境与健康问题,《21 世纪议程》坦言:健康的人口对一个国家和一个民族的发展都是至关重要的,但是很明显,近些年来人类活动从各方面影响着其所居住的生活环境,兵器诶范围逐渐扩大,环境问题越发严峻,以至于最终引发群体性甚至是国际性环境损害事件,人类健康面临严峻挑战。① 因此,《21 世纪议程》的行动必须重视人类健康,保障并逐步提高全人类的健康水平,坚持以人为本,将"人"作为发展的中心,在进行环保工作的过程中充分考虑可能对人产生的危害,并采取措施预防,这是实现环境保护目标过程中必不可少的环节。②

《21 世纪议程》认识到环境问题已经成为世界性问题,环境对人类的影响已经渗透到人类生活的各个领域。例如,在饮食上、空气上、工作中,甚至我们每个人的家里(甲醛)都存在污染问题,这已经对人类的健康造成了无法估量的侵害。在减少因环境污染和公害引起的健康危险的方案领域确立了如下保护健康的总体目标:采取一切可行的措施减保护环境,对已遭受环境污染的区域加强治理,保障人类健康不受侵害的同时,也能促进国民经济的持续发展。③ 为了实现这个目标,议程还针对都市空气污染、室内空气污染、水污染、农药、固体废料、人类住区、噪音、电离辐射和非电离辐射、紫外线辐射效应、工业和能源生产、监测和评价、监测和减少受伤事件、促进研究和制定方法等方面规定了应当开展的具体活动。

世界卫生组织进一步指出:环境卫生不仅关系物理、化学和生物等方面的各种因素,还对与人的行为有关的各种因素产生影响,主要体现在监测和处理各种损害健康的因素;同时,该组织的设立目标为防控一切困难损害人体健康的疾病

① 《21 世纪议程》第 6 章保护和增进人类健康(导言)。

② 《21 世纪议程》第 6 章保护和增进人类健康(导言)。

③ 《21 世纪议程》第 6 章(目标)。

并为人类营造更适宜的生存环境。①

（四）公共健康政策

在公共健康政策方面，WHO在初创时期，面临的突出问题主要是传染性疾病在全球范围的传播，因而从工作需要出发随之将各种危害人体健康的传染病的预防和治疗、如何保障人们都可以饮用安全、无危害的水以及为社会公众营造一个整洁、卫生的社会环境等成为该组织的主要工作内容，为了保障这些工作的开展，该组织还制定了非常多的与这些内容相关的决议和标准等。为严格控制传染性疾病在国际的传播，1951年批准的《国际公共卫生条例》，为特定疾病的国境卫生检疫、报告与控制提供了统一的法律规范。此后，WHO为了实现协调与解决全球卫生问题，促进卫生保健工作的目标，还不断以战略规划、行动计划和策略等政策工具去推动和实施其公共卫生政策。进入20世纪70年代，针对发展中国家基础卫生服务薄弱的状况，1978年WHO出台了《阿拉木图宣言》，明确提出基础卫生保健的概念，并确立了2000年人人享有卫生保健的战略目标。进入21世纪，针对世界公共卫生发展面临的新问题，WHO开始把关注贫困和卫生、构建更加和谐的友好合作关系、加大针对发展中国家卫生体系的构架力度、重视卫生与协调发展二者之间的关系等内容视为工作的重点，并致力于通过强化国家卫生责任、增加有效公共健康干预、在促进国际合作方面发挥更大作用。

在环境标准方面，面对环境污染导致的健康风险，WHO指出必须在世界范围内组织确立一项风险防范的相关政策并构建预防风险的监测、监管体系，将环境与健康的共同发展作为目标，把有关环境质量的统计数据划入公共环境卫生标准的范畴之内，实现对环境的有效监管，促进人们健康水平的进一步提高。

（五）环境要素与公共健康

1. 大气污染与公共健康。2005年，世界卫生组织在审视现有科学证据的基础上，针对空气污染对健康的损害，提出了二氧化氮、臭氧、二氧化硫等大气污染物的最新排放标准，明确要求世界各国必须在本国内贯彻这一标准，通过相关立法以及其他社会活动，控制本国大气污染的严重性，提高本国的环境质量，同时促进世界环境污染状况的改善，为保护全人类的生命健康而不懈奋斗。

2. 水污染与公共健康安全。2006年，世界卫组织在处理水环境和健康关系领域，出台了一套关于水质与人类健康的国际准则，用以为各国水资源规划和管理提供技术和政策支持，旨在加强水资源的保护，维持健康生态系统和人类福祉。

---

① 韦潇等：《不同时期世界卫生组织主要政策及其变化趋势研究》，载《中国卫生政策研究》2009年第12期。

近年来,WHO 的又一重要公共卫生目标是降低对二噁英的接触。为此,世界粮农组织和 WHO 合作出台了《预防和降低食品和饲料中二噁英和类二噁英 PCB 污染的操作规程》,为世界各国提供一个明确的准则。世界卫组织利用自身技术和人才优势,通过组织召开专家会议,为各国制定可接受接触剂量提供指导。

3. 气候变化与公共健康安全。在应对气候变化与公众健康问题方面,也在积极努力。2008 年根据相关决议,世卫组织针对如何保障人类健康提出了一个较为长久的规划,该规划的主要内容是采取国家、区域多边合作的方式,共同致力于环境保护,共同解决气候变化所引发的环境灾害。

二、环境与公共健康安全国际立法考察

(一)《国际卫生条例》

公共健康安全在国际社会得到了普遍重视,WHO 作为联合国负责全球公共健康事务的政府间合作组织,积极指导世界各国建立公共健康安全秩序,该组织大会通过的《国际卫生条例》,并且建立了较为完善的全球公共健康信息网络和有效的运行机制,为保护世界各国人民健康和生命等方面发挥了重要作用。

《国际卫生条例》由世界卫生组织于 1951 年制定,内容包括对少数特定疾病的国境卫生检疫、报告和控制,主要针对鼠疫、霍乱和黄热病等。同年 5 月,世界卫生大会对《国际卫生条例》进行了重修订。其目标是制定一个框架,把修改后的《国际卫生条例》与 WHO 的各种预防措施和制度结合起来,共同解决世界范围内的公共卫生问题。修订稿主要涉及以下 4 个方面的问题:第一,世界范围内的公共卫生重大紧急事故。第二,针对严重侵害人体健康的流行病实现预警制度并采取积极有效的措施解决。第三,《国际卫生条例》国家归口单位,归口单位在应对构成世界范围内重大公共卫生紧急事故威胁,以及与世卫组织衔接的工作上具有重要的地位。第四,针对世界各国的监管与解决问题的实力,向其提出具体的实施建议,有效解决不同国家在应对环境卫生方面各方差异的问题,协助世界各国成功地解决威胁人类健康的难题。①

WHO 的《国际卫生条例(2005)》在卫生检疫方面转向积极主动的风险管理战略,不再把重点放在边界、机场和海港,被动防御,其战略目的是防范风险,避免公共健康安全事故的发生。自 2005 年的《世界卫生条例》生效以来,几乎所有 WHO 成员国都建立了本国的《世界卫生条例》协调中心,WHO 能够定期收到疫情警报,与相关国家共同进行风险评估,并及时向世界各国通报。

---

① 世界卫生组织:《国际卫生条例(2005)》(第 2 版),2008 年。

在WHO的立法活动的影响下，我国也采取了很多防范风险措施，以促进社会公众健康水平的提高，维护社会和谐，确保国家稳定，加强公共卫生健康的监管力度，与世界各国相互协作，致力于公共卫生健康的建设与发展。为确保该工作的有效实施，我国制定了很多关于卫生应急方面的法律与制度，这些措施使公共卫生健康事业取得了不错的成果。

（二）《水与健康议定书》

联合国《保护与利用越境水道和国际湖泊公约》的《水与健康议定书》，于1999年制定、2005年8月4日生效。议定书现有16个缔约国，分别来自欧洲和中亚地区。这些地区有8.7亿人口，其中16%的家庭没有直接通饮用水，5%的人口缺少清洁饮用水。因此，议定书倡议各缔约国采取有效措施，加强饮用水基础设施建设，确保本国内全体人们都能获得充足的饮用水。与此同时，还要重视饮用水水源地的环境保护，确保人民群众饮用健康、无污染的水，避免或减少由饮用水而引发的各种疾病。

为此，议定书开宗明义地指出：通过改进水管理，包括保护水生态系统，以及预防、控制和减少与水相关的疾病，在可持续发展的框架内，在国家、跨界和国际等各个适当的层面上，促进对包括个人和集体的人类健康和福祉的保护。[①] 为确保该目标实现，议定书规定，国家应当采取一切合适的措施预防、控制和减少与水有关的疾病；确保供应清洁、卫生的饮用水，确保水卫生达到足以保护人类健康和环境的标准；保护用在饮用水的水资源及其相关的水生态系统免受污染及其他损害；保护人类健康免受因农业、贝类养殖或灌溉用污水的使用而导致与水有关的疾病；建立有效对与水相关的疾病的暴发或事件的监测和应对机制；任何缔约方应在对拟议措施就人类健康、水资源和可持续发展影响的评估基础上采取措施。

为了改进水管理，议定书要求缔约方建立公众、私人机构和志愿机构参与改进水管理的立法、行政和经济框架。此外，议定书还就国际环境法的基本原则，诸如预防原则、污染者负担原则、国际环境主权原则和不损害境外环境原则、代际公平原则以及相关的执行方法等作出了规定。这是迄今为止首次专门规定水安全与健康保护方面的国际法律文件。

（三）《生物安全议定书》

国际社会广为关注的有关生物安全的主要问题有：转基因生物对非目标生物的影响、增加目标害虫的抗性、杂草化、对生物多样性和生态环境的影响、对人体健康的威胁和影响。

---

① 《水与健康议定书》第1款。

现代生物技术的开发和利用,效益与风险并存。应当承认现代生物科技在提高人类生活质量方面蕴含着巨大潜力,特别是在满足食物、农业及卫生保健这些必不可少的需求方面。但是,在造福人类的同时,现代生物技术这把“双刃剑”也可能对人类健康和环境带来潜在的负面影响,包括生物多样性方面的风险。比较典型的是,通过现代生物重组脱氧核糖核酸(eoxyribonucleicacid,DNA)技术导入外源基因而产生的改性活生物体(Living Modified Organisms,LMOs),也称转基因活生物体的转让、处理和使用,所可能导致的对生物多样性的保护和持续利用以及人类健康产生的潜在风险,也就是我们所说的生物安全问题。当人们受制于知识水平或个人能力时,则可能无法准确地使用该技术,产生我们无法想象的后果。所以,只有加强对生物技术的使用和管理,谨慎地发展和利用生物技术才能获得生物技术的最大惠益。

正是出于对生物技术安全问题的广泛关注,《生物多样性公约》要求“每一缔约方应尽可能并酌情制定或采取办法以酌情管制、管理或控制由生物技术改变的活生物体在使用和释放时可能产生的危险,即可能对环境产生不利影响,从而影响到生物多样性的保护和持久使用,也要考虑到对人类健康的危险”。[①] 随之,一项“缔约国应该研究一下是不是有必要制止这样的议定书;包括采用什么样的流程,尤其是事先知情协议,针对存在对生物多样性造成威胁的情况下,如何进行处置与运用,同时,还要研究商讨此议定书的形式”[②]的问题提上议事议程。

基于这种背景,2000 年 1 月在加拿大蒙特利尔通过了《〈生物多样性公约〉卡塔赫纳生物安全议定书》(Cartagena Protocolon Biosafety to the Convention on Biological Diversity)。议定书第 1 条明确规定议定书的立法目标是对可能对生物多样性的保护和可持续使用产生不利影响的改性活生物体领域内采取保护措施,遵循风险防范原则,并预防可能对人体健康所产生的危险。[③]

议定书强调各缔约国都应该制定切实可行的相关法律法规,同时也要采取其他辅助手段,以预防和制止 LMOs 在研制、处理、使用、转移的过程中可能会对生物多样性产生危险,当然也必须关注其对人体健康可能产生的危险。[④] 总之,议定

① 《生物多样性公约》第 8 条(g)项。

② 《生物多样性公约》第 19 条第 3 款。

③ 《卡塔赫纳生物安全议定书》目标第 1 条。“本议定书的目标是依循《关于环境与发展的里约宣言》原则 15 所订立的预先防范办法,协助确保在安全转移、处理和使用凭借现代生物技术获得的、可能对生物多样性的保护和可持续使用产生不利影响的改性活生物体领域内采取充分的保护措施,同时顾及对人类健康所构成的风险并特别侧重越境转移问题。”

④ 《卡塔赫纳生物安全议定书》第 2 条。

书是一份为保护生物多样性和人类健康而制定的用以控制和管理改性活生物体越境转移、过境、装卸和使用的国际法律文件，也是21世纪产生的第一个有约束力的国际生物安全协定。

三、WTO多边贸易体制中的环境和公共健康安全议题

公共健康的维护不仅与公共卫生和环境保护有关，也涉及自由贸易。例如，贸易自由化可能给可持续发展带来诸多益处，但同时在某些情况下也可能给可持续发展带来一定的消极影响，尤其是对资源和环境造成一定的损害。具体来说，具有生产性外部不经济性的出口产品在生产过程中将对生产国或出口国环境造成污染；具有消费性外部不经济性的出口产品将在消费的过程中对进口国的环境造成污染。

不仅如此，危险废物和其他废物的跨国转移问题，也可能会以贸易自由化的形式而显得更为突出，从而会带来环境污染的扩大化。显然，不加限制的自由贸易可能会导致严重的环境问题，而在环境问题的背后却蕴含着巨大的健康威胁。基于对危险废物的研究发现，以及该物质的越境转移会对人们的身体健康和环境产生的无法弥补的危害，国际社会通过共同努力才制定了《控制危险废物越境转移及其处置巴塞尔公约》，旨在遏制越境转移危险废物特别是向发展中国家出口和转移危险废物。公约指出：意识到危险废物和其他废物及其对越境转移对人类和环境可能造成的损害，铭记着危险废物和其他废物的产生、其复杂性和越境转移的增长对人类健康和环境造成的威胁日趋严重……深信各国应采取必要措施，以保证危险废物和其他废物管理包括其越境转移和处置符合保护人类健康和环境的目的。[①] 公约规定对废物越境转移实行许可管制并规定了严格的许可条件，并确认危险废物和其他废物的非法运输为犯罪行为。

《濒危野生动植物物种国际贸易公约》（Convention on International Trade in Endangered Species of Wild Fauna and Flora，CITES）也规定，买卖、运输濒临灭绝的物种是违法犯罪行为，必须严格禁止，这些物种的出口必须要有相关部门的批准，并取得许可证才可以，而且进口也是要取得相关许可的。CITES规定了一个濒危物种名录，通过许可证制度控制这些物种及其产品的国际贸易，由此而使CITES成为打击非法贸易、限制过度利用的有效手段。收录的物种包含大约5000种的动物与28,000种的植物，并且被分列入三个不同的附录。

此外，《关于保护臭氧层的蒙特利尔议定书》不仅限制成员国对破坏臭氧层物

---

① 《控制危险废物越境转移及其处置巴塞尔公约》序言。

质(氟利昂)的进出口,还要求在议定书生效时立即禁止与非成员国之间该种物质的贸易。

显然,这些公约之所以对进出口贸易活动作出必要的限制,或者说采取环境贸易措施,究其实质,因自由贸易可能会产生"环境成本外在化",即环境资产的因素在生产或贸易中被忽略不计,以至于出口商品和劳动力的价格不反映其全部环境成本,从而导致某些出口生产和营销活动污染空气和水,恶化环境与资源,造成全球环境问题,①进而对健康产生损害。因此,保护健康势必会涉及对与贸易有关的环境问题的考察。

目前,WTO 框架下有很多协议包含了与环境有关的贸易条款,这些条款规定了 WTO 对环境与贸易问题的态度和处理方法。这些条文不仅体现在关税及贸易协定(General Agreement on Tariffs and Trade,GATT)中,还体现在 WTO 诸多贸易协议和附件中。"绿色条款"——多边贸易体制下的环境保护条款的出现,标志着人们对环境问题认识的一次飞跃,无疑是人类社会发展的一大进步。虽然 WTO 至今未达成贸易与环境的专门协议,然而自 GATT 及东京回合的《技术性贸易壁垒协议》和《补贴与反补贴税守则》有了相关条款,到 WTO 确立可持续发展的宗旨,贸易与环境问题的相关规定就在不断增加,并日益走出向成熟。这些规定为处理贸易与环境有关的争端提供了法律依据,也为以后达成贸易与环境专门协议奠定了基础。

当然,自由贸易政策对环境议题的关注不是自始就有的,而是随着环境问题日益严重和环境保护要求日益强烈的变化而逐步重视和发展起来的,特别是在全球环境保护浪潮和可持续发展观念的推动下,环境保护的目的与手段不仅在国际贸易中起着至关重要的作用,甚至已经上升为世贸组织的核心任务和发展方向。这一点从世界多边贸易体制在处理贸易与环境问题上日益呈现出的"体制化"特征上,都能得到很好的证明。

从 WTO 的大部分协定就可以得到佐证,包括《技术性贸易壁垒协定》(Agreement on Technical Barriers to Trade,以下简称《TBT 协议》)、《实施卫生与植物卫生措施协议》(Agreement on the Application of Sanitary and Phytosanitary Measures,以下简称《SPS 协议》)、《服务贸易总协议》(General Agreement on Trade in Services,以下简称《GATS 协议》)、《与贸易有关的知识产权协议》(Agreement on Trade-Related Aspects of Intellectual Property Rights,以下简称《TRIPs 协议》等都确立了与环境保护有关的规则。显然,这些在环境与贸易关系问题上不断取得的

---

① 李仁真等:《WTO 与环境保护》,湖南科学技术出版社 2006 年版,第 9 页。

规则化成果，不仅凸显了贸易与环境之间日趋紧密的关系，而且也符合 WTO 体制下贸易和经济活动向"绿色贸易"发展的世界潮流。

（一）《世界贸易组织协议》

《世界贸易组织协议》将可持续发展和环境保护确立为新的多边贸易体制的基本宗旨之一，这是对 GATT 的重大改进。例如，WTO 序言中专门增加了 GATT 序言所没有的"按照可持续发展目标使世界资源得到最优利用，寻求既保护环境，又以它们各自在不同经济水平的需要和关注相一致的方式，加强为此采取的措施"的规定，体现了贸易自由化与环境保护的双重目标。这意味着，各成员方在实现其扩大贸易、发展生产、提高福利水平等目标的同时，还应当按"可持续性"的要求来进行资源的开发利用，并要求在开发中实现环境保护的目标。

尽管《世界贸易组织协议》序言中对可持续发展的承诺不具有直接的法律约束力，但至少可持续发展宗旨的确立表明：贸易不仅不能脱离环境保护而独立存在，而且贸易也只有在和环境保护取得协调的基础上才能促进其健康的发展。这意味着建立在对生态环境的破坏和对自然资源掠夺基础上的国际贸易，不仅在多边贸易体制中难有容身之地，最终还会因来自国际社会的谴责而面临从国际贸易体制中"出局"的危险。

（二）GATT1994（第 20 条环保例外条款）

在 WTO 法律体系中，WTO 允许各成员政府为了保护某些更为重要的利益而在特定的情况下撤销或者停止履行其协定规定的正常贸易义务。WTO 环保例外条款，就属于这样的情况。所谓 WTO 环保例外条款，即 WTO 在充分自由贸易的基础上对严重危及环境保护的国际贸易采取必要的贸易限制措施而免除该方义务的例外情形。从制定目的来看，WTO 环保例外条款允许成员方政府为环境保护目的暂停履行 WTO 义务，并同时确保援用方善意行使其权利并尊重其他成员在 WTO 项下的权利。

1994 年 GATT 第 20 条集中规定了货物贸易的一般性例外。GATT 第 20 条规定："本协定的规定不得解释为阻止缔约国采用或实施以下措施，但对情况相同各国，实施的措施不得构成任意的或不合理的歧视待遇，或构成对国际贸易的变相限制……（b）为保障人类、动植物的生命或健康所必需的措施……（g）与国内限制生产与消费的措施配合，为有效保护可能用竭的自然资源的有关措施"。[①]

这两条规定表明，作为可以背离 WTO 基本原则的一般例外，多边贸易体制允许其成员以合法的手段把国家环境保护的目标放在优先的位置，优于成员承担的

---

① 《1994 年关税与贸易总协定》第 20 条。

不准增加贸易限制或不得采取歧视性贸易措施的一般性义务。人们普遍认为，GATT 第 20 条(b)项和(g)项直接与环境保护有关，因而这两项例外条款又可称之为“环境例外”或“绿色条款”。但从 GATT 专家小组对国际贸易中的环境争端解决的情况看，尽管这两项“环境例外”被反复援引，但实践证明它们也是引起争议最多的条款。

(三)《TBT 协定》(贸易技术壁垒)

《TBT 协定》是《技术性贸易壁垒协议》(Agreement on Technical Barriers to Trade)的简称。在国际贸易中，除了关税之外，各国通常还会采取各种关非税的限制手段和技术措施来达到阻止商品进口，保护国内市场的目的。其中以较为苛刻的卫生、安全、技术标准以及严格检验程序等间接形式出现的非关税壁垒，又称为“贸易技术壁垒”。为了克服技术壁垒对国际贸易的负面影响，GATT 时期达成了一项《TBT 协定》。该协议经过乌拉圭回合谈判，获得了在 WTO 内普遍适用的效力。该协议中有多项规定，直接涉及环境保护问题。在 WTO 中，与贸易有关的环境措施大部分在技术性贸易壁垒协定下实施。

《TBT 协定》前言指出，各协议国本着保护生命健康或者环境的宗旨，可以在一定程度的范围内采取相应手段。也就是说，世界各国本着保护生命健康或者环境的宗旨，所采取的相应的技术或者法律手段，只要被认为是合理的措施，就不能认定为歧视，只要符合《TBT 协定》的内容，就被 WTO 所允许。

另外，还规定：“各成员应保证技术法规的制定和实施都不会给国际贸易制造不必要的障碍，技术法规应包括为实现正当目标所必需的条款。正当目标是指保护人类和动物植物的生命健康与环境。”①可见，《TBT 协定》承认各协议国在以保护生命健康或者环境为目的的情况下，可以在一定限度内采取相应手段。

(四)《SPS 协议》(保护人类、动物、植物的生命或健康的措施)

《SPS 协议》是 WTO 在长达 8 年的乌拉圭回合谈判的一个重要的国际多边协议成果。该协议的目标概括为：“维护任何政府提供其认为适当健康保护水平的主权，但确保这些权利不为保护主义目的所滥用并不产生对国际贸易的不必要的障碍。”

出于对基本安全利益的考虑，各国对食品、药品、动植物及其进口实行严格的卫生与安全标准管制无可厚非，而且每个对国民负责的国家和政府也都试图会通过制定法律、法规对此严格管理。但是，卫生与安全标准也可以而且经常作为行贸易保护之实的幌子，这是 WTO《SPS 协议》产生的基本事实和历史背景。《SPS

---

① 《TBT 协定》第 2 条第 2 款。

协议》是乌拉圭回合谈判的成果,是历史上第一部调整、理顺国际贸易与动植物检疫关系的多边国际公约。所以可以看出《SPS 协议》不是解决环境污染与破坏问题的多边国际公约,但是实际上,该公约中包含了众多如何进行环境保护的规则,不仅规定了相关制度和具体措施,还明确提出了每一个成员都享有基本的环境权。毫无疑问,这对于保护人类生命和健康、促进各成员方在农业生产和国际贸易方面的发展都起到了重要作用。

例如,《SPS 协议》开篇即明确指出:"重申不应阻止各成员为保护人类、动物、植物的生命或健康而采取或实施必要的措施,但是也重点强调了,任何措施都不能被视为是不合理的方法"。也就是说,各成员可以在一定限度内采取必要措施保护生命或健康。

根据《SPS 协议》第 2 条第 1 款的规定:"各协议国以保护生命健康或者环境为目的的情况下,可以以合理、不歧视的方式进行动植物检疫"。《SPS 协议》保护成员领土内的人类的生命或健康的措施包括:(1)预防各种病虫害或致病有机体入境或传播可能引发的危险;(2)免受食品、饮料中的添加剂、有毒物质或者其他引发疾病的有机体可能引发的危险;(3)预防动植物及其产品可能含有的病虫害有机体入境传播可能引发的危险;(4)防止或控制成员领土内因虫害的传入、定居或传播所产生的其他危险。①

从协议的内容上看,各成员国有权以保护人类、动物、植物的生命或健康为由,采取任何动植物卫生检疫措施。② 该协议也规定了各成员采取此类措施所必须遵守的几项基本义务:(1)采取的检疫措施仅以保护人类和动植物的生命健康为限;(2)只可适用到必要的程度;(3)没有充足的科学证据不得适用,除了在证据不足、但在收到更多信息以便进行更客观的风险评估之前的情况下可以临时适用。

总之,《SPS 协议》支持为保护人类、动植物的生命和健康所采取的必要措施,其目的是通过调整相应的国际实施协议,尽可能减小对国际贸易可能产生的负面影响,将其控制在最低范围内。

另外,在《农业协议》《补贴与反补贴措施协议》《GATS 协议》《TRIPs 协议》中,也都有与环境保护以及涉及健康保护的内容。例如,环境保护是《农业协议》的重要内容。这是因为农业生产与农产品与环境保护有着天然的联系。因此,减

---

① 《SPS 协议》第 2 条第 4 款。

② 这一点在协议第 5 条第 7 款引入的"预防原则"(Precautionary Principle)的规定中就能够得到很好体现,即在成员方一时找不到不够的科学依据以判断所采取的保护措施的"必要程度"时,可以"在可得到的有关资料的基础上临时性地采取卫生或植物检疫措施"。

少成员境内支持和出口补贴可以减少农业中农药和化肥的投入,促进建立可持续的农业生产,从而达到改善环境的目的。再如,根据《TRIPs 协议》的规定,为了维护人类以及其他生物的生命健康与环境的可持续,成员方应该禁止一些可能侵害上述利益的科技的运用;生产动植物的生物学方法等可以被拒绝授予专利。显然,这样规定都是出于保护环境、保障人类健康的需要。

(五)《多哈宣言》(公共健康安全保护的药品强制措施)

2003 年 8 月 WTO 总理事会通过了《关于实施多哈宣言第 6 条款的理事会决议》,不得不对知识产权的保护和全球公共健康问题进行妥协,规定缺乏药品生产能力的国家,可以进口其他成员方通过强制许可而生产的廉价仿制药品。《多哈宣言》虽然明确了 WTO 成员方可采取强制许可①的方式生产药品以维护公共健康安全,但是《多哈宣言》对于贫穷国家是否有权进口廉价仿制药品(generic drugs)以维护公共健康安全这一关键法律问题未予解决。

《多哈宣言》第 6 条规定:"WTO 部长级会议认识到在制药领域生产能力不足或缺乏生产能力的发展中国家成员方在有效实施 TRIPs 协定项下的强制许可方而可能面临的困难,从而指示 TRIPs 理事会在 2002 年年底前找出这一问题的迅捷解决办法,并向 WTO 总理事会报告"。② 该决议在合格药品范围、合格进口成员方资格、国内市场的解释等方面采纳发展中国家的建议而对《TRIPs 协定》以重大发展,赋予了发展中国家为维护公共健康安全而进口廉价仿制药品的权利,从而协调了公共健康安全与国际知识产权保护的利益冲突。这种发展昭示着国际知识产权保护制度向"人本主义"法律价值方向回归,"差别保护"将是协调 21 世纪国际知识产权利益冲突和解决我国知识产权保护面临困境的有效模式之一。

《关于实施多哈宣言第 6 条款的理事会决议》赋予了发展中国家为维护公共健康安全而进口廉价仿制药品的权利,协调了公共健康安全与国际知识产权保护的利益冲突。

(六)《POPs 公约》(禁止使用对人体有害化学品的规制措施)

《关于持久性有机污染物的斯德哥尔摩公约》(以下简称《POPs 公约》)于 2001 年 5 月 23 日在瑞典斯德哥尔摩通过,公约的目的是减少或者消除持久性有机污染物的排放和释放,防止持久性有机污染物在其生命周期的所有阶段产生不利影响,开发和利用环境无害化的替代工艺和化学品,"使人类健康和环境免受持

① 强制许可(Compulsory Licensing)是指在一定条件下,一国政府授权公司、政府机关或其他实体不经专利权人许可而实施该专利。

② 贺小勇:《论公共健康安全与国际知识产权保护的协调——WTO〈多哈宣言〉"第 6 条款问题"评析》,载《中国政法大学学报》2004 年第 6 期。

久性有机污染物的危害”。

《POPs 公约》是有关持久性有机污染物控制的主要公约。该公约宗旨在减少和消除持久性有机污染物(Persistent Organic Pollutants,POPs)的排放,保护人类健康和环境免受危害。

《POPs 公约》提出需要对生产、利用和处理等全过程的各个环节进行严格管制,以降低 POPs 的排放量。除此之外,该公约还规定了为解决该问题所需的资金来源,以及所需要的技术支撑。相较而言,发达国家在这两方面都具有很大的优势,而且,为了解决这一涉及全人类的生存问题,世界各国理应作出相应的贡献,所以发达国家应提供资金以及技术支撑,为实现人类的共同发展而努力。同时,为了促进该问题的顺利解决,还需要全人类的积极参与,公约提出要重视各国之间的信息共享,加大对该问题危害性的宣传力度,呼吁人们制约自己的行为,采取绿色生活方式,共同维护环境。公约的 6 个附件对其正文的规定进行了更为详尽的说明。《POPs 公约》的要求和机制如下:

1. 消除 POPs 的生产和使用及贸易限制机制

对于有意性生产和使用的 POPs 的排放,缔约国应当禁止和/或者消除这些化学品的生产和使用;对于生产无意性释放的多氯代二苯并二噁英、香豆酮 Polychlorinated Dibenzo-p-dioxins、Benzofurans(PCDD/PCDF)、六氯(双)酚和多氯联苯等化学品的排放,缔约国应当采取措施,减少每一类化学物质来自人为因素的排放总量,并最终消除它们。缔约国应当促进最佳可行技术和最佳环境实践的应用;缔约国有义务制订计划,查明 POPs 的库存量及有关废物,并采用环境无害化方式进行管理;对于新型的农药和工业化学品,缔约国应当采取措施,以预防为目的,对具有 POPs 特性的此类化学品的生产和使用进行管制;缔约国应当对公约所定义的滴滴涕和多氯联苯采取特别的措施;对 POPs 的进出口仅限于特定的案例,如以环境无害处置为目的的进出口。

2. 特定豁免机制

一旦成为公约的成员国,任何国家有权利注册一种或几种有意生产和使用所排放的 POPs 的特定豁免。缔约国也可以在任何时候书面通知秘书处,撤销特定豁免。一般来说,所有的特定豁免注册在公约在某一项特定化学品的注册生效之日起五年后过期。缔约国有义务采取措施,确保在此种豁免之下的任何生产和使用,都以防止或最大限度减少人类接触和释放到环境中去的方式进行。

3. 资金筹措机制

目前,全球环境基金(作为临时措施)是受委托负责斯德哥尔摩公约资金机制运作的主要机构。在缔约方大会和全球环境基金理事会之间通过了理解备忘录。

四、应对气候变化公约保护公共健康安全措施

为了应对气候变化，国际公约提出的宏观环境具体体现在：1988 年，联合国政府间气候变化专门委员会（The Intergovernmental Panel on Climate Change，IPCC）成立，IPCC 第四次评估报告于 2007 年 11 月 17 日在西班牙瓦伦西亚通过，IPCC 主要负责世界各国在气候变化领域的研究工作和成果的收集、整理和汇总，并提出政策和科学评价建议。IPCC 第四次评估报告将大气温室气体浓度、温室气体排放、地球表面温度与气候变化影响直接挂钩，指出能否减少全球变暖所带来的负面影响，将主要取决于人类在今后二三十年中在削减温室气体方面所作的努力和投资，并通过这一逻辑性很强的证据链，证明应对避免气候变暖的严重不利影响，必须采取全球性的长期减排措施。

为了应对全球气候变暖的威胁，1992 年 6 月通过的《气候框架公约》，设定了 2050 年全球温室气体排放减少 50% 的目标，这是"创建气候控制的全球体制的第一步"。公约的正文由目标、原则和承诺、资金机制和争端解决程序等内容构成，表达了国际社会合作解决全球气候变化问题的决心：力图实现"将大气中的温室气体的浓度稳定在防止气候系统受到危险的人为干扰水平上。这一水平应当足以使生态系统能够自然地适应气候变化、确保粮食生产免受威胁并使经济发展能够可持续地进行的时间范围内实现"。① 在《气候框架公约》中主要体现了共同但有区别的责任原则，环境保护是人类共同的责任，其中，发达国家的环境责任重于发展中国家的环境责任，发达国家应当对发展中国家提供环境保护的援助。

1997 年 12 月通过的《京都议定书》成为具体的实施纲领，以作为《气候框架公约》的补充条款，《京都议定书》要求实现 2012 年年底的温室气体排放量较 1990 年的水平降低 5.2%；并设定了发达国家在既定时期（2008 ~ 2012 年）的温室气体减排目标。规定了各国的具体减排目标，其中：美国削减 7%，欧盟削减 8%，日本和加拿大削减 6%。《京都议定书》被认为是"实现公约最终目标的第一步，标志着气候变化谈判取得了建设性的发展"。② 2006 年公约缔约方会议决定成立"《京都议定书》之下《气候框架公约》附件一缔约方进一步承诺特赦工作组"，职能是审议并提出发达国家在 2012 年之后的减排建议，以供缔约方参考。③

---

① Michael Grubbatel, *The Kyoto Protocol—aGuide and Assessment*, Published in the UK by Royal International Affairand Earthscan Publication Ltd., 1999, p. xxxiii.

② Ibid.

③ 《京都议定书》缔约方会议第 1/CMP.1 号决定。

气候变化的危害是不容忽视的,IPCC 近几年的评估报告中都明确了其会对人们的生活环境和生命健康等产生严重的危害。例如,2014 年 3 月 31 日 IPCC 发布的《气候变化 2014:影响、适应和脆弱性》表明,世界各个国家都不同程度地遭到气候变化所引发的环境问题的威胁。实际上,面对突如其来的气候变化问题,世界各国也都略显震惊与被动,一时间不知如何解决该环境问题所引发的危害。在 IPCC 第五次评估报告中更加明确了会对人们的生命健康、生存安全和贫富程度产生较大的影响。这些问题对世界各国都具有不同程度的威胁,而且研究表明这些问题对发展中国家的危害更为突出且严重。

气候变化对人类健康的危害主要表现:热浪、洪水和干旱导致发病率和死亡率上升,某些疾病传播媒介的分布将发生变化,卫生机构负担加重。科学研究表明,随着气候变暖,空气中的某些有害物质,如真菌孢子、花粉和大气颗粒物的浓度,也会随着温度和湿度的增高而增加,引发过敏性疾病;气候变暖还会加重空气污染,使哮喘病等呼吸系统疾病发病率上升。

2008 年,依照世界卫生大会的决议,世界卫生组织为了加强卫生系统应对气候变化的能力,通过国家、区域多层次的合作,制定了一项保护健康不受气候变化影响的长期规划。

第三节　中国对环境与公共健康安全国际公约的履行

一、中国关于《国际卫生条例》的履行

我国是世界卫生组织的成员国,积极履行《国际卫生条例》,发挥我国在国际公共卫生领域的积极作用。2006 年 10 月 8 日,国务院以(国函〔2006〕108 号)文批复《卫生部、外交部、质检总局关于我国适用〈国际卫生条例(2005)〉有关问题的请示》表明,为确保我国届时能够全面、有效地实施《国际卫生条例》,中国采取的主要措施有:

1. 修订《国境卫生检疫法》以适用《国际卫生条例》

由于我国 1988 年颁布的《国境卫生检疫法》及其实施细则主要对鼠疫和霍乱两种传染病进行出入境检疫监测,不适应实施《国际卫生条例》的需要,第十届全国人民代表大会常务委员会第三十一次会议通过《关于修改〈中华人民共和国国境卫生检疫法〉的决定》修正,以适用《国际卫生条例》。

2. 国家归口单位的确定

《国际卫生条例》规定,各缔约国应该指定或建立一个《国际卫生条例》国家归口单位,国家归口单位和 WHO《国际卫生条例》联络点可在《国际卫生条例》实施

中随时保持沟通与联络。[①] 国务院已确定卫生部为我国《国际卫生条例》国家归口单位。国家质检总局及各口岸检验检疫机关应为《国际卫生条例》第 4 部分第 22 条所指的入境口岸的主管当局;各地卫生行政部门为各自管辖范围内负责实施《国际卫生条例》规定的卫生当局。[②]

3. 应对突发公共卫生事件政府机构设立

全国的公共卫生系统可以简化为由各级卫生行政部门、卫生监督体系、疾病预防与控制机构和医院等组成,并在卫生部设立突发公共卫生事件常设机构。该常设机构负责处理公共卫生领域的突发事件,定期召集卫生领域专家就危机事件进行分析,向卫生部领导定期汇报研究结果,提出解决措施。

4. 评估实施《国际卫生条例》能力建设

在《国际卫生条例》实施准备过程中,卫生部和质检总局将《国际卫生条例》中规定的国家监测和公共卫生应对的核心能力要求,纳入正在制定的《"十一五"期间突发公共卫生事件应急体系建设规划》《出入境口岸卫生检疫核心能力建设标准规范》,并组织制定可能构成国际关注的突发公共卫生事件的评估、判定标准、国内确认和国际通报程序。

二、中国关于《生物安全议定书》的履行

中国政府十分重视生物安全管理工作,1993 年加入了《生物多样性公约》;1994 年发布《中国生物多样性保护行动计划》;1997 年完成并发布《中国生物多亲性国情研究报告》;1998 年年初提交了《中国履行生物多样性公约国家报告》;同年还完成了"中国生物多样性数据管理与信息网络化能力建设"项目。在上述项目有关报告中都已将生物安全管理与能力建设列是优先领域,给予高度重视,科技部、农业部、国家环境保护总局及其他部门都相继开展了一些有关生物安全的基础研究项目和管理研究课题,特别是在国家"九五"科技攻关项目中也列入了生物安全的内容。《中国国家生物安全框架》是中国履行《生物多样性公约》的一项重要行动。[③] 成为中国生物安全管理的指导性文件。

中国于 2000 年 8 月 8 日正式签署了《生物安全议定书》,先后发布了《基因工

---

① 《国际卫生条例》国家归口单位指南,载道客巴巴:http://www.doc88.com/p-732456483599.html,最后访问日期:2014 年 8 月 20 日。

② 《国际卫生条例》适用于我国香港特别行政区、澳门特别行政区。经外交部函询我国香港特别行政区政府、澳门特别行政区政府的意见,两特区表示对在特区适用《国际卫生条例》无异议,无拒绝、保留或反对的意见。

③ 国家环保总局:《中国国家生物安全框架》,中国环境科学出版社 2000 年版,第 50 页。

程安全管理办法》《农业转基因生物安全管理条例》，制定了《中国国家生物安全框架》，在国家环保总局成立了生物安全办公室，国家联络点和生物安全信息交换所。此外，由国家环保总局牵头，外交、科技、农业、外经贸、质检等部门及中科院组成的中国政府代表团参加了"议定书"的历次工作组会议和谈判，并发挥了积极作用。

生物多样性的维护得到快速发展。国家环保总局编写了《中国履行〈生物多样性公约〉第三次国家报告》，并于2005年9月6日正式成为生物安全议定书的缔约方，发布了《中国第一批外来入侵物种名单》。国务院办公厅在2004年3月发布了《关于加强生物物种资源保护和管理的通知》，组织了多次关于生物多样性保护的国际活动。①

三、中国关于《关于持久性有机污染物的斯德哥尔摩公约》的履行

2001年5月，中国率先签署了《斯德哥尔摩公约》，2007年国务院批准了《中国履行斯德哥尔摩公约国家实施计划》（以下简称《国家实施计划》），为落实《国家实施计划》要求，2009年4月16日，环境保护部会同国家发展改革委等10个相关管理部门联合发布公告，决定自2009年5月17日起，禁止在中国境内生产、流通、使用和进出口滴滴涕、氯丹、灭蚁灵及六氯苯（滴滴涕用于可接受用途除外），兑现了中国关于2009年5月停止特定豁免用途、全面淘汰杀虫剂POPs的履约承诺。

我国制定了杀虫剂的淘汰战略计划，建立了相关多行业部门的协调机制，并积极与国际组织发达国家合作实施履约合作项目，履约工作取得了显著进步。

四、中国应对气候变化公约保护公共健康安全的履行

近年来，我国也开始关注了气候变化所引发的环境问题，也更加明确了解了该问题的严重性，以及对国民健康产生的危害性，因此迫切需要采取措施加以解决。根据我国科学发展观的内容，解决该问题的同时要充分协调各方面的利益，例如经济和生态的关系、当前利益和长远利益。在协调多方利益的基础上寻找更为有效、切实可行的方法，制定相应的法律政策，为该问题的解决提供保障。此外，还需要组织一些关于气候变化的社会活动，加大宣传的范围，促使更多人积极参与环境建设。我国在应对气候变化问题上，主要以促进经济的发展为中心，并以生态环境的改善为目标，通过科学技术减少温室气体，减轻气候变化给人们带

① 全国生态保护"十一五规划"。

来的侵害。在国际上,我国也在为该环境问题的解决贡献自己的力量,履行《联合国气候变化框架公约》和《京都议定书》,对国际环境问题的解决起着至关重要的作用。[①] 不仅如此,在应对日益严重的气候变化以及更好地保障健康的国际合作方面我国也作出了积极努力。例如,2014 年在瑞士日内瓦召开的第 67 届世界卫生大会上,中国代表围绕"气候变化与人类健康"这一主题阐释了中国的立场和主张,明确提出气候变化已经不仅严重侵害了人们的健康,同时也对国家的经济与社会稳定构成威胁,对于这一问题,中国政府和公众高度关注,并采取了一系列应对行动。2007 年中国政府颁布了《国家环境与健康行动计划》,2013 年发布了《国家适应气候变化战略》,提出构建国家级气候变化的监测系统,对监测数据进行研究分析,预测高温、旱涝等恶劣气候可能存在的健康危害,启动天气预警制度,为人们的生命健康保驾护航。[②]

总体来看,中国应对气候变化的政策与行动主要体现在以下几个方面。

(一)节约能源与提高能效

节约能源是中国经济社会发展中的一项重大战略。"十一五"规划的内容明确指出了未来五年的发展目标,即 2010 年单位在生产制造过程中产生的能耗比 2005 年下降 20% 左右,为实现这一目标,"十一五"以来,各地区、各部门加大了节能工作力度,并以此作为促进科学发展的重要抓手,通过完善法规标准、加大问责力度、淘汰落后产能、实施重点工程、推动技术进步、强化政策激励、加强监督管理以及开展全民行动等措施,推动节能工作取得重大进展。2009 年,单位国内生产总值能耗下降 3.61%,"十一五"前 4 年累计下降 15.61%,2010 年年底完成"十一五"规划目标。[③]

(二)提高应对气候变化法制保障能力

针对气候变化问题,我国也积极采取了相应的对策,根据我国各阶段的情况,制定了针对性的法律法规,面对不断变化的新情况,及时提出新的解决对策,以增强法律的实施效果。由于大致气候变化的原因很多,所以,该问题的解决还需要其他法律的配合实施,例如,关于能源、森林和草原保护等方面的法律法规,积极引导人们遵守法律,依法促进该问题的有效解决。

虽然上述一系列立法,在有效应对气候变化方面发挥了积极作用。然而,我国在应对气候变化立法方面存在的制度供给不足问题也是非常突出的。例如,我

---

① 国务院新闻办公室发布《中国应对气候变化的政策与行动》(2008 年)前言。

② 参见《中国代表围绕"气候变化与人类健康"主题阐述中国主张》,载凤凰网:http://news.ifeng.com/a/20140520/40374286_0.shtml,最后访问日期:2019 年 6 月 6 日。

③ 国家发展和改革委员会:中国应对气候变化的政策与行动——2010 年度报告。

国至今还没有一部统领的气候变化应对法，而我国作为受气候变化影响较大的国家，尤其是在因气候变化可能对公民健康带来的不利影响方面，我国现有的有关气候变化应对制度还难以达到较为全面和充分保障公民健康权的水平，存在很大不足。这些都要求我国高度重视气候变化问题并对其不利影响作出立法应对来加以有效规制。这不仅是对气候变化的应对之举，也是从气候变化的角度加强对公民健康保障的迫切之需。

（三）统计监测和信息系统建设

制定《综合气象观测系统发展规划（2010 - 2015 年）》，统筹规划和建设国家气候观测网、国家天气观测网、区域气象观测网和专业气象观测网，提升观测系统稳定可靠运行水平，促进各种观测资源共享，建立综合气象观测系统数据统一收集、处理和共享平台。①

（四）发展低碳经济

低碳经济是人类应对全球气候变暖问题背景下提出的温室气体排放量尽可能低的新经济发展模式，尤其是二氧化碳这一主要温室气体的排放量要得到有效控制。主要是通过技术创新、制度创新、产业转型、新能源开发等多种手段，减少高碳能源消耗，减少温室气体排放，达到经济社会发展与生态环境保护双赢的一种经济发展形态，以实现人类社会可持续发展的战略目标。低碳增长成为我国第十二个五年计划中的重要主题。如何实现节能减排目标，应对气候变化是人类共同面临的巨大挑战，低碳经济将逐步成为全球意识形态和国际主流价值观，低碳经济意味着人类环境保护进入一个新时代——低碳时代。

"中国'十一五'规划纲要提出，'十一五'期间单位国内生产总值能耗降低20%左右、主要污染物排放总量减少 10%。这是贯彻落实科学发展观、构建社会主义和谐社会的重大举措；是建设资源节约型、环境友好型社会的必然选择；是推进经济结构调整，转变增长方式的必由之路；是维护中华民族长远利益的必然要求。"②

我国"十二五"规划新增约束性指标注重民生和节能减排，增设了 4 个约束性指标，分别为单位国内生产总值二氧化碳排放降低 17%、非化石能源占一次能源消费比重提高 3.1 个百分点。相比"十一五"规划，"十二五"规划对（燃煤、二氧化硫和氮氧化物）3 个约束性指标进行了丰富，分别为主要污染物排放指标中增加了氨氮和氮氧化物，森林覆盖率指标中增加了森林蓄积量，"节能减排的指标更加多

① 国家发展和改革委员会：中国应对气候变化的政策与行动——2010 年度报告。

② 新华社：《中华人民共和国国民经济和社会发展第十一个五年规划纲要》。

元,力度也进一步增强,这必将有力推动中国实现绿色发展。”①

我国政府在制定“十二五”节能减排专项规划中就表示:“十二五”期间,将把大幅度地降低能源消耗强度、二氧化碳排放强度和主要污染物的排放总量作为重要的约束性指标,强化各项政策措施,加快建立节能减排长效机制。② 而“十二五”约束性指标的分配对象将由地方政府转向行业和企业,国家节能减排的指标将分解到具体企业内部。“十二五”规划将出台单位 GDP 碳排放强度、单位 GDP 能耗强度、主要污染物排放指标、非化石能源比重、森林面积、蓄积量等多个节能减排的约束性指标。这些指标会分配到各个地方、各个行业,并落实到一些具体的企业和单位。因此,节能减排也是我国企业环境责任的核心内容。

第四节 国外环境与公共健康安全立法考察

一、欧盟环境与公共健康安全立法

欧盟关于环境和健康保护政策各类机构的职能相互交错,主要的机构有:欧盟委员会、欧洲议会、部长理事会、欧洲法院、经济和社会委员会及区域委员会。其中,欧盟委员会是欧盟环境和健康保护政策制定和实施以及各个环节的重要参与者。欧盟环境与公共健康安全立法的主要内容包括:

(一)欧洲环境与健康战略

2003 年,为了增加欧盟各成员国之间的团结协作,协助其成员国解决环境问题,尽可能地避免或减轻对人体健康带来的各种危害,正确处理当今国际社会中环境和健康二者的矛盾,欧盟委员会出台了《欧洲环境与健康战略》,从立法、政策实施、科研和管理等方面,加强了对日益复杂的环境和健康关系研究,以弥补环境与健康联系之间的空白。③ 同时试图通过建立完整的政策框架,从整体上保护社会和环境的健康安全。并提出了 SCALE(Science, Children, Awareness, Legal Instrument, Evaluation)的政策倡议。

欧盟重视对公共健康相关的法律法规,欧盟环境法体系中的基础条约以及宪法性规范,都规定了保护人类健康的目标。如《单一欧洲法》和《欧洲联盟条约》规定:环境法律法规的制定必须考虑以下因素:采取一切措施保护环境,提高其质量水平;防治环境污染,维护人们的健康。除此之外,环境法律法规的制定还要因地

---

① 《中华人民共和国国民经济和社会发展第十二个五年规划纲要》第 6 条第 22 款。

② 解振华:《“十二五”节能减排专项规划六大看点》,载《经济视角》2010 年第 12 期。

③ 邢璐等:《欧洲环境与健康战略分析及借鉴》,载《环境保护》2006 年第 10 期。

制宜,针对不同成员国的环境污染情况以及各国经济发展水平,采取不同的解决对策。法律法规的制定必须重视环境问题的预防,采取各种切实有效的防控措施,从源头进行控制,从根本上避免或减少环境问题的发生。

(二)欧盟环境与健康行动计划

2001年,欧盟委员会通过了第六个环境行动计划,名为“环境2010,我们的未来,我们的选择”,计划着重保护自然和生物的多样性、环境和健康、可持续的自然资源利用与废物管理这四个优先领域。其中,环境和健康方面所包含的主题有:可持续发展、全球气候和生态系统的变化等,明确要求成员国应该成立专门的环境健康科研机构,针对该问题进行广泛的研究,加强与其他国家科研中心的合作。①

为了进一步开展环境和健康的相关工作,欧盟颁布了《欧洲环境与健康、行动计划(2004-2010)》,该计划的制定,为各成员国提供了较为统一的、明确的相关资料,以此协助他们解决本国内的环境与健康问题,避免或减轻人民群众的健康损害;另外,该行动计划的实施,还有利于成员国确立在各国政府、社会组织以及普通公民之间的友好关系。为了让人们更容易理解环境问题对人们健康所产生的巨大危害,以引起人们对该问题的重视,促进个人改变生活方式,促进管理者采取更为严格的手段进行监管,在维持经济发展的同时保护人们的健康不受侵害,该计划提出了以下方案:首先,改善信息链:人们应该深刻认识到环境的污染源与人们的健康损害二者的因果关系问题,加强对环境的实时监测水平,并扩大监测范围,各部门积极合作以维护人们健康。其次,组建专门的研究机构,由专业人员对环境问题与健康损害进行研究,并有针对性地提出相应的解决方案,加强人们的重视程度,以实现环境健康问题的有效解决。最后,法律法规的制定要有利于人们的理解,为人们适用法律、解决问题以及维护自身利益提供保障。②

除此之外,该计划还明确要求重视儿童的健康问题,在各国采取解决政策或者相关措施的时候应该侧重于保护儿童,对此颁布了《欧洲儿童环境与健康行动计划》。

近年来,欧盟高度重视在气候保护方面的全球领导地位。欧盟要求解决气候变化问题时必须考虑欧盟的扩大,确保成员国之间在气候问题上的紧密合作,使环境治理和一体化相互促进。

---

① 刘辉:《欧盟委员会通过了欧盟第六个框架计划建议书》,载《全球科技经济瞭望》2001年第6期。

② 刘鸿志、王谦:《欧盟环境与健康发展战略对我国的启示》,载《毒理学杂志》2005年第1期。

（三）欧盟建立健康标准、健康威胁因素和监测监控制度

欧盟的现行法律法规对保护公共健康安全起到了积极的作用，欧盟坚持综合性、风险防范与损害预防、源头整治、污染者付费等原则，建立在健康标准、健康威胁因素控制和监测监控制度，重点对工业化学物品、多氯联苯、内分泌干扰物、农药、噪声和电磁辐射等有害物质的风险防范控制。欧盟在食品安全、放射物质控制、健康影响评价等健康领域的法规政策立法有《污染物疾病控制》《健康保护和监测》等，形成了较完善环境与健康安全法律体系。

为了有效保障公民环境权，欧盟在 1990 年通过了获取环境信息的 90/313 号指令，该指令明确了哪些信息输运环境信息，并对如何获取这些信息以及获取的程序都做出了较为明确的规定，从法律上切实保障人们的环境权。该指令的制定，能够让社会公众对环境情况有一个清楚的了解，并根据自己所处的环境采取相应的对策，提早进行预防，以降低对人们健康损害的可能性。除此之外，还可以加强公众对环境监管部门的监督，保障环境与健康问题的有效解决。

（四）化学品环境风险管理体系

欧盟对进入其市场的所有化学品进行预防性管理的法规是《关于化学品注册、评估、许可和限制法案》。化学品注册、评估、许可和限制（Registration, Evaluation, Authorization and Restriction of Chemicals, REACH），主要是通过化学品的风险评估和管理，要求对欧盟市场上和进入欧盟市场的所有化学品强制要求注册、评估和许可并实施安全监控体系，将环境污染控制在“源头”，其目的是维护欧盟境内居民健康安全，增加化学品信息的透明度。REACH 法规已于 2007 年 6 月 1 日正式生效。分阶段物质的正式注册工作开始启动。为确保 REACH 法规的顺利实施，欧盟各成员国也各自出台了相应的监管法规。如英国、德国、比利时、爱尔兰等国，对于违反 REACH 的行为人，都有从罚款到监禁等不同程度的惩罚。

REACH 法规为了切实保障人们的健康安全，对化学品的全过程、各阶段都制定非常严格的监管规定，对每一环节的化学品安全标准进行严格把控，在这一过程中可以明显降低其对人体以及环境产生危害的概率，该法规对社会的可持续发展确实起到了很大的作用，但也成为国际贸易中绿色壁垒的一道屏障。

（五）欧盟环境和健康监测机制数据共享措施

欧盟的环境和健康机制的实施目标是重点探索致使人类健康问题的真正原因，对环境和健康进行统一的监管，将监测获得的数据进行分析，并向成员国公开，这样的方式，为欧盟各国提供较为准确的数据，为环境健康问题的解决提供了充分的保障，当然，这也引起了国家以及人民群众对该问题的重视。亚洲公共健康与空气污染研究计划作为亚洲城市净化空气行动的一部分，开始于 2002 年 12

月,这项研究计划旨在回顾和综合分析亚洲地区空气污染与人体健康研究现状,组织开展新的健康效应研究项目。①

(六)禁止使用对人体有害化学品的规制措施

环境污染特别是有毒化学品对人体健康的危害,正在引起人们的关注。2000年12月通过的《POPs公约》对毒性极高并在环境中持久存在、能通过食物链在生物体内逐渐富集、还可转移到下一代体内的有机污染物采取管制措施。欧盟REACH法规为了采取更有效的措施解决健康和环境问题,增强欧盟各国化学产业的实力,提高相关行为的公开公正的水平。其制定目的在于加强对化学品的全面监督与管控,对可能出现危险的化学品采取防控措施。② 除此之外,其还对其他3万多种化学品的都加强的管控力度,可以看出,这已经形成了相对完备的监管体系。

(七)儿童健康的保护措施

相关研究表明,由于儿童的免疫能力较弱,使儿童成为环境污染的最大受害者,且致害程度非常大,其影响可能是终身的,这一问题引起了欧盟各国的广泛担忧,因此欧洲委员会针对该问题采取了相应措施,因此2003年4月7日世界健康日的主题为"塑造未来生活:为儿童提供健康"。基于儿童是环境污染的最大受害者,欧洲委员会将2003年行动计划的目标确立为,集中全力避免或减轻环境污染对儿童产生的侵害,控制相关疾病的蔓延。为了给儿童提供一个健康的生存环境,欧洲委员会设立了一个专门的机构,主要承担着儿童健康维护的职责,制定具体的实施方案,为儿童健康成长保驾护航。③ 欧盟颁布的《2004~2010年环境与健康行动计划》中非常重视儿童健康。欧盟还颁布了《欧洲儿童环境与健康行动计划》(CEHAP Childern's Envioremnnt and Health Action Plan),④目的在于保障儿童食用更健康的食物,饮用更洁净的水,以此减少因饮食而引发的肠胃病,同时减少因病死亡的儿童;保障儿童居住更加舒适和健康的场所,避免或减少有害物质而引发的健康危险;加强儿童体育基础设施的完善,倡导儿童积极锻炼身体,提高免疫力,减少儿童自身健康问题引发的疾病降;保障儿童可以呼吸清洁的空气、饮用

① 马小玲:《环境影响健康加强环境与公共健康研究》,载人民网:http://www.people.com.cn/GB/14576/33320/33329/2495475.html,最后访问日期:2004年5月13日。

② 欧洲议会与欧洲理事会法规EC No1907/2006化学物质注册、评估、授权和管制(Evaluation Authorisation and Restriction of Chemicals REARC)。

③ 马小玲:《环境影响健康加强环境与公共健康研究》,载人民网:http://www.people.com.cn/GB/14576/33320/33329/2495475.html,最后访问日期:2004年5月13日。

④ Childern's envioremnnt and health action plan for Euorpe[C] Fortuh Minisetiral Conefrence on Envimnorent and Health WHO Regional Ofice for Europe. Budaest, Hungray 2004.

洁净的水,提高生活质量,避免或减少呼吸道的疾病;预防儿童生活环境中可能存在的任何损害健康的风险。[①] 2010 年 3 月,在意大利帕尔马召开了欧盟第五次环境与卫生部长级会议,此次会议关注在变化的环境中保护儿童健康的问题,帕尔马宣言也是第一个有时限的环境与健康结果的过程。此次会议上,与会代表讨论了如何进一步推动健康与行动计划,并且概述了他们自己对帕尔马宣言的打算。欧洲政府正式通过了到2020 年采取全面的计划降低环境对健康的威胁。该宣言由 53 个与会成员签署,与会成员国同意增加国家对提供每一个儿童平等享有安全的水和环境卫生设备的机会,增加对体育活动以及健康饮食、改善的空气质量和无有毒化学物质的机会。

二、美国环境与公共健康安全立法

美国的环境健康安全立法体系是随着经济发展逐步发展完善的。20 世纪 40 年代初洛杉矶市发生了光化学烟雾事件,造成 400 多名 65 岁以上老人死亡;[②] 1948 年宾夕法尼亚州多诺拉小镇也发生了大规模污染导致居民死的事件。[③] 这些环境污染所引起的健康危害唤起了公众的环境监控风险意识,反对污染的环境保护运动高涨。20 世纪六七十年代,美国集中制定了大量应对污染的法律法规,从立法体系看,虽然没有制定单独的环境健康法律,但是在整个环境保护法律体系中贯穿了环境健康的思路,并通过相关法律的落实,解决环境污染问题,以达到保障人体健康的目标。主要法律规范有:《清洁空气法案》《清洁水法案》《安全饮用水法案》《有毒物质控制法案》《资源保护和恢复法案》等。[④] 除此之外,美国的环境与公共健康安全保护的主要内容包括以下几点。

(一)环境与公共健康安全管理机构及其职责

环境与健康问题由美国国家环境保护局(Environmental Protection Agency, EPA)和卫生及公共服务部(Department of Health and Human Services, HHS)共同实施管理,两者工作侧重点各有不同,但分工相对明确。

1. 美国国家环境保护局(EPA)

1790 年 7 月,作为首个专门管理环境质量和人类健康的组织,EPA 成立。EPA 的主要职责是负责保障对清洁水、空气和土壤等日益增长的公共需求,以保

---

① 宋瑞金、廖岩:《国外制定〈国家环境与健康行动计划〉的基本思路与框架》,载《环境与健康杂志》2007 年第 1 期。

② 洛杉矶光化学烟雾事件。

③ 1948 年美国多诺拉烟雾事件。

④ [美]王立德:《环境健康与法律:美国经验借鉴》,载《新华文摘》2010 年第 20 期。

护人群健康和自然环境(包括空气、水和土壤),①30多年来,EPA制定的标准被汇编在美国联邦法规(Code of Federal Regulations,CFR)的第40卷,作为强制性标准要求企业采用。除此之外,EPA的主要职责是尽可能地预防因环境问题所引发的各种风险,制定更为严格、更为科学的新的环境标准,截至目前,其环境监管与评估等很多方面的水平在全球范围内遥遥领先。

EPA中的研究和发展办公室(Office of Research and Development)下设国家暴露研究实验室(National Exposure Research Laboratory)和国家健康与环境影响研究实验室(National Health and Environmental Effects Research Laboratory)。其中,国家暴露研究实验室(National Exposure Research Laboratory,NERL)主要开展人体对污染物暴露的研究项目,该研究的目的在于,制定并改善人体对污染物暴露的检测和评估手段;除此之外,国家健康与环境影响研究实验室(National Health and Environmental Effect Research Laboratory,NHEERL)的研究任务和目标,即帮助该机构识别和了解污染影响人们健康和环境的过程,并帮助该机构进行污染对人类和生态系统的风险评估。实验室倡导国家和地方政府实施有效的环保计划,协助业界在制定和实现环境目标,并在重要的问题上与国际政府和组织的合作。②

国家健康与环境影响研究实验室主要涵盖的研究项目包括:清洁空气、饮用水、生态系统服务功能、全球变化、人类健康、土地保护、纳米技术、农药和有毒物质等。其中人体健康的研究又主要分为四大领域:社区公共卫生(研究如何改善健康和促进社区的可持续发展)、儿童环境健康(正在进行研究和探索儿童的环境如何影响他们的整体健康和福祉)、环境正义和健康(研究人员正在研究相关的环境正义和发展必要的工具,以确保一个对公众来说健康的环境)、人类健康风险评估(EPA正在开展研究,以确定环境危害人类健康和生态系统的风险)、激素干扰物(EPA的研究提高了对人类健康和野生动物获取不良化学物质的潜在风险的认识,这种化学物质往往可能扰乱其内分泌系统)。

2. 美国卫生和公众服务部(HHS)

美国卫生和公众服务部(United States Department of Health and Human Services,HHS)是维护美国公民健康,提供公众服务的联邦政府行政部门。它是美国政府的主要机构,为维护所有美国人的健康状况,并提供必要的公众服务的联邦政府行政部门(据相关资料显示,HHS的医疗保险计划是全国最大的健康保险公司,每年处理超过1亿美元索赔)。

---

① "EPA",载USEPA:http://www.epa.gov/about/,最后访问日期:2015年10月15日。

② 段小丽:《美国环境健康工作的启示》,载《环境与健康杂志》2008年第1期。

HHS下设的美国疾病控制与预防中心（Centers for Disease Control and Prevention，CDC）是美国卫生及公共服务部所属的一个机构，总部设在佐治亚州亚特兰大。为保护公众健康和安全提供可靠的资料，通过与国家卫生部门及其他组织的有力的伙伴关系，以增进健康的决策，促进公民健康。该中心的重点在于发展和应用疾病预防和控制、环境卫生、职业健康、促进健康、预防及教育活动，旨在提高人民的健康。

由此可见，EPA和HHS虽然都同时管理美国的环境和健康工作，但是两者各司其职，缺一不可。美国国家环境保护局着眼于大范围环境污染对人体健康的影响，偏重环境污染的风险评价和管理，其相关专家亦具有非常广泛专业背景，包括生物、化学、生态、环境、医学等。而卫生和公共服务部则侧重于具体污染物对人体健康的影响，侧重于相关疾病的预防和防治，以及对特定人群的健康保障，其相关的专家更多来自医学领域。

（二）国家环境与健康行动计划

2000年9月，美国环境卫生委员会公布了一份美国环境公共卫生报告例，主要内容是提出了该国环境公共卫生体系非常不健全，一直以来该体系的运行效率明显降低，面对该国较为严重的环境问题，该体系已经无法满足保障人们健康的需要。所以提议联邦政府制定《国家环境公共卫生监测计划》，构建一个可以实时监测的、跨区域的监测平台，汇集全国的环境与健康监测数据，对数据进行科学分析，并向全社会公开，为采取措施保障人们健康指引方向。该网络由危害监测、暴露监测和健康效应监测3个部分组成。该网络对平台的监测数据进行科学分析，可以研究环境和健康二者的矛盾以及如何解决这一矛盾，还可以以改数据为基础，制定相关的卫生政策，以保障美国人的生命健康。①

2009年5月5日，时任美国总统奥巴马向国会提出了“全球健康行动计划”，并向社会公众承诺在6年内制定出适用于全人类的实施战略。“全球健康行动计划”提出了非常明确的目标：控制艾滋病的传播范围，缩小受侵害人群；重视对孕妇和5岁以下儿童的保护，采取更为有效的措施保障他们的生命健康等。②

（三）美国环境健康风险管理标准制度体系

美国国家环境保护局为美国环境健康保护做了大量的工作，其制定的标准被汇编在美国联邦法规的第4D卷，并作为强制性标准。

---

① 宋瑞金、廖岩：《国外制定〈国家环境与健康行动计划〉的基本思路与框架》，载《环境与健康杂志》2007年第1期。

② 美国总统奥巴马提出“全球健康行动计划”，载中国科技部网：http://www.most.gov.cn/gnwkjdt/200905/t20090519_69795.htm，最后访问日期：2013年1月28日。

20世纪70年代起美国国家环境保护局陆续发布了《比较风险评估》《致癌物健康风险评估技术指南》《暴露评价技术指南》等,制定了较为科学、明确的环境健康标准,也为该工作的实施提供了法律保障,促进环境健康风险的有效防控。除此之外,美国构建了一套相对完备的风险监控体系,成立了较大的数据库,为该问题的研究提供较为科学的参考。

美国环境与健康标准体系的特点:紧紧围绕风险评估,构建环境健康风险管理的相关措施的有关标准和技术规范和环境健康风险评估技术规范体系。

(四)美国《公共健康安全与生物恐怖预备应对法》

美国2003年实施《公共健康安全与生物恐怖预备应对法》,要求"美国本土和对美国出口的外国食品和饲料生产、加工、包装、仓储企业向美国食品药物管理局(Food and Drug Administration,FDA)注册,以便确定食品来源和去向的记录,消除可能对人类或者动物健康造成的严重不利影响或者死亡威胁。"①

其主要内容是:美国本土和对美国出口的外国食品和饲料企业必须在2003年12月12日前向美国食品药物管理局注册,并建立和长期保存能够确定食品来源和去向的记录,以便美国食品监督管理局(Food and Drug Administration,FDA)能够据此追查出对人类或者动物健康造成严重不利影响或者死亡威胁的食品来源。FDA制定的四个法规草案主要涉及四项制度:

第一,注册制度。食品与药品管理局提议,要求生产、加工、包装和储藏食品的企业向食品与药品管理局注册。

第二,预申报制度。食品与药品管理局提议,要求美国食品买方、进口方向FDA进行预申报。

第三,记录建立与保持制度。要求由生产、加工、包装、运输、分送、接收、储存或进口到美国的消费物品保持档案记录。

第四,行政扣留制度。FDA提议,如果有可靠的证据表明产品可能对健康造成严重损害或威胁时,法规可提供扣留食品的程序。

美国立法对我国完善公共健康与食品、药品监督管理措施提供了宝贵的经验,我国的公共健康安全立法应当基于不同类型的风险应当进行分类控制,分类监管,并不断健全全程控制的相关法律制度。

(五)美国的《安全饮用水法案》

《安全饮用水法案》(Safe Drinking Water Act,SDWA)旨在防控化学品、人类和动物粪便、农药以及其他污染物不按要求随意处置,以预防因饮用水中含有有

① 《公共健康安全与生物恐怖预备应对法》。

害物质而导致的疾病发生。《安全饮用水法案》授权环保署制定符合健康的国家标准,更好地为人们健康提供保障,使全体社会公众收益。根据该法案的要求,截至2006年1月,美国环保署共颁布了87个水污染物的标准。该法案还明确了饮用水工作人员技术提升和加强饮用水相关信息的透明度等问题。

(六)美国运用生物控制法取代化学制剂措施

公害事件的规模、频率和范围不断扩大,越来越多的人开始感觉到自己正处于一种不安全、不健康的环境。不少人在公害事件中丧生,其中以洛杉矶烟雾事件最具代表性。20世纪五六十年代,美国农业部实施的控制昆虫计划,大量的有毒化学制剂反复喷洒在了美国各州的田野上。《寂静的春天》一书的作者运用生态学的食物链的原理,提出化学杀虫剂DDT中毒素的聚集过程,说明它不仅能杀死害虫,也能杀死那些吃了染上DDT的害虫的鸟类,并危害到食用了染上DDT的作物制成食品的人类。控制昆虫计划受到影响的除了鸟类和动植物外,人自身成为这一计划的直接间接的受害者。例如,据监测佛罗里达的盐化沼泽地蚊子也表现出了抗药性。来自许多地方的报告表现了昆虫产生抗药性对疟疾和其他疾病的影响。① 美国人的环境与公共健康意识觉醒:寻找更为符合生态规律的生物控制法对付病虫害;在城市的环境健康保护方面注重基础,城市规划成为一项城市建设的初步基础工作和科学,并且产生了一门新兴职业;在环境保护立法中善于运用经济学的成本效益原理。

三、日本环境与公共健康安全立法

日本从20世纪50年代开始加强环境立法,1967年颁布了《公害对策基本法》,作为国家保护环境的基本法。日本以立法的形式,规定国民具有保护环境的义务,且国家机关在处理环境问题上的具体职责,制定了公害防止目标以及如何实现目标的手段,为本国公害治理提供了基本保障,促进了该国国民的健康水平。之后,先后制定了《大气污染防止法》《水质污染防止法》《海洋污染防止法》《噪音防止法》等,同时,按照社会发展情况以及人们的新需求,对相应的法规进行修改,以满足人民群众的健康需求。因此,后来又制定了《环境基本法》,因社会环境与人们需求发生的重大改变,该法的环境政策与以前大不相同,更加注重人与自然的和谐。

日本的环境与公共健康的法律政策体系的形成、发展和完善主要源自于三个方面的"力量",即频繁的公害事件、国民的反公害运动,以及各个地方政府的立法

---

① [美]蕾切尔·卡逊:《寂静的春天》,吕瑞兰、李长生译,京华出版社2000年版,第10页。

行为。其主要特点是：

（一）公害事件频发引发各界对环境问题的关注

第二次世界大战时期，日本的国民经济遭受了极为严重的打击，因此，战争结束后，日本大规模的发展工业，以实现经济的快速恢复。然而，一味强调经济发展，而未对环境采取任何保护措施，导致经济与环境的关系极度恶化，最终引发了非常严重的环境问题。20 世纪 50 年代，日本相继发生了“水俣病”、“骨痛病”、“四日市哮喘”和“米糠油”事件等震惊世界的公害事件，引发了全世界的广泛关注。到了 20 世纪 60 年代，随着日本“四大公害病”的发生，全国各地区公害纠纷与日俱增，最终成为全国性的灾难。公害产生的危害最终体现在对人类生命健康的损害，该国的公害事件致使非常多的人口死亡，这才使人们认识到环境保护的重要性，要求对公害治理的呼声不断高涨。

（二）公害法

以浦安渔民纠纷事件为契机，制订了最早的《国家工公害法》《水质保全法》《工厂排水规制法》。污染公害也推动了公害法的制定。日本在 20 世纪 70 年代初开始的四大公害审判过程中于 1973 年出台了《公害健康被害补偿法》，同时制定了《公害损害赔偿制度》。日本的健康危机管理是由厚生劳动省统筹负责，基本框架是根据《厚生劳动省健康危机管理基本指针》构建而成，并通过国家、都道府县、市町村三件管理体系开展行政工作。1996 年，一系列威胁公民生命和健康安全的事件使的转变认识，迅速建立能够应对健康、卫生突发事态的危机管理体系。1997 年 1 月制定了《厚生劳动省健康危机管理基本指针》，专门设置健康危机管理官。2000 年又制定了《地域健康危机管理基本指针》，同时倡导“环境立国”，提出“最适量生产，最适量消费，最小量废弃”的经济模式，发展环保产品，促进公共健康安全。①

（三）地方政府立法为日本环境与公共健康法治体系奠定了基础

日本对公害进行立法防治，主要是从日本的地方政府开始。因为日本早期比较严重的公害多集中在几个地区，这些地区政府面对居民请求治理公害的要求，率先制定了地方性的应急政策。如东京都于 1949 年制定了《工厂公害防治条例》，1950 年大阪府制定《大阪府企业工厂公害防治条例》，1951 年神奈川县制定了《神奈川县企业工厂公害防治条例》，1955 年福冈县制定了《福冈县公害防治条例》等。各个地方政府制定的这些限制条例在日本公害法的发展过程中起到了先驱者的作用。

---

① 王德迅：《日本健康危机管理》，载《亚非纵横》2006 年第 1 期。

(四)建立专门的公害健康受害补偿制度

日本公害健康受害补偿制度的建立则对整个环境与公共健康的法律体系起到了完善的作用。日本的《公害健康受害补偿法》,确立了公害健康受害补偿制度。① 该法规定了以下内容:一是补偿对象,给付对象必须是在由大气污染而多发哮喘、肺气肿等非特异性疾病的区域,或在水俣病和骨痛病等的多发区域,并且是政府指定的公害疾病,在指定区域居住时暴露。二是补偿种类,包括医疗及疗养费、残障补偿费、遗属补偿费、遗属补偿慰问金、儿童补偿津贴、医疗津贴、丧葬费七大类。三是费用承担。根据法律规定,补偿费用一般都是由污染单位承担,费用的多少取决于污染程度的大小。除此之外,还组建了公害健康受害补偿会,该会的作用在于,承担着对污染者征收污染费的职责。实际上,该法规定的受补偿对象是较为广泛的,即只需满足在制定的场所生活一段时间,同时确诊为公害疾病的人,就可以按照法律规定获得补偿救济金。日本的公害健康补偿制度实施得非常成功,不仅节约了司法资源,还发挥了巨大的社会作用,满足了受害者的需求。

由此可见,环境标准和相关法律的制定和实施,确实可以为环保事业的顺利进行起到明显的促进作用。而且日本高效的执法队伍和高素质执法人员,以及环境监测体系,都为其环境保护事业的发展提供了坚强的后盾。

第五节　国外环境与公共健康管理体制考察

一、欧盟环境与健康管理体制

欧共同体的政策应该致力于以下目标:保持、保护和提高环境质量;以合理的方式开发、利用资源;提高解决环境问题手段的有效性。② 这已经成为欧盟在制定和实施环境政策的首要目标和准则。

欧盟作为世界上最大的区域性国际组织,在解决环境和健康问题方面,颁布了很多法律法规。对于职能划分,欧盟存在多个职能机构共同致力于环境保护,在制定环境和健康保护政策方面,相关机构有:欧盟委员会、欧洲议会、部长理事会、欧洲法院、经济和社会委员会及区域委员会。这六个组织相互作用,共同致力

---

① 四日市公害诉讼判决明确了大气污染造成的健康受害的排放人的责任,从此诞生了对公害患者除了医疗费以外给予一定补偿的补偿制度,以此为契机,《公害健康受害补偿法》于 1973 年 10 月制定实施。

② 《欧盟联盟条约》即《马斯特里赫特条约》第 130R 条。

于欧盟环境和健康保护政策的制定。[①] 已经制定了“欧盟环境与健康战略”(2003年通过)、《2004～2010年欧洲环境和健康行动计划》,该计划提议建立“环境和健康综合信息系统”以及协调的“人类生物监测”方法。

欧盟委员会负责确保欧盟环境和健康计划能够得到充分的实施。各个成员国及一些利益团体在欧盟的指导下形成符合本国家和地区情况的环境和健康保护以及负责实施,成员国政府负责执行欧盟的指令,监控环境质量和健康监督。

欧盟环境与健康管理体制给的启示是,要建立不同层次的环境与健康管理部门,重视相关利益者、社会团体对环境与健康管理的参与。

二、美国环境与健康管理体制

美国环境管理机构从层次上分为联邦政府的环保机构和州政府的环保机构。联邦政府的环保机构包括环境质量委员会、国家环保局、联邦政府其他有关部门的环保机构。其中美国国家环保局分成3个部门:国家环保总部、国家环保局的区域办公室、研究与开发办公室。[②]

美国从事环境健康方面的机构,主要有联邦环保局和联邦卫生服务部。联邦卫生服务部下属的环境健康相关机构主要有国家疾病预防与控制中心、国家环境健康研究所、环境健康政策委员会,其工作主要是围绕通过预防和控制由于人类与其环境相互作用引发的各种疾病和死亡来改善生活质量和提高人体健康水平这个中心而开展的。在联邦环保局,除了通过一些国家性的项目和行动来贯穿环境健康工作之外,从事环境健康方面的机构主要是研究与发展司,其主要是从健康风险评价的角度来加强环境健康工作,为制定各项环保政策提供服务。研究与发展的机构设置主要是围绕健康风险评价的4个重要步骤(危害鉴定、露暴评价、剂量—反应关系、危险表征)和健康风险管理的要素而设定的,通过许多年的调整和发展,该机构设置也在不断向风险评价和风险管理的框架靠拢。联邦卫生服务部和环保局通过共同支持和推动一些合作项目从而在环境健康问题上不断地融合。[③] 在美国,环境保护局制定了需要重点处理的行业、污染物及健康影响名单。环保局还通过环境监测及其他数据考查污染物排放,从而确定重点目标。

美国环境与健康管理体制的启示:在联邦政府方面,环境与健康管理主要由环保局和卫生服务部负责,各州政府负责本辖区环境与健康管理工作。美国环保

---

① [英]弗朗西斯·斯奈德:《欧洲联盟法概论》,宋英译:北京大学出版社1996年版,第26页。

② 车国骊等:《美国环境管理体系研究》,载《世界农业》2012年第2期。

③ 段小丽:《美国环境健康工作的启示》,载《环境与健康杂志》2008年第1期。

局的经验来看,围绕健康风险评价是环境保护保部门制定各项政策、进行政府决策的出发点,健康风险评价为主要工具;美国卫生服务部和环保局通过共同支持和推动一些项目进行合作。

三、日本环境与健康管理体制

日本从中央到地方各级政府都设有比较完整的环境保护机构。内阁中设立专职的环境厅,直属首相领导,厅为内阁大臣,总管全国的环境保护事业。环境厅本部设障管管房(办公室)、计划协调局、自然保护局、大气保护局、水质保护局和环境卫生部。下面按业务范围再设课、室(全厅共有 23 个课和 3 个室)。由厅直接管辖的还有 9 个附属机构。除环境厅外,还有 16 个省、厅和一个委员会根据各自的主管业务设立管理有关环境的机构。此外,日本工矿企业环境管理机构也比较健全,根据日本政府规定,凡是职工人数在20 人以上的工厂,都要配备防治公害的环境专职管理人员。

日本的厚生劳动省下属的公众保健中心对于预防环境健康损害和处理突发区域健康问题有着重要作用。在日本,环境省主导环境监测、化学物质调查及其他各种研究。各县市负责本地的环境建设。各县和政令指定都市建立有保健所,只要当地居民出现健康问题,都会立即向保健所报告。

环境省在环境污染防治措施的实施方面发挥了核心作用,并通过与厚生劳动省、其他省以及地方政府的人员交换制度,加强机构间的合作。

地方政府直接负责本地环境与健康管理,如发现任何健康异常现象,将向地方保健所报告,并立即展开调查。此外,大众媒体和非政府组织也会观察和监督政府和企业的表现。

日本环境与健康管理体制的启示:其一,要建立环境与健康管理网络,在中央层面分部门进行管理,地方层面由地方政府负责,企业负相应的责任。其二,环境与健康管理需要公众的广泛参与。其三,要加强相关部门的合作,合作不单是部门间的协调,还包括管理人员交换。

第六节　国际社会环境与公共健康安全措施的启示

一、"人本"立场的环境与健康问题的法律应对宏观视野

通过对国际环境与健康问题法律规制的考察,我们看到国际环境法的软法性文件、国际环境法的专门立法,以及 WTO 多边贸易体制法律框架,对环境与健康的法律保护是立法贯穿始终的价值追求。或者也可以说,正是对环境与健康问题

的重视，推动着国际环境立法不断地走向成熟，这既是法律向人的回归，也是法律自身的发展。言其为回归，是因为法律的属人性要求，无论法律如何发展，都要以“人本”价值为其最终归宿；言其为发展，是因为法律曾一度背离或远离了其人本价值，只有坚持法的人本价值，法律的发展才能有真正的生命力。这样看来，立法无论重视环保，还是重视健康，如果把环境与健康统一到人的全面发展的价值立场上看，其真正的立法意图都在于对人本价值的承认、尊重与弘扬。如此一来，可以说一切法律的发展和完善都只不过是以人本价值为核心的法律制度体系的建构，都在于以法律的形式推动其人本价值的充分实现。

目前，尊重人的价值和尊严，已经或正在成为现代法律的终极关怀，成为现代法治文明的主要标志，当然也应当是推动法制改革的巨大动力。因为，从根本上说，作为能够支撑法律生命之魂的精神要素——人本价值，不仅是决定法律发展方向和命运的价值根基，而且是能够保障法律得以持续存在和良好运行的重要条件。而事实上，为我们所说的，法律的现代化问题在很大程度上就，是指法律是否能够以人为中心，能够真正体现对人本价值的维护与尊重的问题。因此，这在一定程度上决定了，包括环境法在内的一切法制的发展变革，都应当以重建和弘扬人的全面发展价值为其精神枢纽。或者更为明确地说，现代环境法的价值理性就体现在对人的终极关怀上。

显然，面对世界环境立法在环境与健康问题上日益明显的人本价值倾向，中国环境法对环境与健康问题的法律应对，首先要做的就是把环境与健康问题统一到人的全面发展的价值立场上，重新认识和评估环境法的立法目的，并最终确立可持续发展价值理念。

（一）确立“人本化”的法律理念

这需要一改过去对环境法的旧观念，并重新认识环境法所蕴含的人本价值。因为法律不仅是世俗政策的工具，法律也不但能够被用来解决“问题”，同时它在任何时候都体现“价值”，都与“目的”有关。这样看来，法的发展和完善以尊重人的主体性和价值性，以对人的权利的平等保护和关怀为其应有的追求，是法的人文属性的必然要求。显然，矫正和克服过去环境立法中重法律的政策工具主义、实用功能主义的立法偏向，重振立法的人文价值，应当是环境法发展和完善的必由之路。因为，从根本上说，一种法律制度是否具有权威性、能否获得合法性、会不会面临信用危机，都取决于该制度在推进法律的主人因法律而有尊严的生存、幸福的生活方面所可能具有的正能量。从这个意义上来说，一切真正法律制度架构的合法性和权威性的基础，必须且只有立基于对人之为人的终极关怀上，才是其得以存立和持续发展的正统性理据。这必然要求法律应当“合乎人性、尊重人格、体现人道、体恤人情、保障人权”。

（二）权利至上，构建人本化的法律体系

权利至上，构建人本化的法律体系，这是尊重和保障人权的人本价值理念，对环境法提出的直接要求。从这种要求出发，必然需要环境法把“人本”价值确立为制度建设中的核心价值理念，把人的自由而全面发展作为环境法律制度的权威价值来源。在具体制度的建构和保障法律的实施上，环境法的发展和完善应当以确立保障“环境权”为核心的法律制度体系建设为支点，以全面加强和促进人与自然和谐之法制保障的实施机制为具体手段，使环境法的人文价值理念不仅能够体现在立法中，而且能够切实落实到法律的实践中。因为仅停留在理念层面上去讨论环境法的人本价值，而不将其转化为切实可行的制度安排，“以人为本”就有“价值悬设”的危险，更为重要的是人本价值在环境法制建设中的“不彰”，从根本上说是违背人的生存和发展利益的。

（三）重视“人的尊严生存”对良好环境的要求

从人的需求发展与环境的关系上看，满足基本需要，提高生活质量既是环境保护的内在诉求，又是人类生存与发展对良好环境的必然要求。随着经济、社会的发展和人们生活水平的提高，在要求改进物质文化生活水平的同时，进一步要求建设一个清洁、安静、优美、舒适的环境就会成为人们的必然选择。而能否满足在一个清洁、安静、优美和舒适的环境中生活的“生态需求”，也就当然地会成为衡量人们福利水平改善和一个社会文明程度的重要标志。可以预见的是，随着人们需求的发展，生态需求不仅是现代人类随着经济社会发展而自然生成的最基本、最重要的生存需要，而且作为一种更高的精神利益需要，生态需求还是能够启迪人的德性、智性和心性，激发人的潜能、促进人的自由而全面发展的享受需要、发展需要和自我实现的需要，即“一种想要变得越来越像人的本来样子、实现人的全部潜力的欲望”。生态需要却既反映着人与自然的关系，又体现着人与自然的协调发展。这意味着，人们对良好环境质量要求越高，生态系统的整体有用性也就越来越重要。

二、完善的环境与公共健康安全法律法规

从现实生活中考察我国现阶段已经颁布的环境与健康的法律规范，可以发现依然还存在一些无法满足现实需要的问题，或者存在一些法条之间的冲突问题，因此，还是需要逐步完善相应的法律规范，构建科学化化的环境与公共健康安全的法律体系。明确环境与公共健康安全的立法目的和法律原则，建立系统的环境与公共健康安全法律制度体系，制定系统化的环境污染损害赔偿法律制度，进一

步强化环境污染的法律责任。特别应当系统研究制订环境污染损害程度鉴定、赔偿程序和范围等具体赔偿办法,详细规定突发环境污染与健康安全公共事件应急处置等规章等。

三、健全的环境与健康安全标准体系

环境标准是指国家为了维护环境质量,保护人体健康,控制污染,维持生态平衡依据本国自然环境特征及经济、技术状况而制定的各种技术指标和规范。环境标准的制定,是以自然规律、科学技术和生产实践为依据,具有科学性和先进性,环境标准的规范性和强制性要求淘汰导致环境污染和破坏的落后设备、工艺和技术,要求现有技术、设备、工艺和环境标准相匹配,这就促使企业单位不断进行技术更新,以适应环境保护和“绿色产品”的要求,以保障公共健康安全需求,因此健全环境与公共健康安全标准体系具有重要意义。科学制定环境与健康安全标准的基础标准,协调各项环境健康安全标准指标体系,优化环境与健康损害的鉴定程序与监测体系、风险评价与防控制度、紧急性重大环境事件预警制度等。

四、将环境与公共健康安全列入政府优先考核指标

环境与健康的矛盾问题,已经严重制约了社会的和谐稳定,这一问题的解决,不仅是人心所向,也是实现小康社会的必然要求,处理好二者的关系,减少环境污染,保障人们健康,也是构建和谐社会的必经之路。而政府作为公共利益的代表,在执行环境与公共健康安全政策时往往会对个人自由实行干预,以维护和促进公共健康。政府责任的内容涉及保障公共安全、维护社会公平、弥补市场缺陷、提供公共服务等。将环境与健康工作纳入重要议事日程,列入经济社会发展规划,作为考核政府官员政绩的重要指标,将环境与健康工作置于重要的考虑位置,制定相关法律法规,明确政府以及其他部门的职权与职责,构建严格的执法队伍,增强执法人员的执行力度,提高相关信息的透明度,积极向社会公众公开监测数据,由社会公众对政府工作进行广泛监督,通过这样的方式保障环境与健康的工作。

五、加强环境与健康安全国际交流

一个国家的环境与公共健康安全立法应当与国际环境与公共健康安全立法相协调,并履行对国际公约或条例的承诺,积极投身于全世界的环境与健康保护活动之中。了解国际社会对于该问题解决的最新措施,并结合国情应用于本国环境与健康问题的处理之中。加强国际合作,提高国家的环境与健康安全立法水平。为保障公众的身体健康,减少环境污染及其健康危害风险,防治疾病和其他

影响公共健康安全的风险因素，实现社会经济的可持续发展而提供有效的环境与公共健康安全法律依据。

六、健全的环境与健康管理体制

从各国环境与健康管理机构设置考察，美国、欧盟及日本设有专门部门管理环境污染及其产生的健康问题。一些国家已经建立了各种部门负责全国的医疗、健康与公众卫生、饮用水安全、危险化学品控制，这些部门也负责处理环境与健康问题。还有一个部门专门负责职业健康。并且，这些部门间的关系十分复杂。整体上，大多是分设环境保护机构和卫生健康机构，尽管许多国家都注意到环境与健康的关联，开始逐步采取相应的措施治理环境与保障健康，但是还没有设立统一的环境与健康政府机构。主要原因是环境与健康联系的复杂性以及风险性。但是，一些些国家已经认识到由不同部门分别管理存在诸多缺陷，正逐步建立各种部门协调处理环境与公共健康问题的机制。虽然各国政体以及法律体系不同，采取的具体措施也不同，但是，都重视不同部门之间的协调和公众的广泛参与，逐步将环境健康风险防范作为环境与健康管理的核心。

大多数国家环境管理机构都有一个从分散到集中的发展过程，这是由于环境问题日益成为重大的社会问题，影响人类生存和经济发展，因此环境管理机构也相应地逐步得到加强。

第五章 我国环境与公共健康安全法律框架研究

中国政府历来重视环境保护，并要求在全社会牢固树立生态文明观念，促进形成节约资源能源和保护生态环境的产业的结构、增长方式和消费模式，强调重点加强水、大气、土壤等污染防治，改善人居环境。[①] 经过不懈努力，取得了一些积极的成效。为更好地保护人民群众健康，2007 年制定了指导我国环境与健康工作科学发展的第一个纲领性文件——《国家环境与健康行动计划(2007 - 2015)》。自行动计划发布以来，环保部做了大量的推进和落实工作。但是，我国近年来环境污染造成的人体健康问题频频发生的残酷现实，不得不引起我们对环境与公共健康安全事件法律制度的思考。因此，亟须制定专门的环境与公共健康安全法，以提高立法、执法和司法律效力。

第一节 制订环境与公共健康安全专门法

环境与公共健康安全的联系已经逐渐被公众了解，但是我国环境与公共健康安全立法起步较晚，为了完善环境与公共健康安全的立法，应当制定一部综合性的环境与公共健康安全法，该法应当由全国人大常委会颁布，作为环境与公共健康的基本法。确立健康保护优先的立法目的，明确环境与健康管理部门的地位、机构组成、各部门承担

① 吴晓青:《构筑环境健康损害预防预警应急体系》，载《中国环境报》2009 年 3 月 25 日，第 2 版。

的管理职能以及各部门间相互协调、配合和监督的程序等。在这种综合性立法的基础上，再由各部门、各地方将自己的职责具体化。确定环境与健康保护的风险防范原则、分类预防控制原则、重点控制原则、公众参与原则，制定环境健康评估制度、环境健康损害报告制度、环境健康损害预警制度、环境健康损害预防制度、环境健康损害鉴定评估制度、环境健康损害赔偿制度、环境健康信息公开制度、环境损害责任制度等。形成一个具有系统性和协调一致的环境健康保障体系。笔者认为，专门性的环境与公共健康安全法的框架应当包括：

第一，环境与公共健康安全立法目的。

第二，环境与公共健康安全法的基本原则。

第三，公民在保护公共健康安全中的权利与义务。

第四，环境与公共健康安全管理体制（包括中国环境与公共健康管理专门机构和其他职能部门具体职责）。

第五，环境与公共健康安全法律制度建设研究（主要涉及预防性、治理性的环境与公共健康安全的法律制度，分类控制法律制度等）。

第六，环境与公共健康安全法律责任（民事责任、行政责任和刑事责任）。

第二节　环境与公共健康安全立法目的

我国现行环境或者卫生立法的目的大都是二元的，既要保护环境与健康，又要促进经济的发展。“目的二元论”是建立在承认环境与发展既相互制约又相互依存这一思想基础之上，强调在保护人体健康的同时，兼顾经济发展利益。强调承担的社会保护职能、追求的非经济性公共利益及其社会法本质的一面，也有顾及其经济职能、经济性公共利益与经济法本质的一面。这是被部分学者们认为是妨碍我国环境与健康发展的原因之一，部分学者认为，我国环境立法目的应当采取一元论，就是将保护环境和国民健康作为环境立法的唯一目的。其实，环境与健康立法是围绕着人体健康的保障的，我们如果在立法中无视环境与健康保障体系，而是孤立看待环境与健康，是明显不充分的。需要明确的是，经济发展是健康保障的一个重要因素，《人类环境宣言》指出“在发展中的国家中，环境问题大部分都是因为发展需要导致的。当一个国家绝大部分人口都还没有生存所需的最基本的物质条件，他们没有达到温饱，没有很好的居住场所，没有接受普遍性的教育条件，他们的孩子骨瘦如柴，这些种种因素都需要这个国家优先发展经济，以为本国国民提供更好的生活环境。所以对于发展中的国家，他们无法放弃发展去保护环境,只能在发展经济的同时充分考虑环境的保护”。①

《国家环境与健康行动计划划(2007－2015)》作为中国环境与健康领域的第一个纲领性文件,其总体目标提出:“要完善环境与健康工作的法律、管理和科技支撑,控制有害环境因素及其健康影响,减少环境相关性疾病发生,维护公众健康。”②我国《环境保护法》作为环境保护基本法,明确规定:“为保护和改善环境,防治污染和其他公害,保障公众健康,推进生态文明建设,促进经济社会可持续发展制定本法。”③这都体现了我国环境法律体系在治理环境污染、保护环境的同时还要保障人们的健康。但是,我们也看到在具体的环境法律制度设计和法律机制构建中并没有太多的能够较为全面体现“保障人体健康”的实质性内容。此外,立法目的还需要通过体系化的法律规范和具体的法律制度予以实现。

随着经济的发展,人们越来越注意到环境问题对公共健康的影响,在立法及制度上也开始重视环境污染的防治和生态环境的保护,但是并没有在立法及实践中与环境与健康的关系充分结合。我国是发展中国家,如果在环境与健康立法中放弃促进经济发展的目的,健康保障的物质基础就难以保证。因此,在环境法律指导思想和立法目的上深化健康目的的考量。笔者认为,可以通过现行法律的修订,明确环境与健康保护的优先性,既突出人体健康保护,又不会对经济发展造成大的影响,符合我国是发展中国家的事实。

第三节　环境与公共健康安全法律原则

法的基本原则是指为法律所确认并体现法律本质和特征的基本原则。它贯穿于整个法律体系,对贯彻和实施法律具有普遍的指导作用。环境与公共健康安全法的基本原则应当包括:风险防范原则、预防为主,防治相结合原则、公共健康安全责任原则、政府对公共健康安全负责的原则和公众参与保护公共健康安全的原则。

一、风险防范原则

根据《里约热内卢宣言》第15条的规定,风险预防原则是指“为了保护环境,各国应按照本国的能力,广泛使用预防措施,遇有严重或不可逆转损害的威胁时,

① 《人类环境宣言》第4条。

② 《国家环境与健康行动计划(2007－2015)》总体目标。

③ 《中华人民共和国环境保护法》第1条。

不得以缺乏充分科学证据为由，迟延采取符合成本效益的措施防止环境恶化"。该原则被视为《里约热内卢宣言》最重要的创新之一，它是针对环境恶化结果发生的滞后性和不可逆转性等特点而提出的。

19 世纪 30 年代，英国的艾德文·查特维克在济贫运动中真切地体会道："提高人们的卫生环境水平是非常有价值的，因为这样可以预防大多数疾病的产生，不仅节约了治疗疾病的成本，也减少了人们被病痛折磨，因此可以看出，提高人们的卫生环境水平所产生的好处远远超过医院治疗了疾病产生的好处。"针对人们的健康，积极采取预防手段产生的费用一般都是少于生病后的治疗费用。所以，"预防优先"逐渐被人们广泛遵循，并成为一切健康活动的宗旨。风险预防原则对保障环境与公共健康安全是极为重要的。因为，环境恶化在短期内不易为人发现，危害公共健康安全的损害结果具有滞后性。一旦环境恶化，公共健康造成的损害，要彻底恢复生态环境十分困难，而且要付出巨大的经济代价，其造成的损害结果具有不可逆转性。

确立风险防范原则是由环境污染与公共健康安全危害的特性决定的，环境污染引发危害的严重性，不仅会给人们的身体健康以及生活环境产生严重危害及影响，而且这种危害及影响一旦发生就不容易消除。而且多数自然资源被破坏后，它的修复治理工作不仅需要漫长的时间，还需要大量的金钱，难度及其之大，这将严重威胁到公共健康安全。加之，环境污染对人体健康的危害之大，引发不同种类的疾病甚至死亡，由于这些疾病较为隐蔽，早期不易被发现，一旦发现就已经非常严重，难以治愈。随着社会经济的快速发展，人口流动量增大，相互依赖和相互关联的世界为传染病的快速传播、核放射以及有毒物质的威胁创造了无数机会，严重威胁着人类的健康安全，所以防范公共健康安全隐患具有重要意义。

二、环境与公共健康安全责任原则

在汉语中，"责任"有两种解释：第一种解释为一个人或机构应该做的事，也可以称之为职责和义务，如父母的责任等；第二种解释为，一个人或机构应该做的事而没有做，或者没有按照法律要求那样做好，所承担的不利后果，如徇私枉法的责任。然而在这里我们所说的政府责任，是指职责和业务的范畴。

我国《环境保护法》第 42 条规定："排放污染的企业事业单位和其他生产经营者，应当采取措施，防治在生产建设或者其他活动中产生的废气、废水、废渣、医疗废物、粉尘、恶臭气体、放射性物质以及噪声、振动、光辐射、电磁辐射等对环境的污染和危害。排放污染物的企业事业单位，应当建立环境保护责任制度，明确单位负责人和相关人员的责任"。这是"谁污染、谁治理""谁开发、谁保护""谁破坏、谁恢复"原则的具体要求,充分体现了生产者、经营者、开发者法律上的权利与义务一致性。

实践证明,实行这样的原则,有利于推动污染者治理污染,筹措污染治理资金,保护资源的合理开采和永续利用。在环境与公共健康安全保护中,对影响公共健康安全利益的企业单位要求承担严格的社会责任,包括产品的生产、销售和消费等全程过程,确保食品安全、药品安全、核安全和有毒化学物品安全等,以保障公众健康利益。企业的社会责任不只包括经济责任还包括道德责任和法律责任。

三、政府对环境与公共健康安全监管责任原则

政府属于我们国家的行政机关,为人民服务是其宗旨,主要体现在:宏观调控、市场监管和公共产品等。一般来说,政府的职权是人民赋予的,政府运作的资金是全国的纳税人支持的,因此,政府也就理所应该的为人们做出相应的回报,为全体人民谋利益。当然,人民赋予政府的职权也必须由全体人民进行监督,要按照正当程序对其作出限制,并通过人民的幸福指数对政府的服务进行考量。① 面对经济、文化等各方面的国际融合趋势,政府的角色也发生了相应的转变。在当前的国际大背景下,政府应在推动经济发展、实现民主政治、密切党群关系、维护政治稳定中扮演好领导者、决策者与人民公仆的角色。因此,面对人们生活质量的提升,人们对公共服务的需求明显增加,这就需要我们的政府由以前的监管型逐步向服务型转变,为社会公众提供更好的生活环境。除此之外,我们还要建立权威政府,它可以公平分配社会资源,构建良好的公共服务体系,促进社会公民的团结向善。当然,还应该促进全社会人民走向富裕,接受人民群众的监督,树立责任政府形象,成为一个可以让人民信赖的政府。公共卫健康安全作为公共安全的一部分,与经济安全、环境安全甚至国防安全并列或交织在一起,成为影响人类社会可持续发展的重要因素。政府应当全面规划建设公共健康安全预警反应体系,提高政府危机管理能力,确保社会经济的可持续发展。

四、公众参与保护环境与公共健康安全原则

环境与公共健康安全问题是公众共同的面对的问题,政府和政府的职能部门的人力和精力是远远不够的,必须广泛发动群众,调动广大公众自觉保护公共健康积极性,共同参与公共健康安全保护。我国《环境保护法》第 6 条规定,一切单

---

① 余晖:《什么是公共服务型政府》,载《南方周末》2003 年 7 月 31 日,第 3 版。

位和个人都有保护环境的义务,并有权对污染和破坏环境的单位和个人进行检举和控告。环境质量的好坏,关系所有人的生活和健康,保护环境是公民基本权利的一部分,也是人人应尽的义务,这也是公众健康利益的体现。

第四节　政府在环境与公共健康安全保护中的责任

生命和健康权是人的基本权利。保护本国人民的生命和健康权,是各国政府的基本职责。因为一些认识上的偏差,有些政府把"发展才是硬道理"片面地理解成"经济指标增长才是硬道理",导致了实践中不健康状况的出现。① 我国环境管理机构为我国的生态环境部,下设各职能部门各司其职。然而,我国仅就国家层面设立了专门机构,配置了有限人员,在地方层面既没有专门机构,也没有专门人员,严重影响了环境与健康工作的开展。

依据现代新公共管理理论,政府责任是政府及其公务员因其公权地位和公职身份而对授权者、法律和法规所承担的责任。其责任内容主要为促进社会和谐、弥补市场缺陷、提供公共服务等。政府是全体社会人民的政府,其提供的服务只能出于维护公共利益,不可能兼顾每一个公民的个人利益。所以,在落实相关公共健康政策的时候就必然会侵犯的某些个人的利益,此时可以通过补偿的方式来弥补其受损害的利益,以维护更为重要的全体人民的健康利益。

一、政府关于环境与公共健康安全保护的职责

一般来说,政府的职权是人民赋予的,政府运作的资金是全国的纳税人支持的,因此,政府也就理所应该的为人们作出相应的回报,为全体人民谋利益。当然,人民赋予政府的职权也必须由全体人民进行监督,也即按照正当程序对其作出限制,也要通过人民的幸福指数对政府的服务进行考量。② 面对经济、文化等各方面的国际融合趋势,政府在一国的角色也发生了相应的转变。在当下这样一个民主法制的国际大背景下,政府应在推动经济发展、实现民主政治、密切党群关系、维护政治稳定中扮演好领导者、决策者与人民公仆的角色。因此,面对人们生活质量的提升,人们对公共服务的需求明显增加,这就需要我们的政府由以前的监管型逐步向服务型转变,当前我国政府要改变以往的管理型政府的形象,向公共服务型政府转变,为社会公众提供更好的生活环境。除此之外,我们还要建立

---

① 王文科:《公共健康与政府的治理责任》,载《医学与哲学》2009 年第 9 期。

② 余晖:《什么是公共服务型政府》,载《南方周末》2003 年 7 月 31 日,第 3 版。

一个权威政府,它可以公平分配社会资源,构建良好的公共服务体系,促进社会公民的团结向善,当然,还应该促进全社会人民走向富裕。接受人民群众的监督,树立责任政府形象,成为一个可以让人民信赖的政府。

在汉语中,"责任"有两种解释:第一种解释为一个人或机构应该做的事,也可以称之为职责和义务,如父母的责任等;第二种解释为一个人或机构应该做的事而没有做,或者没有按照法律要求那样做好,所承担的不利后果,如徇私枉法的责任。然而在这里我们所说的政府责任,属于职责和业务的范畴。

政府责任在性质上属于地位责任,该责任的确立是基于宪法和组织法对政府的授权,因此而获得相应的职权,对整个社会的管理权以及明确其行权的目标。政府既享有这样特殊的职权,当然也需要承担与其职权相一致的职责,即权力有多大,当其违反职权后,也要承担相应程度的后果。

资本主义国家的政府被人们称为"守夜警察"。这一称谓充分体现了政府的职权与作用,也就是政府不需要积极主动地为国民谋取利益,反而只需要被动地为国民消除一切可能影响其利益的阻碍。这样既保障了人们可以享有一个安全、健康、舒适的生活环境,也不会过多的干涉居民的生活,政府与国民处于一个良好的状态。但是到了后期,政府与国民的这种状态引发了很多问题,人民的权利太大不受限制,产生了很多权利滥用的事件,在经济领域也多次引发严重性的危机。这就出现了很多的社会矛盾,人们开始发现,赋予国民绝对的自由是不行的,毕竟人类居住的地方不仅只有某一个人,社会的整体利益更加重要。

法律为适应社会的变化由近代的个人主义的权利本位观向现代的团体主义的社会本位观转变。"福利国家"这一概念倡导,国家必须以主动为人民创造利益为目标,面对全社会的人们受到绝对权利主义的侵害,国家就需要为多数人利益而采取办法解决,避免个人主义行为所产生社会问题,确保一个国家的每一个公民都享有平等的自由,以此确保社会公众的利益,并构建法治社会。因此,政府应该承担维护社会稳定与和谐、确保人民享有更充分的权利,以及在人们的任意权利受到侵害时及时进行救济的责任。20世纪五六十年代,世界性的环境公害事件频繁发生,导致很多人死亡。不言而喻,环境问题不是某一个人导致的,反而多数人甚至全人类都可能成为环境污染的引发者。所以,这已经不单单是普通的侵权行为,而是已经上升为国家层面的事情。面对这样的问题,政府充分发挥作用,通过立法授权政府具有保护环境的职责,积极进行环境治理。并且使环保产业成为环保事业开展的有力支撑,并发挥着强有力的作用。但是,环保产业有其自身的局限性,无法吸引更多的群体参与环保实践,也无法保证环保人士具有一定的知识能力。所以,为了解决这一问题,只能由政府出面,作为公众利益的代表,开展维护公共利益的各种活动，推动环保事业的发展。

政府属于我们国家的行政机关，为人民服务是其宗旨，主要体现在：宏观调控、市场监管和公共产品等。一般来说，政府的职权是人民赋予的，政府运作的资金是全国的纳税人支持的，因此，政府也就理所应该的为人们做出相应的回报，为全体人民谋利益。当然，人民赋予政府的职权也必须由全体人民进行监督，也即按照正当程序对其作出限制，也要通过人民的幸福指数对政府的服务进行考量。政府与企业的区别主要表现在：一是企业经营最根本的目的就是盈利，然而政府是社会服务机构，其职权都是人民赋予的，其根本目的必须是维护全社会的利益。二是企业的盈利主要是通过其经营提供的产品向社会提供获取的，然而政府则是通过其所享有的公权力向社会公众征收税费等，获取的资金维持其自身的运作。三是企业本身就属于私主体，其通过自己生产的产品向社会提供的也属于私人产品，[①]政府则是以公共利益的维护为根本目的的，其向社会公众提供的则属于公共物品。而且，政府本身就是一种公共物品，对于它的选择也符合一般公共物品的选择原则。但是实际上政府内部也存在自身利益争端问题，政府作为公权力机关，其如果为了自身利益而损害公共利益，将会对人民群众造成巨大损失，所以，为了更好地保障社会公众的利益，还需要对政府的职权进行制约，通过人民的监督，使促其真正地为社会利益服务。

美国著名经济学家弗里德曼（Milton Friedman）认为，政府的职能主要有四个：保证国家安全、维护司法公正、弥补市场缺陷、保护那些“不能对自己负责”的社会成员。从经济学的角度上讲，市场经济都是以价格的变化实现供需调整的，从而对社会资源进行公平分配。在一般情况下，对价格机制进行调整确实可以实现市场经济的良性发展，但是，价格机制也存在一定的局限性，因而导致“市场失灵”。[②]有学者认为：政府的职能主要有六种：社会稳定、社会服务、社会投资、社会保障、市场管理、经济调控。

政府关于环境与公共健康安全保护的职责包括：

（一）政府制定公共健康安全规划的责任

政府应当把公共健康保护列入国民经济规划中，制订国家环境与健康行动计划。

（二）政府的公共健康安全的立法责任

加强公共健康安全法律、法规的制定，构建一个系统、高效的市场经济大国，

---

① 赵建国：《政府经济学》，东北财经大学出版社2008年版，第2~3页。

② ［美］罗斯·弗里德曼：《自由选择》，胡骑等译，商务印书馆1998年版，第156页。

公共健康安全具有公益性,这就体现了公共健康安全的保护需要政府以及相关法律作为后盾。由于法律具有指引、评价、教育、预测和强制的作用,所以在公共健康安全的发展过程中,公共健康安全法律的颁布具有重要的意义。

(三)政府提供绿色公共物品的责任

政府公共职能论认为环境是一种公共物品,一种公共服务,政府作为国公共物品的管理者和公共服务的提供者,对环境负责是其职能之一。① 政府通过宏观决策、制定和完善公共健康安全评估指标体系、组织提高公共健康安全整体质量、分配公共健康安全资源和作出重大公共健康安全执法决定等手段来保障公共物品的绿色化。

(四)政府不对称的公共健康安全信息消除的责任

信息不对称的基本特征是:有关交易的信息在交易者之间的分布是不对称的,即一方比另一方占有较多的相关信息,处于信息优势地位,而另一方则处于信息的劣势地位。这种信息不对称是普遍存在的。凡是存在市场交易的地方,都不同程度地存在信息不对称问题。政府解决公共健康安全信息不对称问题的方法主要有:政府通过立法强制公司提供充分而真实的信息。政府公共健康信息披露的内容包括政府机构为履行法律规定的公共健康安全职责而取得、保存、利用、和处理的需要为公众所知悉的与公共健康有关的各种信息。

(五)政府预防环境与公共健康安全的责任

环境污染引发的公共健康安全问题,通过政府的宏观调控是可以预防的。因为环境污染问题本身就是人类不合理的开采和利用自然资源,以及无节制地向环境中倾倒废物造成的人祸。只要政府在社会行政管理中引导得当,环境污染问题是可以预防和控制的。如提倡清洁生产,推广生态农业,走循环经济模式等都是很好的措施。环境污染的问题得到有效的控制,必然有益公共健康安全的实现。

(六)政府对环境与公共健康安全的救济责任

政府对公共健康安全的救济范围是非常广的,包括突发性公害危机中发生的紧急损害补偿,以及对灾民进行紧急救助,并为他们创造基本的生存环境,采取各种有效措施,加大财政支持力度,帮助灾民重建家园。给受害者提供紧急救济是保障基本人权和维持政治秩序的需要。我国宪法也有相关规定,国家机关和国家工作人员侵犯公民权利,可以依法获得赔偿。很明显,这一规定实际上是对公权力的制约,可以有效制约国家机关在行使职权过程中滥用权力、肆意妄为,有利于保障公民的基本人权。

---

① 巩固:《政府环境责任理论基础探析》,载《中国地质大学学报》2008 年第 2 期。

从一定角度讲,公共健康就是公共卫生。2003 年,SARS 过后,我国公共卫生在真正意义上受到了关注和重视。当时的卫生部长吴仪明确指出:“公共卫生就是全体人民齐心协力,共同致力于环境卫生水平的提高,培养健康的生活习惯,公共医疗部门应该提供高质量的医疗技术,提高人们的健康水平。所以,为构建一个良好的公共卫生环境,不仅仅依靠政府和社会组织的努力,还需要广大的人民群众也贡献自己的力量。政府在该事业发展中的作用主要是制定法律、法规等,为公共卫生事业的开展提高权威性依据;加强社会宣传,扩大环境公共卫生的影响力,组织全体人民共同抵制任何影响公共卫生的行为或活动;提高公共卫生管理人员的综合水平,提供更高质量的服务。”

二、环境与公共健康专门管理机构的主要职责

专门管理机构的主要任务是负责制定和监督执行环境与公共健康政策、环境健康计划和环境标准,组织协调环境管理,监督环境法规的贯彻执行,指导和推动各省和地方政府的环境保护与公共健康工作,管理其他法定的环境事务。

(一)环境与公共健康管理专门机构的性质

环境与公共健康管理专门机构不是纯粹的政府机构,应当是协调机构,是指为了完成环境与公共健康管理任务而设立的跨部门的长效协调机构。环境与公共健康管理工作涉及多个部门,问题复杂,任务艰巨,仅仅依靠一两个部门的努力不能解决目前环境与公共健康事业发展面临的困难与问题,必须要加强部门之间的沟通和协作,设立环境与公共健康管理专门协调机构。专门管理机构应具有以下特征:

1. 综合性

专门管理机构是一个综合管理部门。享有规划、协调的能力和职权,可以进行环境的综合预防与治理,促进环境保护工作的顺利实施。

2. 权威性

专门管理机构应该享有禁止权。其在实施法律或者履行职权的过程中,应该具有独立的执行权,从而保证执法行为的权威性。

3. 科学性

环境问题的形成往往涉及物理、化学作用,因此对其管理则具有较高的技术性要求,也就必须采取科学的管理措施,从而保证相应的规划更加有效,真正地解决环境问题,有实效地担负起综合、规划、组织、协调、监督、检查的任务。

4. 系统化

建立条块结合,以块为主的管理体制。各地、市、县成立独立的专门管理机

构,负责本地区的环境保护工作,实行以区域管理为主,区域管理与部门管理相结合的双轨管理制。

(二)环境与公共健康管理专门机构的地位

为有效协调不同部门的环境与健康管理工作,需要保证管理机构的独立性,在国家层面,环境与公共健康管理专门机构应当不受国务院组成部门的管辖,才能保证其工作的有效性。建议成立国务院环境与公共健康工作领导小组,负责组织协商和处理环境与公共健康管理工作的重大议题以及协调工作,领导小组组长由国务院有关领导担任,解决卫生部、环保部联合组成的国家环境与公共健康工作领导小组权威性和公信力不足的问题。

(三)环境与公共健康管理专门机构的职能

环境与公共健康管理专门机构负责组织、协商和处理环境与公共健康管理工作的重大议题;协调有关部门之间的工作职责,建立环境与公共健康信息交流和沟通平台,协调解决相关部门争议和冲突;协调建立有关环境与健康管理的各项实施和保障机制;协调建立健康风险评估和预防机制;协调建立健康风险应急机制;监督各相关部门的职责执行情况,确保国家环境与公共健康的战略、任务和政府职责有效实施。

(四)环境与公共健康管理专门机构的组织结构

建议领导小组组长由国务院有关领导担任,生态环境部、国际卫生和计划生育委员会分别为领导小组副组长,其他有关各相关部门的主要领导作为小组成员参与有关工作。同时,领导小组成立办公室,承担日常组织、协调工作,办公室人员由生态环境部、国际卫生和计划生育委员会的人员组成。地方政府可以相应建立环境与健康领导小组。

(五)环境健康损害赔偿责任判定的相关机构设置

现阶段,我国环境污染健康损害赔偿责任的认定程序还不健全,也没有负责该赔偿责任认定的专业机构,使实践中很多案件无法定性,继而可能无法得到一个公平公正的判决,对于人们的环境健康权益的实现具有巨大的阻碍作用。因此,为了得到公正客观的鉴定结果,以实现司法正义,非常有必要完善环境与健康相关机构的职权划分。

1. 建设环境医学监测机构

根据《全国环境监测管理条例》(1983 年),环境监测的任务是,“实时监测环境要素,了解环境质量水平、评估可能存在的风险并预测未来的发展形势;对排污企业进行全面监视,掌握各企业污染物排放的浓度及地点;汇集并总结监测数据,为环境保护工作的实施提供方向,为法律法规的制定提供参考,为科学研究提供资料;加大环境测试相关技术创新,促进环境问题的解决。”基于对公民健康的重视,相关法律规定,可设立专门的环境医学监测组,由环境医学专业人员为受到健康损害的人们定期检查身体,将大气、土壤和水污染等污染要素作为综合考量因素。环境医学监测组主要工作是,对所在地居民进行健康登记,尤其是已经受侵害的居民,必须在相应的时间里追踪回访他们的健康情况,并对其做医学检查,最终将各方面的数据进行汇总,并对环境污染因素或致害因素进行分析,在相应的规定时间内向环境保护总局递交。

2. 建设健康损害医学鉴定机构

应该设立专门的环境污染致健康损害的鉴定机构,对环境污染与健康损害之间的因果关系进行鉴定,并对受害人受损害程度进行鉴定。除此之外,还要汇集并总结鉴定数据,结合监测数据进行研究,尽可能地制定出环境污染与健康损害的因果关系认定标准。

3. 设立健康损害认定专家组

国家环境保护总局可以设立由环境监测、环境医学、环境工程、预防医学专家共同组成的专家组,对环境与健康问题的解决提供科学的指导与建议。专家组的主要工作是针对环境与健康二者的矛盾进行研究,确定致害的因果关系,对受侵害主体的损害程度进行测评,并根据致害程度提出赔偿措施,协助解决环境与健康纠纷。

三、环境与公共健康管理专门机构主要的职责

《国家环境与健康行动计划(2007 – 2015)》把“部门合作,统筹安排”“预防优先,强化监测”作为环境保护和健康保护工作的两项基本原则。明确了环境与健康保护工作既要加强部门工作的协调与配合,还要贯彻预防为主的政策与理念,切实提高监测与防范水平,实现源头控制。环境与公共健康管理专门机构主要的工作应当以环境健康风险防范作为工作的核心,以协调作为主要的工作手段。具体而言,包括:

(一)负责组织、协商和处理环境与公共健康管理工作的重大议题

该工作涉及环境与公共健康领域的指导思想的确定,环境与健康规划、政策的制定,环境健康立法的参与,重点预防和监管项目的确定,部门间环境与健康监管的职责的协调,环境与健康研究项目规划等方面的宏观工作。

(二)协调建立国家环境与公共健康监测、调查机制

预防环境污染对人体健康的损害的前提是要了解和掌握全国环境污染健康损害的整体情况,以及环境污染与健康损害的联系,才能采取有针对性的预防措

施。首先要建立环境污染导致健康损害的调查机制，协调好各个部门的职责以及协作方案，督促各部门的工作，推进环境与公共健康调查工作。环境保护部发布了《国家环境监测"十二五"规划》和《关于加强重金属污染环境监测工作的意见》等规范性文件。截至2011年年底，全国环保系统共有环境监测机构2587个；全国共监测10,984个地表水断面；运行地表水自动监测站950个；全国共监测4346个空气点位。[①] 卫生部门基本建立了覆盖全国县级建制的四级疾病监测网络，但是两者之间缺乏有效的联系。需要通过"环境—健康"的联系，协调建立国家国家环境与公共健康监测体系和环境与公共健康事故调查机制。

（三）协调建立国家环境与公共健康信息公开机制

我国政府正在逐步推进公共信息的公开，2007年国务院公布了《政府信息公开条例》、环境保护总局公布了《环境信息公开办法（试行）》。2013年3月20日通过的《国务院工作规则》明确：国务院及各部门要把公开透明作为政府工作的基本制度；凡涉及公共利益、公众权益、需要广泛知晓的事项和社会关切的事项以及法律和国务院规定需要公开的事项，均应通过政府网站、政府公报、新闻发布会以及报刊、广播、电视、网络等方式，依法、及时、全面、准确、具体地向社会公开。

实践证明，信息公开是推进社会发展的有效措施，也是环境与健康的重要措施之一。信息公开是指政府和各种组织机构向公众公开或开放自己所拥有的信息，使其他组织机构和公众个人可以基于任何正当的理由和采用尽可能简便的方法获得上述信息。环境与健康的信息公开，可以让政府、企业和公众了解情况，提高认识以及防范能力，有利于主动采取措施，加强自我防范，消除或减少环境污染对健康造成的损害。

环境与健康信息公开都非常重要的。《国家环境与健康行动计(2007－2015)》明确了：信息是环境与健康工作的重要基础，充分发挥信息效能，为决策、管理、研究等提供有力支持，需要良好的信息共享和信息管理保障。

但是，目前，生态环保部从全国范围收集环境质量和污染源的监控数据，而卫生与计划生育委员会收集疾病统计数据，有些数据还没有公开，为保证环境与健康信息的公开，需要建立有效的机制。

完善信息公开机制具体而言，需要在以下几个方面加以重视：其一，要及时以公众易于获得和了解的形式发布环境与公共健康信息。其二，为公众参与环境与公共健康管理建立渠道。其三，建立公众诉求回应模式，保障公众建议和异议的权利。

---

① 《2011年中国环境状况公报》。

（四）协调建立有关环境与健康管理的各项实施和保障机制

推进环境与健康管理工作的科技支持体系的完善和发展，推进环境污染导致健康损害的赔偿机制的建立和完善，建立环境与健康管理工作相关的资金机制，建立环境与健康管理、技术人员培训机制，完善环境健康教育体系。

（五）协调建立环境与健康风险评估和预防机制

有效的环境与公共健康管理不仅是要解决已经发生的环境与公共健康问题，更重要的是要通过建立一套环境与健康风险评估和预防机制，防患于未然，避免或减少环境污染可能造成的健康危害。

环境与公共健康预防体系的建立是整个环境与公共健康管理体系建立的核心。建立环境污染健康损害风险评估及预防机制，要把环境污染对人体健康的损害方面的内容纳入环境影响评价，对可能影响人体健康的规划和建设项目活动，要充分地考虑到环境污染对健康损害的预防。具体而言，要重视以下方面：其一，建立环境污染健康损害风险评估办法；其二，还要根据环境污染程度高低水平同人体健康损害之间的响应关系，确定风险标准；其三，根据一个区域环境污染水平的高低和人体生理变化的状况，作出环境污染健康风险水平的预测；其四，及时向当地发出环境污染健康风险警报。

（六）协调建立健康风险应急机制

首先，建立环境与公共健康事故报告制度。环境与公共健康事故报告制度的建立，有利于及时传递信息，从而采取相应措施，保障人民群众的身体健康和生命安全。这项制度应当包括对突发环境污染健康损害事件和潜在的环境污染健康损害预测两方面，明确地方各级卫生、环境保护部门报告的责任、对象、时限、内容、途径和方式。

其次，完善环境与公共健康管理的应急机制，制定突发事件应急处置工作制度及突发事件、重大事件通报机制和环境与公共健康突发事件处置规范。环保与卫生等有关部门密切协作，处理环境与公共健康的突发事件，提高应急处置能力，实现统一应急决策，统一指导指挥，统一资源调动，统一处置行动，力求快速、有效地控制污染，减轻健康危害，及时为受害者提供医疗救治。

（七）建立环境与公共健康管理的公众参与机制

促进和保障公众参与环境与健康工作，关键在两个方面：一方面要提升公众参与的能力，另一方面要增强公众异议权实现的保障。

第五节　公民在保护公共健康安全中的权利与义务

权利，是指公民有权做出一定的行为和要求他人做出相应的行为。义务，是指公民必须做出一定的行为或禁止做出一定的行为。1978年国际初级卫生保健大会上发表的《阿拉木图宣言》指出：健康是一项基本人权，达到尽可能的健康水平，是世界范围内一项重的社会性目标，公共健康作为人群的健康是一项集体人权。[①]《世界人权宣言》第3条规定："人人有权享有生命、自由和人身安全"。2004年3月，我国第十届全国人民代表大会第二次会议通过了宪法修正案，首次将"国家尊重和保障人权"写入《宪法》。健康权作为一项基本人身权利，理应受到世界各国的全面重视。联合国对健康权的定义是"人人享有可能达到的最高标准的身体健康和精神健康的权利。"一个人对健康的进一步要求是，他必须活得有尊严，不被歧视，并尽可能地不被社会边缘化。《经济、社会及文化权利国际公约》(1966年)第12条规定，本公约缔约各国承认人人有权享有能达到的最高的体质和心理健康的标准。为了保障每个人都平等地享有健康权，需要采取以下措施：运用各种有效方法降低婴儿死亡率并提供良好的环境促进他们健康成长；提高各方面的卫生标准和水平；采取防控措施避免各种传染病威胁人类健康；提高医疗水平，扩大医疗范围，确保每个人都平等获得医疗救济。[②] 为了进一步详述以保障上述措施的有效落实，2000年联合国经济、社会、文化权利委员会于针对健康权提出了一些新内容，扩大了健康权应该保护的范围。即健康权还应该涉及卫生保健，以及引发健康问题的相关环境要素，例如，清洁健康的饮用水、良好的卫生状况，无污染的食物，保障人们卫生教育的权利等，这些都严重影响着人们的健康状况，必须极为重视。

我国《民法通则》第98条规定，公民享有生命健康权。健康权是生命健康权的重要组成部分。健康权是人们做任何事的保障，健康受到侵害会严重制约人们对其他权利的行使，因此它是一个人所享有的基础利益。健康权的核心内容就是任何国家的任何人都应该享有基本的健康权益。包括接受最基本的食品和清洁的生活用水，要有遮体的衣物和足以抵御风雨的住房，要有必要的食品卫生、环境卫生、职业卫生等方面的保障，必要时，获得最基本的、合格的预防和治疗方面的服务。健康权与公共健康的关系，实际上是公民个人健康权与公众健康权益的关系问题。

就个人而言，可以采取有利于个人健康的手段，以维护健康权。但是，任何人的权利都不是无限的，而是受到一定限制的，个人权利的行使不得侵害他人利益。所以，个人虽然可以采取措施维护自己的健康，但是不得对他人的利益造成损害，

---

① 史军、王巍：《公共健康保障中的政府责任》，载《河北法学》2010年第1期。

② 《经济、社会及文化权利国际公约》第12条，联合国大会1966年12月16日通过。

否则构成侵权,必须承担法律规定的相应的后果。

权利和义务是同时存在的,任何人都不可能只享有权利而不需承担义务。我们每个人不仅仅是义务的承担主体,更是权利的享有主体,每个人的权利义务都是平等的。我国《宪法》规定:“任何公民享有权利,同时必须履行义务。”权利的实现要求义务的履行,义务的履行要满足权利的实现。

我国公民的健康义务包括以下几点。

1. 控制疾病传播的义务。我国《传染病防治法实施细则》规定:病原携带者故意传播他人、受感染拒绝治疗的应承担法律责任。由此可见,违反或不履行这些义务,公民将受到相应的法律制裁。

2. 对公共健康安全方面的义务:(1)合理注意的义务。该义务是指任何人都应该重视公共健康安全,采取措施防控或避免健康安全事件的产生。很多健康问题都是我们自己造成的,一个不经意的动作、行为,就可能为健康问题的产生埋下隐患。而有些行为所产生后果是能够预见的,对于这些行为,只要我们生活中多加注意,就可以避免产生公共健康问题,这就需要我们每个人齐心协力共同创建健康的公共环境。(2)受管制的义务。该义务是指公民应当遵守和接受行政机关的紧急措施或命令的义务。例如,隔离措施、排污管控等。为了构建有秩序的社会环境,有时需要人们牺牲一部分个人权利,为保护公共利益作出贡献。

第六章　预防性的环境与公共健康安全法律制度建设

第一节　环境与公共健康安全规划法律制度

一、环境与公共健康安全规划法律制度概述

(一)环境与公共健康安全规划法律制度概念

规划是指进行比较全面的长远的发展计划,是对未来整体性、长期性、基本性问题的思考、考量和设计未来整套行动方案。规划是计划的一个种类,但又不同于计划。规划具有长远性、全局性、战略性、方向性、概括性和鼓动性。

环境规划是考虑不同地区的环境质量水平的情况以及该地区的经济水平,在综合评估的基础上规划出该地区未来的环境治理方案,达到预定的环境目标所做的布置和规定,是对不同地域和不同可见尺度的环境保护的未来行动进行规范化的系统筹划,是实现预期环境目标的一种综合性手段。[①] 从动态上讲,环境规划是指制订规划的主体为达到整治和保护环境的目的,确定整治和保护环境的类型、数量及时间、空间分布,并设计为实现目标所需要的措施的行为。从静态上讲,环境规划是指以规划目标和实现目标所需要的措施为内容的、具有一定法律约束力的书面文件。前者是以制定后者为目标的行为和过程,后者是前

① 窦玉珍主编:《环境法学》,中国政法大学南区出版社2002年版,第82页。

者的结果。[①] 环境规划具有一定的公定力、确定力、拘束力和执行力。[②]

环境与公共健康安全规划，是考虑不同地区的环境质量水平的情况以及该地区的经济水平，在综合评估的基础上规划出该地区未来的环境与公共健康安全活动的目标和行动方案。环境与公共健康安全的规划制度，则是调整环境与公共健康安全活动产生的社会关系的同一类法律规范所构成的具有特定功能的有机统一体系。环境与公共健康安全规划制度是环境与公共健康安全工作的制度化和法定化，是通过立法对环境与公共健康安全规划的编制、管理和设施等确立的一套规范体系。

（二）建立中国环境与公共健康安全规划法律制度的立法基础

建立环境与公共健康安全制度有相应的立法基础，即关于环境资源规划制度的规定。我国1979年实施的《环境保护法（试行）》提出了“全面规划，合理布局”的方针，并规定在制定国民经济计划的时候，必须对环境的保护和改善统筹安排；对已经造成的环境污染和其他公害，必须作出规划，有步骤地加以解决。这一规定，在传统的国民经济和社会发展规划中引进环境保护的概念，扩展了发展的概念。[③] 我国1989年《环境保护法》规定，国家制定的环境保护规划必须纳入国民经济和社会发展计划，并把制定和实施环境保护规划确定为县级以上人民政府的职责。我国2014年修订的《环境保护法》将环境保护规划单列一条，作为监督管理一章的第一个条文，凸显了其在环境保护工作中的重要地位。例如，该法第13条规定：“县级以上人民政府应当将环保工作纳入国民经济和社会发展规划。国务院环保主管部门会同有关部门编制国家环保规划，县级以上人民政府环保主管部门会同有关部门，编制本行政区域的环保规划。规划的内容应当包括环境保护的目标和具体措施等，并与主体功能区规划和城乡规划等相衔接”。

我国《大气污染防治法》《水法》《矿产资源法》《海洋环境保护法》《水土保持法》《野生动物保护法》《防沙治沙法》《海域使用管理法》《城乡规划法》《村庄和集镇规划建设管理条例》等单行环境资源法律，分别对有关环境污染防治、生态环境保护规划，自然资源开发、利用、保护和管理的规划，以及海洋功能区划、城乡规划、村镇规划等作了专门规定。

我国环境资源规划制度主要在有关国民经济和社会整体规划、国土规划、环境保护规划和自然资源规划等方面初步成型。

---

① 蔡守秋主编：《环境资源法学》，高等教育出版社2007年版，第160页。

② 张璐：《环境与资源保护法学》，北京大学出版社2010年版，第116～117页。

③ 蔡守秋主编：《环境资源法学》，高等教育出版社2007年版，第161页。

1. 国民经济和社会发展整体规划

国民经济和社会发展整体规划主要是指在国民经济和社会发展规划中相应安排的环境资源规划。我国《环境保护法》规定:“国家制定的环境保护规划必须纳入国民经济和社会发展计划”。在我国传统的国民经济和社会发展规划中相应安排环境资源规划,具有十分重要的意义和作用。首先,它扩大了发展的内涵和范围,在经济指标之外增加了环境质量和资源状况指标,就是既要经济效益,又要社会效益、环境效益。发展不仅要创造物质财富,而且要维护和创造一个良好的生存环境。其次,它维护和健全了发展的基础。要从根本上解决环境资源问题必须要转变发展模式,通过整体规划正确处理环境局部与整体、短期利益与长期利益的关系,正确处理经济、社会发展与保护环境资源、维护生态平衡的关系,做到统筹兼顾、合理安排,实现可持续发展。最后,它为环境资源保护提供了有力保障。环境资源保护作为一项关系全社会的公益事业,需要在全局上采取综合性预防措施,进行宏观调控与保障。编制该规划应遵循以下步骤:国务院各环境资源行政主管部门编制国家环境资源规划建议,报送国家计划行政主管部门,并由该部门编制环境资源规划草案再报国务院,国务院审核同意后报全国人民代表大会通过。

2. 环境保护规划

环境保护规划,是指对一定时期内的环境保护目标以及实现目标的措施和手段所作的总体安排,其目的是在发展的同时,防治环境污染,保护和改善环境,维护生态平衡。环境保护规划是国民经济和社会发展规划的组成部分,其主要内容一般包括环境质量控制、污染物排放控制和治理、自然环境保护和生态建设和其他有关方面的目标、措施与行动方案。我国环境保护法律法规,对环境保护规划的编制、管理与实施进行了一系列的规定,形成环境保护规划制度。《环境保护法》规定:“县级以上人民政府环境保护行政主管部门,应当会同有关部门对管辖范围内的环境状况进行调查和评价,拟定环境保护规划,经计划部门综合平衡后,报同级人民政府批准实施”。1994 年 8 月,国家计划委员会、国家环境保护总局为加强环境保护计划的编制、实施和检查,制定了《环境保护计划管理办法》,对环境保护计划的内容、编制、实施和管理等事项作了具体规定,初步形成了环境保护规划制度。根据《环境保护计划管理办法》,我国环境保护规划的编制程序为:国家环境保护规划按照国家计划行政主管部门的统一部署,各省、自治区、直辖市和计划单列市的计划行政主管部门会同环境保护行政主管部门,根据国家的环境保护要求,结合本地区的实际情况编制本地区环境保护规划草案,报送国家计划行政主管部门,并抄报国务院环境保护行政主管部门。计划单列市的环境保护规划同时抄报省计划行政主管部门和省环境保护行政主管部门。国务院环境保护行政主管部门在对各省、自治区、直辖市和计划单列市环境保护规划草案进行审核的基础上,编制国家环境保护规划建议,报送国家计划行政主管部门,由该部门编制环境保护规划草案并报国务院。地方环境保护规划编制可参照国家环境保护规划编制程序进行。从规划的形式上可以得知,综合性的环境保护规划主要是国家和地方环境保护五年计划;单项的环境保护规划主要有环境污染控制规划、生态保护和建设规划等。环境污染控制规划有国务院批准的《渤海碧海行动计划》(2001 年)、《两控区酸雨和二氧化硫污染防治"十五"计划》(2002 年)、《淮河流域水污染防治"十五"计划》(2003 年)、《全国地下水污染防治规划》(2011 年)等。生态保护建设规划有国务院于 1998 年 11 月 7 日发布的《全国生态环境建设规划》,于 2000 年 11 月 26 日发布的《全国生态环境保护纲要》等。

3. 自然资源规划

自然资源规划,是指根据一个国家或地区自然资源的特点和社会经济发展的需求,对一定时期内的自然资源的开发、利用、保护、恢复和管理所作的总体安排。经批准的自然资源开发利用规划是进行资源开发利用基本依据,是保障资源可持续利用的重要措施。我国现行的主要自然资源法中,基本上都规定了自然资源规划制度。如《土地管理法》(1998 年)规定了土地利用总体规划,《水法》(2002 年)规定了水资源规划,《海域使用管理法》(2001 年)规定了海洋功能区划,《草原法》(2002 年)专章规定了草原保护、建设、利用规划,《矿产资源法》(1996 年)规定了矿产资源飞勘查、开发实行统一规划,《森林法》(1998 年)规定了林业长远规划、植树造林规划等。另外,有关自然资源行政主管部门大都制定了有关规划的编制和管理办法。如水利部通过制定《堤防工作建设计划管理暂行办法》(1999 年)、《水利基本建设投资计划管理暂行办法》(2003 年)、《水利规划及重大专题研究项目投资计划管理办法(试行)》(2000 年),《水利部规划及建设投资管理决策制度(试行)》(2007 年)等对水利规划计划重要事项的决策方式予以制度化、条理化,注重工作程序和决策机制的可操作性,①

---

① 《水利部规划及建设投资管理决策制度(试行)》的主要内容是:一是进一步明确了需由部长办公会决策的规划计划重要事项。对于需报国务院或国家发展改革委审批的全国中长期水利发展规划、全国水资源综合规划、流域防洪规划、全国水中长期供求计划、重要江河流域综合规划以及其他重要规划,需报国家发展改革委审批的中央及地方大型、总投资 2 亿元以上的重点水利建设项目立项审批,总投资超过 1000 万元的部直属单位基础设施建设项目立项审批,中央水利建设年度投资总体安排意见,以及其他有关重大事项,需提交部长办公会研究决策。二是规范了有关公文的司局会签和部领导、总工签发程序。三是完善了规划计划主办司局与相关司局的协调机制。四是提出了规划计划重要事项办理的工作程序等。

水利“十二五”发展规划①等。

二、中国环境与公共健康安全的规划法律制度的构建

(一)在国民经济和社会发展规划中编制环境与公共健康安全规划

由于环境与公共健康安全问题复杂,涉及不同的行政主管部门进行管理。因此,编制该规划的程序应为:国务院各环境资源行政主管部门、卫生部门、发展改革委、教育部、科技部、财政部、国土资源部、建设部、交通部、水利部、农业部、商务部、广电总局、统计局、安全监管总局、国务院法制办、气象局、中医药局等涉及环境与公共健康安全问题的各个部门联合编制其负责编制的国家环境与公共健康安全规划建议,报送国家计划行政主管部门,国家计划行政主管部门根据环境与公共健康安全规划建议编制环境与公共健康安全规划草案,并作为国民经济和社会发展草案的一个组成部分报国务院,由国务院审核同意后报全国人民代表大会通过。

(二)环境保护规划中编制环境与公共健康安全规划

由于环境保护规划是对一定时期内的环境保护目标以及实现目标的措施和手段所作的总体安排,目的是在发展的同时,防治环境污染,保护和改善环境,维护生态平衡,对于环境与公共健康安全具有积极的作用。因此,从这个意义的角度看,环境保护规划,是环境与公共健康安全规划制度的一个重要方面的内容。

为了切实保障公共健康安全,在制度环境保护规划中应当专门编制公共健康安全规划。

(三)专门性的环境与公共健康安全规划

专门性的环境与公共健康安全规划,应当涉及应对公共健康安全问题和可能引起或已经威胁公共健康安全的目标和行动所作出的总体安排。环境与公共健康安全规划,强调的是环境安全及公共健康安全两个方面。专门性环境与公共健康安全规划特点包括:

1. 编制环境与公共健康安全规划的主体具有多元性

包括所有涉及环境与公共健康安全管理的行政主管部门,如国家及各地方环境保护部门、卫生部门、发展改革委、教育部、科技部、财政部、国土资源部、建设

---

① “十二五”期间,围绕水利发展八大目标,我国将着力增强水旱灾害应对与综合防御能力、水资源合理调配与高效利用能力、水生态环境保护与修复能力、科学治水与依法管水能力。这八大目标是:防洪减灾综合体系进一步完善;城乡供水安全保障水平显著提高;农村水利基础设施条件明显改善;水资源利用效率和效益大幅提高;节水型社会建设取得显著进展,水资源高效利用与有效保护体系基本建立;依法治水管水能力不断增强;重点领域和关键环节改革取得突破;行业能力建设取得重要进展。

部、交通部、水利部、农业部、商务部、广电总局、统计局、安全监管总局、国务院法制办、气象局、中医药局等。

2. 环境与公共健康安全规划的内容具有广泛性

各行政主管部门应在自己职责范围内对有关环境安全及公共健康安全问题的内容作详细的规划和部署，同时，各职能部门还应发挥协作精神，针对交叉性的环境与公共健康安全问题作科学合理的统筹安排，甚至需要全球合作的应予积极配合采取合作措施。

3. 编制环境与公共健康安全规划的程序

编制环境与公共健康安全规划的程序应分为一般程序和特别程序。此处的一般程序，是指涉及环境与公共健康安全规划编制的行政主管部门内，专门编制规划的职能部门首先起草特定方面公共健康安全规划草案，经该行政主管部门审核批准后公布实施。特别程序主要是针对一些交叉性的环境与公共健康安全威胁或危险领域，由所有相关的行政主管部门联合出台相应的规划的程序：各主管部门首先针对自己部门的特点各自提出相应的规划建议，所有的主管部门共同根据规划建议编制规划草案报共同的上一级主管部门审核同意后，由该上一级主管部门通过。

4. 编制的环境与公共健康安全的种类

按照不同的标准可以分为不同的类型。从规划的形式上，分为综合性的环境与公共健康安全规划和单项性的环境与公共健康安全规划。从规划编制的程序上，分为一般的环境与公共健康安全规划和联合的环境与公共健康安全规划。

5. 配套政策及其他法律、法规保障措施

环境与公共健康安全的规划制度，所需要国家制定相应的政策及其他法律法规配套保障实施。

第二节　环境与公共健康安全信息公开法律制度

一、环境与公共健康安全信息公开法律制度的内涵

（一）环境与公共健康安全信息

目前，对“环境信息”的定义没有一个标准的、统一的表述。我国有学者认为，环境信息分为制度性信息和管理性信息。其中，制度性信息包括的内容有：(1)与环境保护有关的法律法规；(2)环境政策及其解释；(3)各种环境标准、环境指标；(4)环境行政机关的组织工作程序和执法的依据等资料。管理性信息的内容包括：(1)由政府掌握的区域环境状况的资料、环境及环境要素基本状况。例如，水

资源、大气、森林、土壤的分布、质量状况信息。(2)政府环境行政管理活动信息。例如,环境行政许可、环境影响评价、排污费征收、对环境质量的检查监督等环境信息。(3)环境调查情况报告。(4)政府宏观发展规划、开发建设活动。(5)政府掌握的企业环境治理状况等环境资料。《奥胡斯公约》将环境信息界定为"包括环境、生物多样性的状况和对环境发生或可能发生影响的因子在内的一切信息。"我们这里所研究的"环境信息"采用《奥胡斯公约》中对环境信息的定义。

环境与公共健康安全信息,是指有关环境与公共健康安全方面的信息,包括与公共健康安全有关的环境信息和与环境有关的公共健康安全信息两大类,二者在很多情况下又是相通的。主要包括:各种环境污染信息、环境破坏引发的公共健康安全事故方面的信息、环境治理状况的信息、环境规划信息及政府掌握的各种环境要素状况、环境与公共健康法律法规和政策等。

(二)环境与公共健康安全信息公开制度

信息公开也称情报公开、情报自由或信息自由。[①] 它是指个人或团体有权知悉并取得政府文件的活动。信息公开制度是一种承认公民对国家拥有的信息有公开请求权,国家对这种信息公开的请求有回答义务的制度。广义上的信息公开,包含了国家行政机关向公民能动地提供信息和接受公民请求被动地提供信息两方面。作为一种法律制度,信息公开制度规定了行政机关进行特定信息提供的义务和公民的信息公开的请求权利。其中最为核心的就是,任何人都有权请求公开一切行政机关所拥有的信息,而不论与请求信息的利害关系或者信息的使用目的如何。信息公开制度是保障公民知情权和对知情权[②]加以必要限制而组成的法律制度。

信息公开制度主要包括以下几方面的要素:(1)公开主体。即实施机关,通常指公共机构。(2)公开方式。狭义上为公众征询,广义上为公众征询或实施机关提供。(3)公开的对象。通常是公众,可以是个人,也可以是团体。(4)公开的内容。一般多采取概括、列举加排除的方式加以规定。(5)公开的程序。包括实施机关主动公布方法、申请及决定的程序、有关期限、手续费标准、实施机关的自由裁量权限等。(6)救济。根据救济提起的申请人来分,有请求公开的救济和反对公开的救济;依救济的方式来分,有行政救济和司法救济。

环境与公共健康安全信息公开制度是信息公开制度的一个方面,就是指掌握环境与公共健康安全信息的部门和企业将获取的有关环境与公共健康安全方面

① 周卫:《环境信息公开及其制度化阐释》,载《云梦学刊》2001年第2期。

② 这里的知情权是指个人或组织有权知悉并取得行政机关的档案资料和其他信息的权利。

的涉及其他公民、法人或者其他组织切身利益的信息，通过政府公报、政府网站、新闻发布会以及报刊、广播、电视等便于公众知晓的方式公开，定期地让公众知晓的一种法律制度。环境与公共健康安全信息公开是社会公众知情权的重要体现，是社会公众监督环境及公共健康主管部门依法行政、严格执法的重要途径，也是社会公众监督企业严格遵守环境保护和公共健康法律、依法排污的重要方式。从公开的主体上看，包括政府环境与公共健康安全信息公开和企业环境与公共健康安全信息公开。从公开的方式来看，也可以分为主动公开和被动公开。

二、国外环境与公共健康安全信息公开法律制度评介

（一）《世界卫生报告》关于环境与公共健康安全信息公开

2007 年《世界卫生报告》的最后肯定了世界各国对公共卫生安全所作出的努力，对未来的工作方向提出了一些建议，主要体现在应该进一步加强国际协作以及扩大信息公开的范围①两个方面。

这些规定至少包含如下几层含义：

第一，环境与公共健康安全信息作为世界所有国家政府事务的组成部分进行公开，是政府的一项责任和义务。

第二，全球环境与公共健康安全信息公开需要很多机构、组织等力量的协作。环境与公共健康安全信息公开，不仅需要国家和政府承担责任，而且需要联合国机构、企业和组织、媒体及民间社会等多方力量的合作，国家政府内各部门之间的协作等。

第三，各国、各组织的环境与公共健康安全信息公开的内容范围广泛，包括所涉的知识、技术及物质资源等基础性的资源信息也应进行共享。

第四，环境与公共健康安全信息公开的目的，重在预防环境与公共健康安全

---

① 2007 年《世界卫生报告》关于环境信息公开化的内容主要包括：(1)所有国家全面实施《国际卫生条例(2005)》。对国家和全球公共卫生的保护必须在政府事务中具有透明度，必须将其作为一个交叉问题并且成为经济和社会政策和系统中的一个重要组成部分。(2)政府、联合国机构、私立部门企业和组织、专业协会、学术机构、媒体及民间社会之间在监测、疫情警报和反应方面的全球合作，尤其以根除脊髓灰质炎为基础，以此来建立一个高效、全面的监测和应对基础设施。(3)公开分享知识、技术和物质资源，包括使全球公共卫生安全达到最高水平所必需的病毒及其他实验室样本。如果疫苗、治疗方案、设施和诊断方法仅由富有者享有，那么这场全球公共卫生安全的战争将以失败告终。(4)全球对所有国家公共卫生基础设施内能力建设的责任。必须加强国家系统，在国际和国家级有效地预见和预测风险并制定有效准备的战略。(5)政府各部门间的通力合作。保护全球公共卫生安全需要依靠卫生、农业、贸易和旅游等各部门之间的信任和合作。为此，必须培养了解公共卫生安全和这些部门间复杂关系的能力，并在符合这一关系的最大利益的前提下采取行动。(6)增加全球和国家资源用于培训公共卫生人员、提高监测水平、建设和增强实验室能力、支持反应网络以及继续和推进疾病预防工作。

风险。因此,所有国家都应在国际和国家级环境与公共健康安全基础设施建设上制定有效的战略、提高应对能力。

第五,环境与公共健康安全信息公开的方式及途径应多样化、现代化、持续化。这为构建我国的环境与公共健康安全信息公开制度提供了具有指导性、可行性的建议。

(二)欧盟环境与公共健康安全信息公开

针对环境信息公开,欧盟的立法体系已经很完备了,其不仅具有概括性的条款,同时还具有详细的具体规定,不仅如此,欧盟各成员国按照指导思想也都完善了本国法律,对环境信息公开问题的解决起到了基本保障,如德国在 1994 年制定了《环境信息法》,规定环境信息公开。1965 年在布鲁塞尔签订的《合并条约》明确规定了各国有发布相关信息的共同义务,这是欧盟针对环境信息公开的第一个概括性条约。欧盟关于环境与公共健康安全信息公开的立法主要有:

1990 年欧共体通过了《自由获取环境信息的 90/313 号指令》,规定了公众享有"平等的和定时的"获取环境信息的权利;1991 年欧共体通过了各成员国报告环境信息的 91/692 号指令,规定各成员每年报告其饮用水和空气质量状况;1998 年 6 月 25 日 25 个国家和欧洲共同体在奥胡斯签署了《奥胡斯公约》。

欧盟的《关于自由获取环境信息的指令》及《关于在环境事务中获取信息、公众参与决策和获取司法救济的公约》与其他国家法律相比,这二者尤其是后者扩充了环境信息披露的内涵,对信息披露内容作出了比较宽泛的界定,对于我国的环境信息披露具有重要的参考价值。《关于自由获取环境信息的指令》将"有关环境的信息"定义为任何以书面、视听、口头、数据库形式存在的关于下列事项的可获得的信息:水、空气、土壤、野生动植物、土地与天然地的状况,对这些环境要素产生或可能产生不利影响的活动或措施,拟订用于保护这些环境要素的活动或措施,包括行政措施和环境管理规划。同时规定,如果可能影响下列情形,成员国能够拒绝申请:关于国家秘密和国防状况的信息;可能危及或者不利于公共安全的信息;商业和工业秘密;个人资料或档案;没有义务提供资料的人提供的;可能会使环境遭受损害的信息。除此之外,如果申请的信息包含尚未完成的文件或内部通信,或表述的不清晰等,这些都是能够拒绝申请的情形。《关于在环境事务中获取信息、公众参与决策和获取司法救济的公约》认为环境信息是指以书面、口头、电子等形式存在的下列信息:大气、水、土壤等环境要素之间的相互作用;可能影响上述环境要素的物质、能量等因素,包括行政措施、政策、立法等在内的措施;通过这些环境要素产生的影响人类健康和安全等。如果可能影响下列情形,公共部门可以拒绝申请:国家秘密和国防状况等信息;审判过程,某一个人接受公正审判的能力等;商业和工业秘密等;知识产权;自然人不同意披露的个人资料;没有义务提供资料的人提供的资料等。可以看出,欧共体对于环境信息内容的界定是比较宽泛的,这样无疑也对环境信息披露者的披露行为提出了更高的要求。

2000 年欧洲委员会根据 96/61EC 指令通过了“关于实行欧洲污染物排放登记制度的决定”,主要规定了成员国应该设立监测系统,对本国境内的环境污染情况进行全方位监测,并将监测数据进行汇总分析,最终提交到欧洲委员会,以这种手段实现对各成员国的环境污染状况进行登记、如《化学物评估、登记、许可和限制条例》中就规定了很多化学物监测与登记的内容。

综上所述,欧盟的环境与公共健康安全信息公开的特点可以概括为:

(1)欧盟随着经济的发展,环境信息公开的范围也在扩大,环境信息内容具有范围越来越广,规定越来越细致的趋势。

(2)环境信息内容明确具体。欧盟相关指令不但明确界定了环境信息的定义,还明确规定了可以不公开的情况。所以针对环境信息一般都是应该公开的,尤其是关系到人们身心健康的信息,但是依然存在一些信息关系到公共利益,一旦公开就会对多数人产生不利影响,因此这样的情况是可以不公开的,但是这样的情况限定于法律明确规定的情况,包括国家安全、国家机密、商业秘密和个人隐私方面。但是近些年例外情形也受到了限制,适用范围变小,适用要求更为严格,即当有关部门拒绝公开申请时,需要更为严格、规范的说明方式,以及更有说服力的理由。

(3)新指令提供了很多其他的救济渠道,即在社会公众申请公开的行为被拒绝,或者没有得到充分的满足,可以向法院提起诉讼,也可以像行政机关提起复议,多种救济方式使政府工作更有效率,更加亲民、利民和便民;不仅规定了国家环境与公共健康安全信息公开,而且规定了公众请求环境与公共健康安全信息公开的要求得不到满足时的有效救济。

(4)新指令还明确了很多监管方式,督促各成员国积极履行相应的国家义务。

(5)注重保护公民环境知情权,在立法上予以有力支持和明确规定。

(6)政府责任明确,具有环境保护功能的公共机构都有义务向公众提供环境信息。

这些规范,为我国环境与公共健康安全信息公开制度的构建有一定的借鉴意义。

(三)美国的环境与公共健康安全信息公开制度

美国的环境与公共健康安全信息公开制度在 20 世纪 70 年代就非常完备了,这与其前期的工业发展是分不开的,当然,经济发展必然会引发环境污染问题。

所以20世纪70年代时,美国已经历过严重的环境侵害,逐渐走向环境治理,所以遭受过环境侵害的美国公民自然就增强了环保意识;美国的信息开发技术处于世界领先水平,为信息公开提供了更为便利的条件;美国属于英美法系的法律体系,起步早,各方面的诉讼制度都已经相对完备等。各方面的因素都使该制度的成功落实成为必然。

美国在一些主要的环境立法中都规定了向社会公众公开环境与公共健康安全信息的条款。如《应急计划和社区知情权》中明确规定对公众的知情权加以保护。美国1975年颁布的《国家能源政策和能源储备法案》要求家电生产上必须在产品标签上注明该产品的能源使用效率以及一年内需要消耗的能量,而汽车生产商必须在标签上注明该车辆的燃油效率。美国1986年颁布的《应急规划和公众知情权法案》建立了有毒物质名录制度,要求企业必须向应急规划编制机构报告自己使用、贮存、排放有毒有害化学品的情况。收集这些信息,能够为应急规划的编制和实施提供依据,同时也增加了企业排污行为的透明度,迫使企业改善自己的排污行为。美国法律规定环境与公共健康安全信息公开的范围主要包括:环境保护与公共健康安全事项;与该事项有关的可能支出和负债;环境保护与公共健康安全法律研究;涉及环境与公共健康安全的法律程序;涉及环境保护与公共健康安全的公司产品;与环境保护与公共健康安全法规有关的债务状况。除此之外,法律还规定了一些例外情况,如保密文件、商业秘密、政府的内部联系、个人隐私等事项。

由此可见,美国的环境与公共健康安全信息公开制度,有明确的法律进行规范,不仅规定了公众的环境与公共健康安全信息的请求权,同时规定了政府及企业等主体的环境与公共健康安全信息公开的法律义务,并将环境与公共健康安全信息公开的范围及例外情形予以规定,具有较强的可操作性和实践指导作用。为我国构建环境与公共健康安全信息公开制度提供了一定的借鉴意义。

三、完善中国环境与公共健康安全信息公开法律制度的必要性

(一)保障公众及时参与管理国家环境与公共健康安全事务

我国《宪法》规定:"中华人民共和国的一切权利属于人民。"这就意味着人民才是国家权力的所有者。但是如何来保障人民都有便利的条件去行使这样的权利,如何真正地将这句话贯彻落实,人民作为一个国家的普通民众,行使权利的最基本前提应该是国家让人民知道其有哪些权利,并将人们可以行使权利的事项向社会公示,这也是人民行使知情权的需要,而且知情权是其他权利行使的基础权利。

使公众及时知晓环境事件,是保障公众健康安全的重要途径。近年来,环境事件频发,如湖南省浏阳市镉中毒事件、陕西省凤翔县儿童"血铅超标"事件、内蒙古赤峰市自来水污染事件、张海超开胸验肺事件、"铅都"河南济源再现血铅之痛、江苏盐城水源被污染,20万人饮水受影响事件等。[①] 这些危害公共健康安全事件给我们的教训是应及时掌握环境信息,以免加重危害后果。因此,及时公开环境健康安全信息,对于预防危害公共健康安全事件发生,保障公民健康权利具有重要的意义。

(二)有效地监督政府环境责任和企业环境责任的履行

环境与公共安全信息公开,以这样的方式让社会公众了解环境信息,也可以知道环境问题的重要性,促使他们提升环保意识。同时增强了信息的透明度,有利于社会公众对行政机关行使公权力进行监督,人民群众能够充分了解环境状况,为人民群众进行有效的监督提供了制度上的保证。

(三)最大限度地实现信息资源共享

环境信息公开对于人们行使权利具有重大意义,其不仅可以使人们更便捷、更公平的获取各方面的信息,在此基础上充分行使自己的权利,还可以有效地避免因为信息不公开或者获取难度大等问题引发社会问题,避免环境与公共健康安全事故的发生,节约社会成本。同时,制定环境与公共健康安全信息公开法规,将信息公开的职责交给相关部门,则其必须依照法律规定向社会公众公示,而且,社会公众也能够按照法律规定要求相关部门履行职责。这可以很好地促使资源共享,满足人们的需求,为其权利行使提供便捷的条件。

(四)保障公众生命健康权利的最佳途径

纵观我国现行法律,涉及环境信息公开制度的法律法规主要有:我国《环境保护法》规定,国务院和省、自治区、直辖市人民政府的环境保护行政主管部门,应当定期发布环境状况公报;《海洋环境保护法》(1999年)规定,国务院有关部门应当向国务院环境保护行政主管部门提供编制全国环境质量公报所需要的海洋环境监测资料,环境保护行政主管部门应当向有关部门提供与海洋环境监督管理有关的资料。《大气污染防治法》(2000年)明确针对大、中城市作了相应的义务性规定,这些城市的环保主管部门必须按照法律规定的时间公开该地区的大气质量数据,加强环境监测系统的构建与完善,针对可能出现的紧急性、恶劣性天气设立预警制度,做好防范工作。公告的内容包括该区域大污染所呈现的特征,该区域都

① 吕忠梅:《环境法学研究的转身——以环境与健康问题调查为例》,载《中国地质大学学报》(社会科学版)2010年第4期。

有哪些污染物,该区域大气污染程度以及政府采取了哪些措施应对,取得了怎么样的效果等内容。《水法》规定,基本水文资料应当按照国家有关规定予以公开。《水土保持法》规定,国务院水环境行政主管部门对全国水土流失动态进行检测预报,并予以公开。《土地管理法》规定,国家建立全国土地管理信息系统,对土地利用状况进行动态检测。《清洁生产促进法》规定:省、自治区、直辖市人民政府环境保护行政主管部门,能够根据本区域内环境状况对清洁生产的需求程度、该区域内污染物数量、浓度以及该区域对经济发展的需要,制定符合要求的排放标准,并且,需要同时发政府公报、刊登报纸,以及新闻媒体等其他方式将该标准向社会公告。除此之外,为了更好地监管企业严重排污行为,如果企业严重排污,监管部门可以将该企业的信息状况、法人信息向社会公示,以名誉罚的手段更好的督促企业在生产的过程中充分考虑环境保护;对于这些企业,在公示期间,他们还需要将其排污状况向社会公开,以实现社会公众对该企业的监督,促进其积极履行环保义务。《环境信息公开办法(试行)》对我国环境信息公开的范围、方式、程序以及监督和责任作了详细的规定,推进和规范了环境保护行政主管部门以及企业公开环境信息,维护了公民、法人和其他组织获取环境信息的权益。这些规范都为构建环境与公共健康安全信息公开制度奠定了制度基础,为环境与公共健康安全信息公开制度的建立起到指导性的作用。环境与公共健康安全信息公开制度的法定化是保障公共生命健康权利的有力工具。

四、完善中国环境与公共健康安全信息公开法律制度的建议

(一)建立环境与公共健康安全信息公开制度的基本原则

1. 遵循准确、及时、一致的原则

所谓准确,就是指所要公开的环境信息一定要与其实际情况相符合,不能随意夸大或缩小其影响。及时,就是突出其信息公开的时效性,信息公开的目的是让公众了解其最新的环境状况,然后针对近期出现的问题提出一些改进措施,如果信息公开丧失其时效性,则信息公开的目的就实现不了。所谓一致原则,就是指环境与公共健康安全信息涉及两个以上行政机关的,其中任何一个行政机关公开该信息前,应当与所涉及的其他行政机关进行沟通、协调、确认,保证公开的环境信息及时、准确、一致。

2. 提高办事效率,提供优质服务的原则

环境问题一般都对公共健康带来一定的危害,所以环境问题的处理一定要及时,以避免造成对人们损害的扩大。所以环境与公共健康安全信息公开制度的目的就是提高有关职能部门处理环境问题的效率。此外,笔者认为,环境与公共健

康安全信息公开制度的实施就是为了确保公民知情权的实现，有关职能部门公布环境信息实质上是为人民服务，所以信息公布机关一定要为环境信息的获取者提供客观的信息，提供优质服务。因此，笔者认为提高办事效率，提供优质服务也不失为环境与公共健康安全信息公开制度的原则。

3. 遵循公平、便民的原则

所谓公平，是指按照一定的社会标准（法律、道德、政策等）、正当的秩序合理地待人处事，是制度、系统、重要活动的重要道德品质。公平包含公民参与经济、政治和社会其他生活的机会公平、过程公平和结果分配公平。这里所说的公平就是指人们在获取环境信息上享有平等的权利，每个人都有权获取有关职能部门公布的各种环境信息。

所谓便民就是方便民众，便利生活。其含义是，给普通老百姓提供一个全方位的自主空间，让他们寻找与发布对自己有利的信息。

（二）中国环境与公共健康安全信息公开制度的内容

1. 环境与公共健康安全信息公开的主体

主体，即当事人。我国环境与公共健康安全信息披露的当事人，包括环境与公共健康安全信息公开的权利主体和义务主体。

环境与公共健康安全信息公开的义务主体，在我国主要就是依法公开环境与公共健康安全信息的所有政府及其职能部门和企业。环境信息公开主体涉及政府、企业以及公民三方。在不同领域他们所获得的信息是不对称的。公民作为环境信息获知的弱势一方，是环境信息的天然接受者和相对方。关于环境信息披露制度的主体，狭义的观点认为环境信息披露的主体仅限于政府。笔者认为，除政府之外，企业也同时承担着环境保护义务，其生产行为对于环境及公众的环境利益造成直接影响，亦应成为环境信息披露的主体。近年来，越来越多的人将环境要素视为一种“公共产品”，因为我们每个人所处的环境，使用的水源、呼吸的空气都不是我们个人的，而是属于大家的，属于集体的。当然，一旦环境受到污染，受侵害的也是整个集体，大家有着共同利益，也承担着共同的风险。因此，社会公众对于这些与身心密切相关的环境信息，应该享有知情权。政府作为监管者，易获取监管对象的监管数据，为社会公众提供公开服务并不是难事；企业作为污染者，理应公开其信息，接受政府和公众的监督，以保障公民的知情权。① 所以，政府是污染企业的监管者，又是社会公民的服务者，理应对其掌握的信息进行公开。企业一方面作为民事主体需要获取环境信息，另一方面作为环境的直接影响者、环

① 李艳芳：《论公众参与环境影响评价中的信息公开制度》，载《江海学刊》2004 年第 4 期。

境污染和保护的行为人,也是环境信息披露的主体,具有特殊的地位。而环境与公共健康安全信息的公众性,更是要求义务主体向所有公众公开,确保环境与公共健康的安全。

2. 环境与公共健康安全信息公开的对象

环境与公共健康安全信息公开的对象,即环境与公共健康安全信息公开的范围,具体是指环境与公共健康安全信息公开义务主体应当向环境与公共健康安全信息公开的权利主体公开哪些环境与公共健康安全信息。

首先,在我国,环境与公共健康安全信息公开的内容应当法定。第一,我国坚持依法治国,所有的社会活动都应遵循法律规范。环境与公共健康安全信息公开也不例外。第二,根据国际国外关于环境与公共健康安全信息公开的规定研究,他们对于环境与公共健康安全公开都有明确的法律规定,甚至制定了专门的法律、法规和实施办法来规范环境与公共健康安全信息公开行为。即便有的国家从法律上没有强制环境与公共健康安全信息公开义务主体必须公开环境与公共健康安全信息,但为环境与公共健康安全信息公开的内容提供了规范的模板,使环境与公共健康安全信息公开的内容具有全面性、明确性和可比性。[①] 第三,我国建立了较为完善的环境与公共健康安全信息公开法律制度构架,即以《环境保护法》为核心,以《环境信息公开办法(试行)》为具体规范的环境信息公开的基本框架,为规范环境与公共健康安全信息公开的提供了制度上的有利条件。在环境信息公开制度的基础上,将公共健康安全信息的公开作为环境信息公开内容的添补,完善环境与公共健康安全信息公开法律制度。此外,我国环境与公共健康安全信息公开存在问题,对于司法实践的指导及守法主体和社会公众利益的保护都带来诸多不便,如环境与公共健康安全信息公开的主体范围不够拓展(只有国务院和省一级政府的环境主管部门才有义务定期公开环境信息),公开的内容不明确,[②] 公开的形式仅限于单向性且缺乏公众参与等。因此,我国迫切需要结束环境与公共健康安全信息公开的无序和随意性的状况,通过法律文件明确环境与公共健康安全信息公开的主体、内容、方式及程序等,建立完善环境与公共健康安全信息公

---

① 例如,美国提供了环境信息公开内容的4个格式,供公司选择。日本仅2000年一年发布了4个法律文件,对公司环境信息公开的内容进行指导。韩国1996年的《会计准则》增加新的条款,建议企业公开环境信息的相关内容等。

② 《办法》第12条第3款规定了政府环境信息公开的例外。即"环保部门不得公开涉及国家秘密、商业秘密、个人隐私的政府环境信息。但是经权利人同意或者环保部门认为不公开可能对公共利益造成重大影响的涉及商业秘密、个人隐私的政府环境信息,可以予以公开。"根据《办法》规定,环保部门对政府环境信息不能确定是否可以公开时,可以报有关主管部门或同级保密工作部门确定。但是这个确定部门是否公正、权威,也值得怀疑。

开法律制度。

其次,环境与公共健康安全信息公开的对象内容是环境与公共健康安全信息,而不局限于环境信息。从国际国外研究环境与公共健康安全信息公开的情况看,所要求公开的环境与公共健康安全信息主要包括:环境与公共健康安全事项、与环境与公共健康安全事项有关的可能支出和负债、环境与公共健康法规和法律程序、环境与公共健康安全法律研究、涉及环境保护与公共健康安全的公司产品、与环境保护与公共健康安全法规有关的支出和债务情况等。另外,有些国家在一些法律中还规定了环境与公共健康安全信息公开的例外,如保密文件、商业秘密与商业财务信息、政府的内部联系、个人隐私等事项。我国环境与公共健康安全信息公开的范围,包括环境保护与公共健康安全事项,与该事项有关的可能支出和负债,环境保护与公共健康安全法律研究,涉及环境与公共健康安全的法律程序,涉及环境保护与公共健康安全的各种产品、与环境保护与公共健康安全法规有关的政府及企业支出和债务情况等。除此之外,我国的环境与公共健康安全信息公开还应根据本国的发展需要,根据环境与公共健康安全信息的社会有效性适时作出对环境与公共健康安全信息调整,以保证公众能得到充分的环境与公共健康安全信息,并据此理性避免风险,保障环境和社会公众安全。

3. 环境与公共健康安全信息公开的方式

环境与公共健康安全信息公开的方式有自愿公开和强制公开两种。自愿公开是政府及企业等所有掌握环境与公共健康安全信息的主体根据自身利益和价值取向,向外界公众主动进行环境与公共健康安全信息公开。强制公开是由国家立法机关和政府职能部门通过制定环境与公共健康安全信息公开法律、法规及规范性文件,要求掌握环境与公共健康安全信息的主体按照统一标准进行环境与公共健康安全信息公开。我国当前的环境与公共健康安全信息公开应当以强制公开为主,以自愿公开为辅。

首先,环境与公共健康安全信息强制公开主要是严格遵守"依法办事"的原则。对于环境与公共健康安全信息实施强制公开,一是由于环境与公共健康安全信息的对于国家、社会、环境及公众的安全具有十分重要的作用;二是我国当前社会实践中对环境与公共健康安全信息公开的重视度不够,需要有法律法规对环境与公共健康安全信息公开予以强制性规范这样的过程。

其次,环境与公共健康安全信息的自愿公开对于企业这一社会主体是市场经济发展的内在要求。成熟的市场上的环境与公共健康安全信息的公开包括自愿公开与强制公开两方面。我国的市场建立起步晚,缺乏自治经验,采取了在政府权力的影响和支配下开设与运作的管理方式,其基本特点是重视政府的管制。表现在信息公开方面，则是强制公开是市场的主旋律，自愿公开的规定几乎是空白。但是，强制性信息公开并不能保证中国市场的健康有序发展。所以，自愿公开环境与公共健康安全信息是进一步改善市场信息有效性的重要手段。

再次，自愿性环境与公共健康安全信息公开是阳光政府建设和企业可持续发展的需求。一方面，环境保护和公共健康安全问题已引起公众的广泛重视，要求政府政务公开，企业减少污染，公开环境与公共健康安全信息的呼声越来越高。在此背景下，通过自愿性环境与公共健康安全信息的公开，有利于主动加强与维护公众的沟通和利益保护，满足公众的需要。另一方面，我国出台了《政府信息公开条例》，政府对于涉及公众切身利益的环境与公共健康安全信息进行公开，是法律的必然要求。在市场经济中，随着资本市场的扩大，各类企业的竞争越来越激烈。很多企业通过自愿性环境与公共健康安全信息披露突出其竞争优势，展示良好的企业形象，提高了对公众的信誉度，履行了其可持续发展的社会责任。

最后，需要注意的是，自愿性环境与公共健康安全信息的公开不等于随意公开。法律应当对涉及国家秘密、商业秘密和个人隐私等内容的环境与公共健康安全信息作禁止性规定。另外，强制公开与自愿公开的区别在于信息公开是否是有关掌握环境与公共健康安全信息的主体的法定义务，而非公开的形式与内容。值得强调的是，自愿披露与强制披露并不是绝对的。自愿公开的信息同样可能是由强制公开所诱致或者是对强制公开信息的必要补充。

4. 环境与公共健康安全信息公开的渠道

环境与公共健康安全信息公开的途径和渠道需要多元化。除网络媒体之外，德国还借助电视、广播、报纸以及在人流密集处设置电子公告板的形式向公众发布大气质量信息，使其成为和气象信息一样普通的日常信息。而目前我国环境与公共健康安全信息公开主要依赖网络，通过其他媒体公开的情况还比较少见。[①]这导致公民在无法获取网络信息或者网络遭遇瘫痪时，便失去了对信息的把握。因此，有关部门在立法时应当考虑将环境与公共健康安全信息渠道的多元化纳入法律规制的范畴。当前，环境与公共健康安全信息公开的渠道主要应当有：政府公报、环境及公共健康类期刊报刊、综合类杂志的环境及公共健康专栏、学术会议、企业的管理制度、企业生产的产品说明、广播、电视、网络等。在现代社会，网络的发展非常迅速，其所带来的社会效应也非常大。对于环境与公共健康安全信息公开，充分发挥现代网络的优势，同时重视其他媒体，使环境与公共健康安全信

① 高仰光：《透明度源于多元化——德国大气质量信息公开的立法与实践》，载《环境保护》2010年第13期。

息成为公众的日常信息，真正为社会公众服务。

第三节　环境与公共健康安全的评估法律制度

一、环境与公共健康安全的评估法律制度的概念

公共健康安全的评估，就是指公众躯体、精神和社会适应能力的良好状态的预测与评价。环境与公共健康安全的评估制度，是指规范有关环境良好及公众躯体、精神、社会适应能力良好状态的预测与评价活动的一系列法律规定的总称。

环境与公共健康安全的评估制度，是环境与公共健康安全评估活动的法定化、制度化。它是贯彻环境法“预防为主”原则，防止新的环境与公共健康安全隐患和事故发生的一项重要法律制度，对于实施可持续发展战略，预防因人为活动实施后对环境及公共健康安全造成不良影响，促进社会、环境和人类协调发展，有着十分重要的意义。

环境污染健康影响评价是对环境污染对健康造成影响的评价。它是一个有着比较系统的评价方法和程序，并正趋于逐步完善，得到国际公认的科学评价体系。

环境问题的复合性的特点导致环境健康问题也是具有复杂性和多样性；环境健康损害的原因、性质、大小、程度及其影响范围的认定具有较强的专业性和技术性，需要建立专门的环境污染健康危害风险评估制度。

公共健康安全就是公众的一种健康状态，是躯体、精神和社会适应能力的良好状态，这种状态是客观存在，可以用客观的指标对健康状况进行测量。公共健康状态是动态的，可以通过个人和集体努力、社会的适当干预，使个人或者人群的健康状况进一步提升，达到更高的健康水平。公共健康安全的评估，就是指通过采取法定的程序和方法对公众躯体、精神和社会适应能力的良好状态进行分析预测、评价和反应行动等科学合理的量化评估的过程。

环境与公共健康安全的评估制度是指对有关环境良好及公众躯体、精神、社会适应能力良好状态的预测与评价活动的一系列法律规定的总称。主要是规范有关环境良好及公众躯体、精神、社会适应能力良好状态的预测与评价的一系列活动，也就环境与公共健康安全评估活动的法定化、制度化。环境与公共健康安全的评估制度是环境保护的特别法律制度，为了实现环境与资源保护立法中现有法律目标而确立的具有特殊性和针对性的法律措施和方法的总称。① 环境与健康

① 汪劲：《环境法学》，北京大学出版社2006年版，第187页。

安全评估制度应当是一个比较系统的评价方法和程序,并正趋于逐步完善,得到国际公认的科学评价体系。环境与公共健康指标(Environmental and Public Health Indicators,EHIs)是环境与公共健康安全评估的重要衡量指标,也就是表达环境与健康之间的相互关系,包括了衡量环境与公共健康安全良好状态的单位和方法;环境与公共健康安全预期中的指标、规格、标准,数据等。一般包括污染源评价指标、环境污染公共健康安全评价指标、环境污染健康损害经济损失评价指标三个部分。

环境与健康安全评估制度的类型按照时间阶段划分可分为,为事前评估、事中评估和事后评估。事前评估也可以称为预防性环境与健康安全评估制度。事中的评估也就是长时间环境污染物排放对公健康安全影响的评估制度。事后评估也就是因突发性环境事件引起的对公共健康安全造成影响的评估。突发环境事件应急处置阶段污染损害评估,是指对突发环境事件应急处置期间造成的直接经济损失进行量化,评估其损害数额的活动。直接经济损失包括人身损害、财产损害、应急处置费用以及应急处置阶段可以确定的其他直接经济损失。[①] 污染损害评估所依据的环境监测报告及其他书证、物证、视听资料、当事人陈述、鉴定意见、调查笔录、调查表等有关材料应当符合相关规定。[②]

环境与健康安全评估制度既是贯彻环境法"预防为主"原则,预防新的环境与公共健康安全隐患和事故发生的一项重要法律制度,也是及时、公正解决基于环境污染导致公众健康安全损害纠纷案件的一项重要环境保护法律制度。建立环境与公共健康安全评估法律秩序,对于实施可持续发展战略,预防因人为活动实施后对环境及公共健康安全造成不良影响,弥补公众因污染损害带来的损失,促进社会、环境和人类协调发展,有着十分重要的意义。

二、中国环境与公共健康安全评估的法律规制现状

我国卫生部于 2001 年 6 月发布了《环境污染健康影响评价规范》。这使科学、正确、公正地评价环境污染对人群健康的损害和环境污染的健康影响事件,维护人民大众健康权益,解决排污单位和受污染人群的争议和纠纷有了统一的规范。国家质量监督检疫局和中国标准化委员会立法发布的《公共安全风险评估技术规范》规定了公共安全风险评估的术语和定义、基本流程、方法和要求等内容。

---

① 环保部文件:环发〔2013〕85 号:《突发环境事件应急处置阶段污染损害评估工作程序规定》第 2 条。

② 环保部文件:环发〔2013〕85 号:《突发环境事件应急处置阶段污染损害评估工作程序规定》第 5 条。

该规范适用的范围主要涉及公众生命安全和健康、财产安全的自然灾害、事故灾难、公共卫生事件和社会安全事件等的风险评估工作。

这些法律规范成我国环境与公共健康安全评估的法律依据。我国关于环境与公共健康安全评估相关的法律规定主要有以下几个方面：

（一）环境与公共健康安全评估的方法步骤

按照我国卫生部颁布的《环境污染健康影响评价规范》，环境与污染健康安全影响评价方法包括健康危害评价方法和健康危险度评价方法两种评价方法，其中健康危害评价方法步骤包括：(1)现场初步调查，寻找污染源的具体位置以及明确污染物的种类、程度等。[①] 调查内容包括环境污染健康危害的事实经过、医学教育网收集整理性质、起因和特点。高危人群的范围、暴露特征，病人的临床特征和分布特征。污染源、污染物、污染途径及暴露水平。做好人证和物证的收集取证。(2)健康效果评估。主要体现在对影响人们健康损害的认定，通过向受害人群询问，并与健康人群进行对比，以了解可能存在的致害因素。(3)暴露评价，收集环境背景资料，详细描述污染发生的时间、地点、影响范围。污染物的排放量、排放方式和途径、其在环境中的稳定性，是否造成二次污染。暴露的测量方法可采取问卷调查、环境监测或个体采样、生物监测等方式，将信息汇总并总结出污染源、影响范围、排放量、排放方式、排放时间以及损害程度等。[②] (4)病因推断及因果关系判断。针对环境污染对人体健康产生的危害，就需要对二者的因果关系进行判断，对污染因素与病因做全面的分析。按照下面因素对病因进行全面分析：①二者之间发生的先后顺序。②存在因果关系可能性的概率高低。③关联的剂量—反应关系。④污染因素与病发区是否同在一个区域。⑤污染因素的存在是否导致疾病重复发生。⑥基于生物学原理是否具有因果关系的可能性。⑦终止效应等。根据上述的条件，只要符合前 4 项中的 3 项并且后 4 项中的 1 项，就能够推定为具有因果关系。

（二）环境与公共健康安全评估标准

环境标准是指国家为了维护环境质量，保护人体健康，控制污染，维持生态平衡依据本国自然环境特征及经济、技术状况而制定的各种技术指标和规范的总称。我国目前形成了相对完善的环境标准体系，主要包括：环境质量标准、污染物排放标准、环保基础标准、环保方法标准和环境标准样品标准等。环境质量标准是衡量该区域环境是否被污染的标准，而污染排放标准主要用来衡量污染行为是

---

① 中国卫生部：《环境污染健康影响评价》，于 2001 年 6 月颁布。

② 同上。

否合法的一个主要依据。而针对公共健康安全风险评估的技术性规范是国家质量监督检疫局和中国标准化委员会立法发布的《公共安全风险评估技术规范》。该标准规范规定了公共安全风险评估的术语和定义、评估流程、方法和要求等内容。该规范适用的范围主要涉及公众生命安全和健康、财产安全的自然灾害、事故灾难、公共卫生事件和社会安全事件等的风险评估工作。

(三)国家环境与健康行动计划

为了保护公众健康权益和提高人民生活质量,卫生部、国家环保总局、国家发展改革委等18部委在《国家环境与健康行动计划(2007－2015)》,具体设计内容有:指导思想、基本原则、目标、行动策略等。其中行动策略中提出建立健全环境与健康法律法规标准体系。保障公共健康具体标准涉及健康损害评定标准、监测标准、风险评估标准、卫生学评价标准、生物性污染标准等。

(四)环境与公共健康安全评估的国家危险废物名录制

2008年6月6日环境保护部、国家发展和改革委员会令颁布《国家危险废物名录》(2016年进行了修订),主要包括:调整《国家危险废物名录》废物种类,将危险废物调整为46大类别479种(362种来自原名录,新增117种);修改了危险废物与其他固体废物的混合物,以及危险废物处理后废物属性的判定说明;增加《危险废物豁免管理清单》;废弃了危险化学品目录采用《危险化学品目录》等内容。进一步科学划分危险废物的种类,以便采取防范措施,保障公众健康安全。

(五)突发环境事件应急处置阶段污染损害评估的规定

为规范突发环境事件应急处置阶段污染损害评估工作,及时确定事件级别,保障人民生命财产和生态环境安全,环保部2013年8月2日发布了《突发环境事件应急处置阶段污染损害评估工作程序规定》。主要涉及突发环境事件应急处置阶段污染损害评估机构、评估依据、评估事件等级鉴定、评估报告等内容。

通过对我国现有相关环境与公共健康安全评估法律规范的研究,可以看出我国健康与公共健康安全评估制度立法取得了一些成就,但其存在主要问题在于:立法效力层次较低;没有系统的环境与健康安全评估法律制度体系;环境与公共健康安全评估目的明确,评估主体、内容、评估标准以及评估程序不统一等问题。

三、国际社会环境与公共健康安全评估立法的经验

风险评估制度在国际环境政策制定上所扮演也越来越重要的角色,如美国联邦重大公共政策必须以风险评估和成本效益分析结果作为决策依据,联合国国际化学安全计划(International Program on Chemical Safety,IPCS)对于工业安全上风险评估的方法与步骤一致化的努力。国际风险评估也广泛地用在农产品的进出

口、食品安全卫生与植物产品的进出口等方面的规范。例如,在动物产品进出口方面,为了防止动物疾病的引入与爆发而采取"零风险"措施。

国际社会关于风险评估制度的司法实践为我国制定相关法律制度提高了宝贵的经验。德国关于环境与公共健康安全评估法律法规很多,其法律体系主要是德国具是欧盟层面的指导性立法、联邦层面的主干性立法和州层面的支持性立法。

(一)欧盟层面的环境与公共健康安全评估指导性立法(欧盟第2008/50/EC号指令)

欧盟第2008/50/EC号指令是欧盟议会和欧盟委员会于2008年颁行了"关于欧洲大气质量和清洁空气"的指令。其主要内容包括:

1. 大气质量评估的一般方法和标准

欧盟第2008/50/EC号指令为各成员国建立了大气质量的客观评价机制,提出了一些明确的标准以及可行性的措施,以预防减少有害因素影响人体的健康。

2. 多种污染物监控和评估

欧盟第2008/50/EC号指令("关于欧洲大气质量和清洁空气"指令)要求各成员国对多种污染物进行监控和评估,主要针对二氧化硫、氮氧化物、可吸入颗粒物和臭氧等。除此之外还指出,各成员国应该为环境保护采取更为有效的措施,加强监测系统的构建与完善,做好污染防控工作,并针对各国的情况,确定污染范围、污染程度、损害结果等因素,制定本国的排放标准,做好本国环境保护的工作,为共建健康、美好的世界环境而努力。

3. 大气质量评估年报的环境信息要求

欧盟第2008/50/EC号指令规定了成员国向公众提供大气质量评估年报的环境信息要求。

(二)德国环境与公共健康安全评估立法

1. 德国联邦层面环境与公共安全评估立法

德国联邦层面立法包括联邦污染防治法、联邦环境信息法和大气保持清洁的技术性指导建议等内容。

(1)联邦污染防治法

德国于1974年颁布联邦污染防治法,这是德国正式颁布环境法法典之前最重要的一部环境立法,也是德国主要环保部门法之一。该法经过数次修改,最后的修改时间为2002年,该法其主要目的在于保护公众免受有害环境影响之危害。

(2)环境信息法

德国于2004年年底颁布了环境信息法。不仅包括政府是环境保护的主体,而且也对规制参与内容作了规定。德国环境信息法在结构上分为5个部分,共包括

14 条。

(3)德国制定的“大气保持清洁的技术性指导建议”

1964 年联邦德国制定“大气保持清洁的技术性指导建议”,并先后进行了 5 次修改,至最后一次修改已经非常细致的明确了很多内容,主要体现在对很多概念做了更为精准而明确的释义,如何进行环境质量监测的技术要求,加大环境保护力度,减少或避免人体健康受到侵害,保护国家文化产物受到毁损等,重视大气污染的事前防控,采取各种切实可行的方法贯彻落实该指导建议。

因为该指导建议中规定的各种内容都是由德国众多科学家研究、制定的较为科学的规范,在实践过程中实施的成效显著,所以被很多国家借鉴,用于治理本国大气污染问题,对世界环境治理具有重大价值,所以已经在大气质量防控领域形成了颇具权威性的 TA-Luft 标准。

2. 德国联邦州环境与公共健康安全评估立法

德国的在环境信息公开领域,“多元化”的特点,决定了其环境与公共健康安全评估评价主体和信息渠道的多元化,主要体现在其立法层级和评价标准的多元化。

(1)环境与公共健康安全评估评价主体的多元化

德国已经基本形成“自联邦至地方”以及“自官方至民间”的立体的大气质量信息监测与公开网络,行政主管机关,大学、企业、非政府环保组织,是公民个人等都可以作为大气质量进行评价的主体,人们也在不断地对信息公开的形式和途径提出新鲜的意见和建议。

(2)环境与公共健康安全评估评价标准的多元化

环境评价标准的制定是非常复杂的,它不仅要体现环境科学的基本原理,还要根据一国或者一区域内的经济水平、环境污染程度、对公众健康的损害程度、未来的发展趋势以及社会公众的总体需求等综合考虑,制定相对科学的环境标准,可以看出,这体现了该标准的多元化。但是依然存在一些缺陷,即该标准过于专业化,使普通民众无法适用。所以在德国只有官方和环境署等机关才会适用上述标准,而针对普通民众则又制定了在符合他们理解水平的新标准,这样使法律制定更加亲民、便民,也使更多人投身于环境保护事业。

因此,我国可以借鉴德国的“多元化”并使之本土化。在构建我国的环境与公共健康安全评估法律制度中,注重评估主体、评估标准及评估方式等的多元化,使环境与公共健康安全评估制度健全完善。

四、中国环境与公共健康安全评估法律制度建设

(一)中国环境与公共健康安全评估的立法目的

建立全球环境与公共健康安全评估制度,是为尽可能减少对危及不同地理区域以及跨国范围公众群体健康的紧急公共卫生事件脆弱性而采取的预见性和反应性行动。全球环境与公共健康安全的安全与否,对经济或政治稳定、贸易、旅游、商品和服务可及性等都会产生影响。这种影响的出现,甚至会冲击到人口结构稳定性。而影响环境与公共健康安全的不安全因素非常多,也非常复杂,包括从国际到国内、从家庭到个人的各种各样复杂和棘手的问题,如贫困、战争、冲突、气候变化、自然灾害和人为灾难等。作为一个国家的环境与公共健康安全立法应当与国际环境与公共健康安全立法相协调,并尽可能履行对国际公约或条例的承诺。因此,我国环境与公共健康安全评估的立法目的应当是保障公众的身体健康,减少环境污染及其健康危害风险,防治疾病和其他影响环境与公共健康安全的风险因素,维护更广大人民的健康权利,促进公共利益的实现,为各方面的全面发展而制定和谐的环境与公共健康安全法。

全面建立环境与健康工作机制,促进或完善健康损害的评估程序,由专业人员组成的专业评估机构对与环境和健康相关的各种法律、政策,措施进行全面评估,立足于社会现实,以及环境与健康发展的状况,提出存在的问题以及如何进行改进的方案,促进制定更加科学、更有效的措施。

(二)中国环境与公共健康安全评估的主体

环境与公共健康安全评估的机构的性质是中介机构,但是基于环境与公共健康安全评估的技术性和特殊性,其评估规范、标准和依据应当由国务院授权环境保护部制定并发布,国务院授权环保部负责评估机构的资质管理。我国环境与公共健康安全评估的主体应当实现政府与公众联合效应。评价的主体包括政府及行政主管机关、环保组织以及公民个人,发挥社会和群众力量,真正维护环境与公共健康安全。在这诸多的评估主体中,政府及有关行政主管部门对我国的环境与公共健康安全评估负主要责任。大学及科研单位,应努力将其专业科研成果应用于环境与公共健康安全保护的实践活动,发挥科学的专业特长。此外,环境保护组织及公共健康安全组织,有着对于环境与公共健康安全的维护的热情和相对集中的社会力量,对于环境与公共健康安全的知识及关注也是其他主体所不具备的优势,因此,他们也是环境与公共健康安全评估的一支不可忽视的主体。最后,普通的社会公众是环境与公共健康安全的直接利害人。当发生环境与公共健康安全事件时,他们是第一时间知情的主体,他们能够第一时间掌握环境与公共健康

安全事件的真实情况并对其危害有着亲身经历和体验。他们的利益能否得到保护,事关他们对政府及相关部门对环境与公共健康安全评估的结果的发言、建议权,因此社会公众应为环境与公共健康安全的评估主体。环境与公共健康安全评估,最终关系社会公众的环境与健康安全,因此强调环境与公共健康安全评估的公众参与是充分调动公众的自觉性和积极性来关心自己的切身利益,对于真正发挥环境与公共健康安全评估的作用,达到环境与公共健康安全评估的目的意义重大。

(三)环境与公共健康安全评估法律制度的内容

我国环境与公共健康安全评估的内容应当涉及环境与公共健康安全的各个方面和各个阶段,做到评估内容的全面、真实、准确。

环境与公共健康安全评估分类:按照评估的作用与意义,分为环境与公共健康安全的预防性评估、环境与公共健康安全的治理性评估及环境与公共健康安全的后评估。

1. 环境与公共健康安全预防性评估内容应当包括:(1)环境与公共健康安全的影响因素评估。所有涉及环境与公共健康安全的影响因素(如各种环境要素的良好状态、人体疾病、环境问题或环境事件、战争等偶尔地人为活动、自然灾害等);其目的是为防止环境与公共健康安全事件的发生。(2)环境与公共健康安全事件原因和发展变化的评估。定期不定期地评估,环境与公共健康安全事件的引发原因、发生过程、造成的结果、事件的调查与处理及事件可能衍生的其他问题的预防进行的评估。

2. 环境与公共健康安全的治理性评估主要是在发生环境与公共健康安全事件后,其内容涉及该环境与公共健康安全事件的全过程进行的评估,其目的在于调查事件的准确原因、正确作出处理决定并为防止衍生事件提供依据。

3. 环境与公共健康安全的后评估,是环境与公共健康安全事件预防性评估的一种,但又与预防性评估有一定区别。这里的环境与公共健康安全预防性评估,是在环境与公共健康安全事件发生前进行的评估。环境与公共健康安全的后评估则是在环境与公共健康安全事件发生,并对事件全过程进行处理后,进行的评估;其目的在于防止此类事件的重现,预防二次事件的衍生等。

(四)环境与公共健康安全评估的标准

环境评价标准的制定是非常复杂的,它不仅要体现环境科学的基本原理,还要根据一国或者一区域内的经济水平、环境污染程度、对公众健康的损害程度、未来的发展趋势以及社会公众的总体需求等,在综合考虑上述众多因素的基础上,制定相对科学的环境标准,可以看出,这体现了该标准的多元化。但是依然存在一些缺陷,即该标准过于专业化,使普通民众无法适用,所以在德国就出现了这样的情况:只有官方和环境署等机关才会适用上述标准,而针对普通民众则又制定了在符合他们理解水平的新标准,这样使法律制定更加亲民、便民,也使更多人投身于环境保护事业。所以,这也是值得我国借鉴的,对环境与公共健康安全评估标准,针对不同的主体通过多种渠道出台程度不同的标准,便于各种层次的评估主体准确理解环境与公共健康安全的评估标准,正确、客观作出评估。例如,国家对我国环境与公共健康安全评估标准制定相关的法律法规或者其他规范性文件,指导政府及有关行政主管部门的环境与公共健康安全评估工作;政府及有关主管部门,在国家法律法规的规定内,制定非专业人士能够理解的环境与公共健康安全评估标准通过国家政务公报、网络、电视、广播等媒体向公众公布,便于公众了解和掌握环境与公共健康安全评估标准。

(五)环境与公共健康安全评估的方式

我国环境与公共健康安全的评估方式应当结合环境与公共健康安全的特点实现多元化评估。其方式包括:第一,环境与公共健康安全的现场调查评估。现场调查的内容包括影响环境与公共健康安全要素的现场抽检、环境污染公共健康危害的事实经过、性质、起因和特点;环境与公共健康受损程度、高危人群的范围及暴露特征,病人的临床特征和分布特征;环境与公共健康安全的污染源、污染物、污染途径及危害后果;同时,现场调查应做好人证和物证的收集取证。第二,环境与公共健康安全的效果评估。包括对发生危险的因素进行调查,通过对受害者与非受害者比较,寻找可能的致害因素,作出相对客观、科学的评估。第三,环境与公共健康安全的暴露评价。这种评价,需要收集环境与公共健康安全背景资料,详细描述环境污染与公共健康安全事件发生的时间、地点、影响范围与污染物的排放量、排放方式和途径、其在环境与公共健康安全中的稳定性,是否造成二次污染。暴露的测量方法可采取问卷调查、环境监测或个体采样、生物监测等方式,并描述和分析主要污染源、污染物、暴露水平、时间、途径与严重程度等,做好综合暴露的评定。第四,病因推断及因果关系判断。因果取证对可疑污染物环境污染健康影响定性评价,环境污染健康影响定量评价。

(六)我国环境与公共健康安全评估的程序

政府及有关部门组织的环境与公共健康安全评估,应当遵循在处理有关环境与公共健康安全事件之前,进行组织环境与公共健康安全评估方案;在处理环境与公共健康安全事件的同时,进行环境与公共健康安全的全方位评估,包括环境与公共健康安全事件处理后可能引起的环境与公共健康安全的影响与预防,作出说明与分析;并在环境与公共健康安全事件处理结果上报的时候,将环境与公共健康安全评估结果同时上报有关部门。同时,政府及有关部门应当联合环境与公共健康安全相关的部门、组织、有关专家及社会公众进行环境与公共健康安全的评估,以确保评估的科学、客观、公正。

(七)环境与公共健康安全评估的公众参与

环境与公共环境安全评估的公众参与的法律依据是我国《环境影响评价法》。环境与公共健康安全评估,最终关系社会公众的环境与健康安全,因此强调环境与公共健康安全评估的公众参与是充分调动公众的自觉性和积极性来关心自己的切身利益,对于真正发挥环境与公共健康安全评估的作用,达到环境与公共健康安全评估的目的意义重大。

公众参与环境与公共健康安全评估应实行公开、平等、广泛和便利的原则。首先,政府及有关部门应当在媒体上公开环境与公共健康安全评估标准和环境与公共健康安全信息,使公众了解环境与公共健康安全评估信息。其次,在环境与公共健康安全评估开始阶段,政府及有关主管部门应当公告环境与公共健康安全评估事件梗概等信息,在环境与公共健康安全评估进行阶段,政府及有关主管部门应当公告可能造成环境与公共健康安全影响的因素、范围、程度及主要预防措施等内容;在环境与公共健康安全评估审批阶段,环境保护部门应当公告已受理的环境与公共健康安全评估文件简要信息与审批结果。最后,为保证公众参与的有效性,所有进行环境与公共健康安全评估的主体在报审的环境与公共健康安全评估报告书中应附具对公众意见的采纳或者不采纳的说明。

第四节　环境与公共健康安全预警法律制度

一、环境与公共健康安全预警法律制度基础问题分析

(一)环境与公共健康安全预警制度的概念

环境与公共健康安全是指人类赖以生存的生态与环境,包括居民集聚区、部分区域乃至全球生态系统,在受到其他人为干扰,自然活动的威胁、危害、损害的时候,能处于正常的生存和发展运行状态。[①] 是生态环境存在的状态或变化,偏离人类生存和发展必备条件或生态阈值,对区域、国家的发展造成障碍,对人类公共健康安全造成威胁,甚至导致生命的损失、社会经济的崩溃或严重破坏等。近年来随着环境污染、生态破坏、生态压迫、生态灾难,与公共健康安全事件的不断出现,环境与公共健康安全才逐步被人们所重视。

---

① 张勇:《环境安全引论》,中国环境科学出版社2005年版,第20页。

预防环境与公共健康安全事件，首先需要政府和社会建立相应的预警系统，对环境与公共健康安全系统进行全方位、动态的监测，对环境质量和生态系统逆向演化、退化、恶化作出预测，及时发出安全危机警报或警告，为相关决策部门提供决策依据。

由此可见，环境与公共健康安全预警制度是指在环境与公共健康安全良好的状态下，通过事先对环境状况的充分理解减少环境危害的发生概率，通过预见或早先发现预警征兆信息，对环境与公共健康安全事故发生的可能性进行预测及作出警示措施，让人们有一个准备预防的时间，或是可以提前远离危险区，或者可以采取其他有效方法减轻受损害的程度，增强环境恶化对公共健康安全所造成的负面影响的预防和抵抗能力的制度。

环境与公共健康安全预警制度充分体现风险管理意识的环境监测管理方式，一方面，通过平时的实时监测，在可能存在危险的时候及时发布预警信息，让人们远离危险区，可以有效避免灾害的发生；另一方面，在来不及撤离时做好应对准备，也可以减轻对人们造成的人身、财产损害。

（二）环境与公共健康安全预警法律制度的内容

1. 环境与公共健康安全预警制度的监测和预警

环境监测和预警制度是环境与公共健康安全预警制度降低环境风险危害的中心环节。环境监测是实现预警的重要前提，没有完善的环境监测体系，就不能充分了解整个环境系统，及早发现险情就无从谈起，而且预警过程和解决方案也有赖于环境监测工作的顺利进行。预警制度对于环境监测以及环境保护与治理具有重大意义。

科学高效的预测、预警、预报，对有效合理安排后续工作，提高防范防范具有重要意义。只有环境监测工作预警和预报工作相互协作，紧密结合，才能提高环境与公共健康安全预警工作效率，环境监测、预警、预报也是环境与公共健康安全预警制度的重要内容。

2. 环境与公共健康安全预警制度的信息发布

环境与公共健康安全预警体系形成风险报告后，高效、完整、科学的交给需要的主体，在环境信息高度透明的情况下，有效的防范环境与公共健康安全风险的发生。发布途径包括通过电视、网络、电台、电话等多元化信息交流方式。

3. 环境与公共健康安全预警制度的响应能力

环境与公共健康安全预警的响应能力指各单位和个人在环境与公共健康安全预警体系发出的警报后，人们都积极采取方法予以应对，以及他们面对危险的应对能力。

实际上，响应能力是预警制度得以有效实施的最后一个步骤，也是非常关键的一步，响应能力的强弱直接影响着环境与公共健康安全预警制度执行的优劣程度，但环境与公共健康安全预警制度的响应能力与其招生的技术能力、管理能力等密切相关。

（三）环境与公共健康安全预警法律制度的功能结构

环境与公共健康安全预警制度的功能决定了其制度的构成。2006 年联合国《全球预警系统调查》（Global Survey of Warning System）报告中指出，预警体系由四部分组成：风险知识、监测和警报服务、警情发布和通信和影响能力。① 这里，环境与公共健康安全预警制度的功能结构主要是通过环境与公共健康安全体系来掌握。环境监测功能决定了环境与公共健康安全预警需要提供环境数据成绩、传递信息、预报预测环境风险趋势、响应机制等内容。环境公共健康安全预警制度的建设框架分服务、咨询、监测和支撑等功能。

环境与公共健康安全预警制度服务功能主要是政府决策和公共参与两个途径，政府在环境与公共健康安全服务层的主要职能包括政府决策体系和信息服务的支撑，也是关键性的环节。

环境与公共健康安全预警制度咨询功能重点是指预警技术，该技术可以提供非常多人们所需要的资料，所有的数据必须经过一定的加工和处理，才能转化为决策所需的信息。咨询层的工作重心在监测数据上，通过对监测数据的汇总与分析，会对环境与健康安全作出一个中长期的发展情况推测，还会对该问题作出一个较短时间内的预测，针对临近的安全隐患提供解决方案，以避免或减轻对人们的健康损害，而且咨询层已经成为服务层实现功能的基础。②

环境与公共健康安全预警制度监测功能主要体现环境与公共健康安全预警制度概念结构中的监测环节，其工作的内容是采取一切可能的方法获得有关于环境污染的信息，不仅包括环境质量、污染物种类、数量、浓度以及对人们健康损害程度等数据，还包括采取相关救济行动的数据。可以看出，监测层致力于的各方面数据的收集，而咨询层致力于总结、分析数据，并最终提出预测和防控建议，所以，监测层的数据成为咨询层预测的基础。按照监测层功能的分析，监测层由环境质量监测系统、污染源监测系统、应急监测系统组成。③

环境与公共健康安全预警制度支撑功能的重要标志是环境法规标准和环境

① 李国良等：《环境监测预警体系总体框架研究初探》，中国环境科学学会学术年会优秀论文，北京，2007 年 5 月，第 864～871 页。

② 同上。

③ 同上。

监测技术规范。环境与公共健康安全预警制度运行的物质基础是监测设备、网络设备、办公设备等。环保决策队伍能力建设是实现环境与公共健康安全预警制度支撑功能重要基础。

(四)环境与公共健康安全预警指标体系

环境与公共健康安全预警指标体系指的是影响生态安全的众多存在相互联系、相互制约的因子构成的生态、经济、社会综合评价指标体系,这个体系是对区域经济开发利用的生态后果、区域生态环境质量变化对人类公共健康安全的影响以及环境与社会经济协调发展程度的评价、预测和报警。①

环境与公共健康安全预警制度的指标体系应能充分地表现真实的环境安全状态,所选的指标也要对环境与公共健康安全有足够的敏感性,应是由一系列相互联系的能敏感反映环境系统和环境秩序状况的统计指标有机结合所构成的整体。通过这套指标,可在环境警情发生之前给予充分、及时的警告,有效实现对环境与公共健康安全状况预警预报的目标。

通常,环境与公共健康安全预警制度指标体系的选择遵循以下原则:(1)科学性原则,指标的选择应科学合理,这样才能保证对警情、警兆的评估具有科学性;(2)完备性原则,选取的指标应能充分体现环境与公共健康安全预警系统的要求;(3)系统性原则,选取的指标体系要逻辑性强,能够客观、全面地反映环境与公共健康安全的变化情况;(4)灵敏性原则,所选指标应具有较好的灵敏度,指标值的细微变化就能敏感地反映环境与公共健康安全因素的变化;(5)可行性原则,所选指标要基于现有的环境监测能力和环境统计数据,这样才具有可操作性;(6)动态性原则,指标的选取要随环境问题的变化作相应的调整。

(五)完善环境与公共健康安全预警法律制度的必要性

1. 环境与公共健康安全预警制度的环境风险

环境与公共健康安全预警制度的工作过程实质上就是对环境系统风险不断进行评估并采取措施降低风险的过程,从而达到保障公共健康安全的目的。环境风险知识是整个预警制度体系建设的基础。

各个环境危险源的客观存在,加之,环境风险系统内部有缺乏风险防范控制能力,及系统内部所固有的脆弱性,使环境风险无孔不入。因此,要掌握环境系统风险的起因和存在的漏洞,利用各种切实有效的方法,构建一个汇集各种环境污染信息的庞大资料库,以了解其发展变化趋势。

---

① 梅宝玲、陈舜华:《内蒙古生态环境预警指标体系研究》,载《南京气象学院学报》2003 年第 26 期。

2. 建立环境与公共健康安全预警制度是适应新时期环境保护工作的必然选择。当前的环境保护工作面临的问题日益繁杂,环境问题带来的生态破坏及对人类生存与发展的障碍越来越突出。为防止环境与公共健康安全事故的发生,必须建立环境与公共健康安全的预警制度,以适应环境保护工作的需要。

3. 建立环境与公共健康安全预警制度是满足现代化环境与公共安全管理的迫切需求。现代化的环境与公共安全管理,不仅是对环境资源的保护,实现自然与社会的和谐发展,实现资源能源的可持续利用,更应该对人类生存的基本的健康环境予以保护。

4. 建立环境与公共健康安全预警制度是树立负责任大国国际形象的具体体现。当前的国际大国不仅表现在经济方面,更表现在维护全球的环境保护工作方面。国际社会对于环境与公共健康安全十分重视,各国面临的环境与公共健康安全问题备受关注。我国虽然处于社会主义的初级阶段,但是作为一个负责任的大国,我们应做好环境与公共健康安全预警工作,建立环境与公共健康安全预警制度,这也是树立我们负责任大国国际形象的一个重要体现。

二、中国环境与公共健康安全预警的法律规定

我国当前针对突发性事件预警制度的立法主要有:《国家突发公共事件总体应急预案》《国防法》《戒严法》《防震减灾法》《防洪法》《防传染病防治法》等,它们在应对紧急状态、处置突发事件、维护公共安全等方面提供了法律依据。

2007 年 11 月 6 日,卫生部、国家环保总局等 18 个部委局办联合发布了《国家环境与健康行动计划(2007 –2015)》,这是我国环境与健康领域的第一个纲领性文件,指明了我国环境与健康事业今后的发展方向和主要任务,对科学推进我国环境与健康事业发展具有现实指导意义。

从我国对于环境与公共安全预警的研究看,我国国内还没有从环境安全的角度对环境污染、生态破坏生物入侵、危险化学品等环境隐患给予充分重视,环境与公共健康安全的许多理论问题、评估指标和方法、风险预测和安全预警等方面的研究都还存在空白,目前还没有系统的开展环境与公共健康安全的研究项目,对环境与公共健康安全预警也没有形成系统完整的制度体系。因此,迫切需要对我国的环境与公共健康安全进行理论研究,建立国家环境与公共健康安全的评价、预测和预警系统,制定相关的国家环境与公共健康安全政策,构建科学合理的环境与公共健康安全预警制度。

三、国外关于环境与公共健康安全预警的立法与研究成果考察

(一)国际社会对环境与公共健康安全预警制度的立法内容

《国际卫生条例》是WHO于1951年制定的,主要针对鼠疫、霍乱和黄热病等少数特定疾病的国境卫生检疫、报告和控制。2005年5月,世界卫生大会要求WHO对《国际卫生条例》作出进一步修改。基本要求是修改后的条例可以直接与WHO的预警系统和流程相一致,能够与WHO的所有活动相衔接,二者保持着基本的协调性,相辅相成,共同致力于国际公共卫生的保护。修订的内容主要为以下几项:(1)引起世界各国普遍重视的公共卫生紧急情况;(2)传染病的预警制度与处理措施;(3)《国际卫生条例》国家归口单位;归口单位的作用在于,将引起世界各国普遍重视的公共卫生紧急情况向世卫组织通知,除此之外,面对紧急情况时,它还可以提出临时建议;(4)监测和处理的核心要求基本方针是,根据一个国家的最低监测水平和最低处理能力提出建议,以保障该国可以顺利实施,为解决全球环境问题提供基本保障。① 与此同时,世界卫生组织关于《国际卫生条例(2005)》关于卫生检疫上不再把重点放在边界、机场和海港被动地防御,而转向积极主动的风险管理战略。这一战略的目的是在有可能形成一种国际威胁之前尽早发现事件并从其根源予以制止。自2005年的《世界卫生条例》生效以来,几乎所有WHO成员国都建立了本国的《世界卫生条例》协调中心,WHO能够定期收到疫情警报,与相关国家共同进行风险评估,并及时向世界各国通报。公共健康安全在国际社会得到了普遍重视,WHO作为联合国负责全球公共健康事务的政府间合作组织,已经建立了较为完善的全球公共健康信息网络和有效的运行机制,积极指导世界各国建立公共健康安全秩序。世界卫生组织大会通过的《世界卫生条例》为保护世界各国人民健康和生命等方面发挥了重要作用。

(二)国外对环境与公共健康安全预警制度的研究成果

1. 预警监测体系

预警监测体系有:全球环境监测体系(Global Environmental Monitoring System,GEMS);怀特洪水泛滥预警体系、罗马的全球发展综合预测、美国的AGENT系统等,在世界各国的制定过程中,在最早的监测体系基础上,一次又一次的完善,改进监测预警的方式,尽可能达到最科学、最有效,预警的范围也逐渐扩大,不断完善生态环境预警理论,而美国的AGENT系统,将预警研究与政府决

---

① 宋诚本:《从新修订的〈国际卫生条例〉基本框架看卫生检疫应对》,载《中国国境卫生检疫杂志》2004年第12期。

策体系有效结合,采用预警制度将该区域进行调控,取得显著成效,已经在很多方面得到应用。①

2. 研究范围

在内容上,以生态安全预警和可持续发展预警为主;在区域上,以西部和东部地区为主;在空间尺度上,以区域和城市为主要对象;②在对象上,既有整体预警研究,也有专项预警研究。其中美国伍德罗·威尔逊(Woodrow Wilson)中心每年都会出一份《环境变化和安全项目报告》,对全球的环境状况给予重视。如全球变化、温室效应、臭氧层破坏等全球性环境变化造成的国际环境与公共健康安全问题,也越来越被专家学者所关注。

国外对于生态环境安全预警方面的研究和探索,以及预警指标体系的设计对我国的环境与公共健康安全预警制度的构建有着非常重要的借鉴意义和重要启示,但国外对生态风险的研究主要集中于基因工程生物的生态风险、化学物质的施用对农业生态系统健康以及生态风险影响的微观方面,而对自然灾害、环境污染给人类公共健康安全带来的危害以及安全问题研究很少,现在的研究重点应放在生态系统对环境干扰的敏感度以及对环境与公共健康安全监测预警等方面。

四、中国环境与公共健康安全预警法律制度的建设

(一)环境与公共健康安全诊断

对环境质量实时预警就是把环境监测系统和监测网络相互连通,还可以和监监测数据库相互连通,通过监测系统遍布全国的网络,对每一个监测点进行监测,将全国各地的数据汇集在一起形成庞大的数据库。监测系统具有智能监控的功能,当发现污染物质的时候,可以立即查询出排污的监测点,与此同时,监测系统还可以基于该地点的河流方向以及风向等推断出污染源的具体方位,然后调用污染源地区的相关部门联系方式,与其沟通确定是否存在污染源。除此之外,还能够对污染事件进行备案,将相关信息与数据提交给当地主管部门,并对该地环境污染情况进行明晰,提出未来的污染趋势,如何进行风险防范等提出建议,并可以继续监督该地区的污染情况,以及主管部门的治理情况。召集相关领域专家,对环境与公共健康安全监测数据进行总结分析,从中寻找各地区的环境问题,并根据各地区的经济发展、居民生活习惯等方面寻找引发危害的具体因素,以定性分

---

① 傅伯杰:《区域生态环境预警的原理与方法》,载《资源开发与保护》1991 年第 3 期。

② 郑荣宝等:《广州市土地安全预警系统与 RBF 评估模型的构建》,载《地理科学》2007 年第 6 期。

析为主,结合历史数据分析,得到初步结果,为预警制度的落实提供依据。

(二)环境与公共健康安全预警信息公开

环境与公共健康安全预警信息系统是指通过统计年鉴、社会调查等方式取得的相关资料与评估信息,然后对其进行事先的分析总结,汇集成庞大的预警数据库,通过数据分析科学预测未来也许存在的风险。通过媒体广泛宣传环境与公共健康安全事件防范常识、防护知识及报警和应急程序等方面的知识,贯彻联合国环境规划署提出的"阿佩尔计划",即只有公众普遍地对突发性环境与公共健康安全是事件的特点、防范及应急处置和救援的过程有所认识,才能有效地减少环境与公共健康安全事故的发生和降低事故的危害程度。

(三)环境与公共健康安全预警分析并迅速启动应急现场处置系统

应急现场处置系统将为尽快到达突发环境与公共健康安全事件现场提供必要的工具,实施应急监测,确定引发事件的原因、事件波及的范围、事件的危害程度,提供有效快捷的应急监测指导,迅速准确实施科学监测,及时反映污染现状,为政府和上级行政主管部门决策提供第一手准确可靠的监测数据,为处理环境与公共健康安全事件提供科学依据的有力技术支持。提高应急现场的处置能力和丰富工作手段,主要包括环境应急监测和现场视频传输。

(四)警情演示系统以及环境安全警情发布

警情演示系统是利用计算机建立的人机智能互动的警报信号输出系统。其具体形式是通过一组类似于交通管制信号红、黄、绿灯的标志作为预警信号,将数据管理系统的计算结果和专家系统的分析结果直观地在电脑屏幕上反映出来。采取相应的应对措施,并尽快把相关警情和警度信息、政府的预警方案和实施计划等信息利用互联网、报刊、电视等各种途径告知社会公众。

(五)环境与公共健康安全调控

环境与公共健康安全事件应急调控是一项系统工程,涉及面广,涉及部门多,强有力的环境突发事件管理机构是应对和处理环境与公共健康安全事件的重要保证。按照预警的严重程度,有针对性的分别采取切实可行的防控方法,创造一个安全、健康的居住环境。

第七章　治理性的环境与公共健康安全法律制度建设

第一节　环境与公共健康损害监测法律制度

一、环境与公共健康损害监测法律制度概述

监测的一般含义是指监视、测定、监控。监测的目的是了解、掌握、跟踪某一事物的状况及其变化趋势。环境监测,是指连续或者间断地测定环境中污染物的性质、浓度,观察、分析其变化及对环境影响的过程。环境监测的基本目的是全面、及时、准确地掌握人类活动对环境影响的水平、效应及趋势。环境监测制度是实施环境保护法律的重要手段,是环境保护执法体系的基本组成部分。

环境与公共健康安全监测是指公共健康安全监测机构运用特定的仪器和方法,对影响人类和其他生物生存和发展的环境质量状况进行监视性测定的活动。环境与公共健康安全监测主要是通过对影响公共健康安全因素的代表值进行跟踪测定,从而确定环境质量、污染程度及其变化趋势,以掌握公共健康安全好坏。目前我国环境与健康管理工作最大的挑战即在于环境健康损害的底数表情不清,程度不明,数据缺乏,因此有必要迅速建立健康损害监测制度。环境健康损害制度应以对全国、特别是长期遭受污染的重点地区的环境健康损害情况就行全面、动态调查为主要任务,适时将环境污染物监测与流行病监测结合。环境与公共健康损害监测网络制度,其采用先进科学

技术与精准的监测仪器，对环境质量以及人们的健康情况进行监测，能够快速地了解环境污染情况以及其对人们健康产生损害的程度，并预测出进一步的发展趋势。专门机构可以根据监测数据以及发展趋势分析，采取有针对性的措施予以控制和解决，提高工作效率。

目前我国环境与健康管理工作最大的障碍是环境健康损害的数据缺乏，必须建立环境健康损害监测制度。我国在环境保护和疾病防控两方面都已经建立了监测体系，基本建立了覆盖全国县级建制的四级环境与健康工作队伍和网络，并有效地开展了环境与健康的各项工作，两者都有比较成熟的监测制度。但该制度仍需进一步完善。要把两者的数据信息依据“环境污染——健康风险”的联系结合起来。环境健康损害监测制度应以对全国环境健康损害情况进行调查为主要任务，适时将环境污染物监测与流行病、地方病监测结合。明确环境监测网络进行环境污染监测，由卫生部门组织疾控中心和有关的医疗机构进行人体健康的监测。明确各部门、单位的监测数据相互公开和共享的义务以及程序，明确部门合作的权利、义务、合作的程序和救济措施。

二、我国公共健康损害监测法律制度现状和存在的问题

(一)我国环境监测制度现状

我国现阶段的环境监测任务主要是由区县一级的环境保护局监测部门负责进行的，但人员短缺、技术设备落后等原因也造成环境监测的不全面性。

环境监测的进行主要有两种：

1. 定期抽样检测

一般有监测部门按月进行抽样监测，对于超标排放污染物的企业单位进行罚款或者限期整改。

2. 事中监测

当污染发生并对公共健康造成影响以后，再由监测部门进行监测。从而报告数据并有针对性地处理相应污染。

实际上，我国的环境监测系统建立已经有30多年了，但是作用并不是很大，直到近年来，该工作有了非常明显的进展，监测水平和质量都有了较大的提高，在一定程度上已经建成了环境监测体系。但是面对我国现阶段环境问题的越发严重，也就对该监测体系提出了更高的要求。环境问题的治理需要构建一个全国范围内的监测系统，实现全方位、实时监测，一旦发现存在环境问题，可以及时采取措施予以解决。但是我国现阶段的监测系统并不能实现这一点，这就使我国环境监测系统面临很大的挑战。由于其在环境管理过程中起着非常重要的作用，所以，

为了真正解决环境问题,还需要尽快构建监测范围广、监测水平高的监测系统,以满足当下人们对其的要求。

(二)我国环境监测管理存在的主要问题

当前,环境监测管理工作也存在不少困难和问题。突出表现在以下方面:

1. 环境监测缺乏统一监督管理,部门间任务交叉,工作重复

环境是一个涉及多要素的复杂系统,要按照国务院第六次全国环保大会的要求,真正说清全国环境质量及其变化趋势,国土、建设、水利、农业、环保、林业、气象、海洋等各有关部门必须密切配合与团结协作。但是,我国目前环境监测工作缺乏统一、有效的管理机制,各部门间关系不明确,缺乏联合与协作,环保部门"统一监督管理"的职能在很大程度上被肢解和架空。尽管国务院"三定"方案明确了各部门的职责,但在具体工作中,各部门对职责的理解不同,造成监测任务界定不清。部分监测领域有关部门争先恐后地介入,实际是为了谋取部门利益,监测任务和工作交叉重复严重;有的监测领域无人问津,出现了环境监测的空白和真空地带。

2. 多头发布环境监测信息,导致环境监测信息混乱,造成严重不良影响

使环境突发事件,如陕西丹凤县氰化物污染事件,相关部门滥用职权发布不真实环境信息,给社会公众造成了严重的错误认识,从而引发的社会问题,造成了非常严重的后果。为此,中央对外宣传办公室曾以《关于严格环境污染事故对外报道纪律的通知》(中外宣通字〔2001〕15 号)紧急加以规范。由于环境监管部门众多,对于环境信息收集以及分析的标准也不统一,使各部门公布的信息也不一致,这不仅给社会公众带来误导,更为决策机关、法律制定机关以及监管机构等提供了错误的参考,使政府在社会公众中的权威和公信力受到严重影响。

3. 监测数据难以作为制定环境政策和环境执法的依据

客观上,由于检测设备陈旧,监测人员水平有限,监测站难以保证监测数据的科学性和精确性,不能准确反映环境质量状况和各项环境污染指标。

主观上,各级监测站与地方政府是行政隶属关系。当监测数据真实反映当地的污染指标,影响时任政府的政绩时,就会不可避免地产生政府行政部门的行政干预行为,伪造修改数据,破坏执法的真实性、公正性和严肃性。可见,监测机构的行政隶属关系可能影响到其数据的可信性。甚至误导或导致对污染状况影响公共健康程度的误判,造成更为严重的后果。

三、完善我国环境与公共健康损害监测法律制度的建议

(一)成立国家环境监测管理局

成立国家环境监测管理局,承担拟订全国环境监测管理法律法规、方针政策、

规划计划;研究制定环境监测事业发展战略;组织、统一和管理国家环境监测网;研究协调中央和地方、环保与其他部门之间的监测关系,统一环境监测技术标准,协调环境监测数据共享与发布;研究解决环境监测事业发展人、财、物等保障问题等,为全国环境监测的统一管理提供组织保障。建议在省、市两级监测站设立国家编制人员,定岗定人定责。省级国家编制人员主要负责数据报告和监测数据质量控制,市级国家编制人员主要负责完成国家需要的监测任务。

(二)制订环境与公共健康安全监测规划

对环境污染的情况进行监控,对人们的健康情况进行考察,当发生健康损害时,及时寻找致害因素,采取措施减轻对人们的损害程度。除此之外,重视对环境的预防措施的采取,通过监测也可以明确的了解某一地区的环境污染状况,并对该状况可能引发的健康问题进行防控。对监测数据进行汇总、研究,为国家采取更有效的解决方法提供科学的参考。

面对我国现阶段的环境问题,以及其给人们健康带来的损害,我国积极做出了应对方案。由于上述问题的严重性,我国需要建立更加全面的监测系统,利用互联网的优越性,将监测的范围扩大到国家的任意地区,调动各方面的积极性,汇集全国各方面的力量,共同致力于环境保护。除此之外,还要利用更加先进、准确的监测设备,提供监测工作人员的技术水平。针对层出不穷的环境与健康问题,在逐步解决问题的基础上改善应对措施,构建更有效的国家环境与健康监测系统。主要内容包括:

建立饮水安全与健康监测系统:根据我国现阶段的监测制度,充分考虑城乡之间的饮水问题,在具体了解各地区饮水问题的基础上,因地制宜,有针对性地制定监测内容,确定监测目标,明确重点水资源污染区域,加大治理力度,保障当地居民最基本的健康权利。

建立空气污染与健康监测系统:空气污染对人体健康引发的危害总是在无形之中,损害事件频繁发生,所以必须采取措施以减轻或避免危害,一方面要重视人们直接呼吸的空气,保证空气质量的良好;另一方面重视空气污染物落入人们的饮食中引发的间接健康问题,在综合研究的基础上,制定符合人们健康的环境标准并设立针对人们健康的监测中心,定期对当地居民的健康情况进行检查,并汇集相关数据进行研究分析,以发现周围可能存在的致害因素,并向相关部门报告。

建立土壤环境与健康监测系统:土壤污染具有其特殊性,不仅治理难度大,致害因素通过作物间接进入人们体内,还严重危害着人们的健康。因此,根据我国现阶段的土壤污染情况,综合考量各地区的发展水平,以及人们对健康提出的新要求,制定符合人们健康的环境标准并设立针对人们健康的监测中心,定期对当地居民的健康情况进行检查,并汇集相关数据进行研究分析,以发现周围可能存在的致害因素,并向相关部门报告。

建立极端天气气候事件与健康监测系统:根据国家的行政区域划分,对全国各省、市、县都设置监测点,对本区域内的极端天气进行实时监测,提供预警信息,同时,还要设立健康监测中心,对当地居民的健康水平定期检查。在现有的气象体系基础上,扩大监测网络的范围,提高对高温热浪、旱涝、风暴等极端天气的预报水平。

第二节　环境与公共健康安全标准法律制度

一、环境与公共健康安全标准的内涵

环境与公共健康安全的标准是进行环境健康风险识别、评估、进行损害鉴定、救济的重要依据,而中国现行的环境标准、卫生标准、公共健康安全标准是分离脱节的,这就需要在“环境——公共健康安全”关联的基础上,以“保护公共健康为中心”,建立环境健康安全标准制度体系。

标准,是指“对重复性事物和概念所作的统一规定。它以科学、技术和实践经验的综合成果为基础,经有关方面协商一致,由主管机构批准,以特定形式发布,作为共同遵守的准则和依据”。[①] 一般来说,环境标准是具有法律性质的技术规范,它既是标准体系的一个分支,又是环境保护法的重要组成部分,在环境法体系中,环境标准是一种行为规范。环境标准通过一定的数据指标和技术性要求来规范人的行为,明确人的行为界限,具有法律的规范性,和一般法律有同样的效力。但它同一般法律的不同点在于一般法律通过条文规定人们的行为模式和法律责任,而环境标准往往是数量化的指标和技术规范,它通过一定的数值指标来确定人们的行为界限。

环境健康安全标准,是指国家为了维护环境质量,保护人体健康,控制污染和破坏,依据本国自然环境特征及人的健康安全要求而制定的各种技术指标和规范的总称。其主要特点是:

1. 环境健康安全标准是一种技术性法规

环境健康安全标准通过一些依法制定的具体的、确定的、非依法定程序不能更改的数据、指标、技术规范来表示行为的界限,规范和调整人们的行为。环境健康安全标准的规范性体现在,环境健康安全标准的制定是立法活动,而不是科学

---

① 参见《中华人民共和国标准化法条文解释》第2条(1989年4月国家技术监督局发布)。

技术活动或者学术活动。尽管在环境健康安全标准的起草过程中,要经过医学家和科学家反复进行学术论证,但这种学术论证只是供立法者参考,只能被理解为立法者需要将立法建立在一定的科学基础上;而某一标准要成为环境健康安全标准,则必须经过立法机关通过和颁布。

2. 环境健康安全标准应当是由特定的国家机关依据法定程序制定,具有规范性

在我国,国家级环境健康安全标准应当由国家环保部门同卫生部门联合制定,多数由国家质量技术监督局和国家环保总局、卫生部等联合发布。它既不同于企业制定的环境管理标准,也不同于行业协会制定的产品质量标准。

3. 环境健康安全标准是衡量公众健康安全的重要指标

环境健康损害标准以人类活动引起环境污染和生态破坏导致健康损害为标准依据。人类活动排放废弃的物质和能量而造成危害,属于环境损害,而环境损害必然会引起公众健康安全的损害。环境健康安全标准时衡量公众健康是否安全的技术型指标。

4. 环境健康损害标准经由环境媒介而产生

环境健康损害与其他损害的根本区别在于其间接性,即以环境为媒介。即污染行为首先作用于环境,导致环境质量下降,进而影响生活于特定环境中的人的健康,并对依赖环境而进行的生产活动造成不利影响。

5. 环境健康损害标准是对公共利益或者他人权益造成损害为依据

环境健康损害既涉及社会公共利益的损害也涉及个人健康利益的损害。环境健康损害标准既是衡量社会公共利益损害的标准,也是个人健康利益损害的标准。每个人都有享有良好环境的权利,如果环境受到污染或是破坏,导致某一区域、国家甚至整个世界的环境质量下降,这就是对公共利益的损害。除此之外,环境问题还会对人们的健康产生损害,或是患病或是死亡,这是对个人利益的侵害。

二、我国环境健康损害标准法律制度建设

由于我国现阶段还未规定独立的环境与健康标准,因此在出现因环境污染而引发的健康损害事件时,则没有如何进行评定、如何解决的依据,这种法律缺失对于环境问题的解决无疑是不利的,而且未体现出对人们健康权的重视,不利于社会的和谐稳定。

(一)环境健康损害标准制定的原则

环境健康损害标准制定的原则包括科学原则、公众健康最佳原则、公平原则和公众参与原则。

（二）环境健康损害标准具体构成要素：

1. 标准对象

2. 适用范围

3. 具体内容（或数值指标）

（三）环境健康标准的类型

按照不同标准可以划分不同种类的标准，按照标准的性质划分，可以分为环境公共健康安全基础标准、环保方法标准和环境公共健康安全的质量标准。

按照环境健康标准范围大小分为个体性环境健康安全标准和公共环境健康安全标准。按照环境健康安全标准适应不同阶段划分为事前预防性标准、事中环境健康标准和事后环境健康标准。其中，事前预防性标准，如环境污染健康影响监测标准；事中环境健康标准，如土壤生物性污染标准等；事后环境健康标准，如环境健康影响评价与风险评估标准、突发环境污染公共事件应急处置标准。

第三节　环境与公共健康损害鉴定评估法律制度

一、环境与健康损害评估鉴定法律制度内涵

环境损害评估，是指针对指定环境污染行为，采用严谨的措施或法定的方法和程序对环境损害进行科学合理的量化评估的过程。① 环境健康评估与鉴定具体很强的技术性和专业性，环境保护与卫生行政主管部门应当协调制定、发布相应的环境健康损害鉴别标准和技术规范，作为评估与鉴定的依据。环境健康损害风险评估制度在科技与实践基础之上建立一套规范化评价体系，通过对环境污染损害及其成本效益的评估分析，指导各国合理规划产业布局，鼓励企业实施清洁生产，以良好的环境质量保障国民健康状况。

2008 年环境保护部在科技标准司成立了环境健康管理处，指导全国的环境与健康工作。但是，在地方的环保部门还没有建立起相应的职能机构。长期以来，我国环保工作重视污染排放的控制，对影响人体健康的环境因子尚缺乏深入研究和有效管理。另外，各级卫生部门虽然在形式上还设有主管环境卫生的部门，但由于工作重点的转移，目前难以覆盖环境与健康工作的整个方面。针对目前存在的问题，环境保护部与卫生部就建立环境与健康工作协作机制达成了共识，这对于加强环境与健康管理工作将发挥积极的推动作用。

---

① 张红振等：《环境损害评估：国际制度及对中国的启示》，载《环境科学》2013 年第 5 期。

二、建立环境损害评估鉴定法律制度的必要性

我国现阶段环境损害事件非常突出,但是在解决该问题上,我国还没有完善的制度以保障,对于环境污染引发的损害程度、损害因果关系认定该如何处理问题,因污染而引发的人身财产损害损失该如何进行赔偿问题,因该争议向法院诉讼后的举证问题等,都没有完善的制度保障,使该问题已经成为人们热议的焦点。因此,完善环境损害评估制度立法,对提高及环境损害赔偿的效力具有关键性的作用。

(一)环境损害纠纷案件日益增多

环境案件数量增多的原因在于:由于违法成本低导致的污染事件增加;自然资源开发利用管理失控;环境维权意识的增强;环境公益诉讼的兴起和发展;导致环境损害纠纷案件日益增多,环境公益诉讼案件增多,跨行政区域环境案件增多。环境案件具有:环境损害的认定、评估难;环境损害评估方法之科学性,环境损害的评估标准的不确定;自然资源的生态价值和生态功能难以估算;环境损害行为与损害结果之因果关系的证明和认定等特点。我国曾颁布《关于环境污染责任保险的指导意见》,但由于环境损害评估技术的缺乏使该意见没有被落实;我国《侵权责任法》设专章对环境污染责任作了规定。

(二)损害评价鉴定能力薄弱,环境纠纷案件得不到及时解决

由于环境污染的特殊性,即其呈现损害程度大、致害因素复杂、鉴定难等问题,因为其不仅会对人身健康造成损害,还会对人类生存的整个生态系统造成破坏,然而,这种破坏程度是我们没办法、没能力去评测的,除此之外还有一些其他方面的损失,是无法用金钱衡量和弥补的。由此可见,设立一个专门的、独立的损害评估机构已经成为人们的迫切需要,它直接关系该问题能否成功解决,同时,还要扩大科技的运用范围,积极运用高科技治理环境污染,提供工作效率。建立系统的评估法律制度,以便及时解决环境纠纷。

(三)发达国家建立系统的环境损害评估制度,为中国提供立法宝贵的经验

环境损害评估在美国称为自然资源损害评估(Damage Assessment of Natural Resources,NRDA),欧盟和加拿大称为环境损害评估(Environmental Damage Assessment,EDA),美国 NRDA 主要针对石油类物质泄漏、危险固体废物不当处置和有毒有害物质排放这 3 种类型的环境污染事件造成生态环境损害的评估。① 欧盟环境责任指令(Environmental Liability Directive,ELD,2004/35/CE)推荐在评估

---

① 张红振等:《环境损害评估:国际制度及对中国的启示》,载《环境科学》2013 年第 5 期。

环境损害和选择适合修复项目时采用资源等值法(Resource Equivalence Method, REM),该方法又称 REMEDE 工具包,包括初始评估、确定和损害量化、确定和量化增益、确定补充和补偿性修复措施的规模、监测和报告五步。这些制度,为我国提供了宝贵的经验。

三、建立环境健康损害鉴定评估法律制度的具体建议

(一)设立环境污染损害评价管理机构

要明确环境健康评估与鉴定机构的资质、职责。如环境健康评估与鉴定机构资质的认定、环境健康评估与鉴定机构的权利和义务、评估与鉴定结果法律效力等;国家和省级环境主管部门都需设立损害鉴定评估机构,统一由国家环境主管部门制定相关标准。提高从业人员与专门机构的技术水平,在从事鉴定工作前,需要向相关的部门进行资格认定。

(二)明确环境健康评估与鉴定的范围、依据、方式以及程序

构建环境损害界定与量化的技术标准体系,提出兼具科学性同时切实可操作性的环境损害评估方法体系。结合环境污染事件发生后事件应急阶段、污染修复阶段和生态恢复阶段发生损害的不同特征,建立适宜于实际评估工作开展的损害分类和量化方法体系。

(三)完善环境损害评估资金保障机制

在环境损害评估费用保障方面,建立各级政府财政资金和专项资金为主要来源的评估经费保障途径。在私益损害赔偿资金保障方面,构建以标准化的行政救济为主,司法救济和纠纷调解为辅的损失赔偿制度。在环境公益损害赔偿资金保障方面,构建不同类型的受损生态环境恢复专项资金保障机制。

(四)明确环境健康评估与鉴定机构的法律责任

其主要法律责任包括行政责任和刑事责任。

第四节　环境与健康损害补偿基金法律制度

一、环境与健康损害补偿基金基本问题分析

(一)基金制度的概念

基金,从广义上来说是指因某一目的而设立的具有一定数量的资金,如公益基金、保险基金、退休基金等。环境保护基金,是指通过向排放污染物者强制性收取一定的排污费用或通过政府拨款等方式筹集资金,专款用于保护和改善生活环境、防治污染和其他公害,促进可持续发展,我国颁布实施的《排污费征收管理使

用条例》所筹集的资金便属于此类。但环境保护基金仅用环境污染的防治,而并不用于对环境污染受害者损害的补偿。目前,我国并无专门用于环境损害补偿的基金,对于环境污染损害补偿方面,法律的规定主要还在环境侵权的民事赔偿,实践中存在很多问题,实际上,仅通过这一种责任承担方式,是远远不够的。民事责任的承担主要是弥补受害人的损失,但是环境损害引发的后果不是都可以弥补的,所以,就会使受害人的权益受到侵害而无法救济,尤其是对于一些无法用金钱来衡量的问题,又该如何进行救济呢。除此之外,一旦污染企业引发了群体性事件,后果极其严重,很可能因为赔偿不起导致企业破产,这种情况又该如何解决,都是我们现阶段迫切需要解决的事情。

(二)环境与健康损害补偿基金的特点

1. 补充性

环境与健康损害补偿基金制度的适用,是在不明污染源造成环境影响所致损害无法得到赔偿时,对于受害人具有"高度辅助性与补充性",限于填补漏洞,而不是在环境责任法外创设新的责任构成要件。受害人不能够依民事求偿之管道向加害人请求损害赔偿者,且不能依社会保险,对"国家"、公务员进行赔偿请求为给付时,就人格权的部分即生命、身体、健康之损害,在民事求偿的限度内向基金求偿而得到保障。

2. 行政强制性

环境与健康损害补偿基金制度本身即是行政救济方式的发展。为了保障该制度切实发挥其作用,必须借用国家强制力来约束企业的交纳行为。因为这其中包含了公益与私益的冲突,在社会发展的现阶段只有进行强制性的约束,才能达到该制度的目的。

3. 范围的有限性

环境与健康损害补偿基金制度就其补偿之损害只限于具体的损害不及于抽象损害之非财产上的损害。

(三)环境与健康损害补偿基金制度的构成要件

环境与健康损害补偿基金制度的构成要件是指申请环境损害补偿基金所应具备的必要条件。

第一,传统的不明污染源。由于环境问题本身的复杂性,当遭受环境侵权损害时,很难确定污染源来自何处。受害人若依民事诉讼程序请求赔偿,因加害不明很有可能无从请求。即使知悉加害人,而加害人无支付能力或已死亡(包括法人的消灭),则无法获得其应得的环境损害赔偿。此时环境损害赔偿基金制度便成为以民事责任为依据的损害赔偿保障制度。针对生命、身体、健康的损害加以补偿,其目的类似日本制定的《公害健康被害补偿法》,系为受害人创造权利救济的机会,使受害人获得充分的救济。但是对于本基金的请求具有补充性,必须是受害人无法得到法律上其他途径的损害赔偿,才可向本基金请求赔偿。并且本基金的赔偿范围,仅以具体损害为主,不及于抽象损害的非财产上的损害赔偿,如抚慰金。即若以健康或精神被害而支付的医疗费用包括在基金的补偿范围内,但纯粹精神上的损害,因其具有不确定性,排除在基金的补偿范围外。

第二,虽有污染者但无法取得完整救济的情形。包括:加害人已死亡或不存在或已消灭;加害人全部或一部分失去清偿能力等加害人无资力的情形;鉴定费过巨或鉴定时日过长致补偿困难或不能;加害人无法支付整治清理费用而破产或逃匿①。基金源于向潜在的污染者直接或间接征收经费,可以说是潜在的污染者所组成的责任与危险的共同体,是通过基金平均分配和分担给污染者。所以,当污染者无能力支付时,应由作为责任共同体的基金负责。此类的环境损害赔偿,由基金先行支付整治费用。有应负责之人时,基金必须承担物之所有人对加害人请求的损害赔偿;或无物之所有人时,基金有独立的求偿权。

二、环境损害赔偿基金法律制度的优缺点

(一)环境与健康损害赔偿基金法律制度的优点

第一,环境污染损害赔偿的实现。建立基金后,当社会成员发生环境健康损害需要赔偿时,以基金予以支持,相对于从前的环境污染者必须具有较雄厚经济基础或是无法查找污染者,使普通大众的环境权益得到更有效的保障。

第二,减少环境损害的诉讼成本。虽然说司法审判作为维护社会稳定的最后一道防线,体现着公平和正义,但同时也要付出沉重的诉讼成本的代价。如果所有环境损害纠纷都必须等到法院审判解决,则不符合社会发展的效率原则。环境污染损害赔偿基金制度的建立,可以在事前、事中解决纠纷避免高诉讼成本的代价。而环境污染损害赔偿基金的申请在符合条件的情况下,能够及时、充分发现解决问题,使社会资源得到合理的分配。

第三,促进企业生产,满足社会需求。现代社会的环境问题本身具有高科技的背景,使对于每一个企业来说,除了做好必要的环境防治工作,仍不可避免造成一定程度的污染。然而根据我国现存的民事赔偿制度,污染损害结果的产生,就意味着这些企业即将产生巨大的赔偿责任,根据损害程度的大小、致害人数的多少,企业还存在破产的风险。所以,为了解决这一问题,为了减轻各企业因环境责

① 陈慈阳:《环境法总论》,中国政法大学出版社 2003 年版,第 356 页。

任的承担引发的巨大风险，各地的很多企业已经建立环境污染损害赔偿基金，可以相互分担风险，使企业完成生产，有利于经济的发展和社会的稳定。

（二）环境与健康损害补偿基金制度的缺陷

环境与健康损害补偿基金制度是污染损害赔偿制度的保障，所以其必须具有先置性和稳定性。即在环境损害赔偿发生之前就须备置环境污染损害赔偿基金，同时从其设立至终止时资金是数额必须达到一定的标准且保持不变。这样从市场经济利润最大化的角度考虑，也存在所筹集的资金不能得到充分的利用。

三、建立环境与健康安全补偿基金法律制度的必要性

（一）弥补民事赔偿、环境责任保险在环境侵权救济上的不足

既然法律赋予人们享有一定的权利，就应该提高各种措施以保障人们权利不受侵害，在人们权利真正受到侵害时，就必须有相应的渠道进行维权，否则权利将不具有存在的意义。那么对于环境侵权，我国主要规定了民事方面的救济渠道，再无其他，这在近些年的司法实践中以及凸显出来严重的弊端，这些问题如果不能得到解决，那么环境问题也将无法得到有效的处理。

（二）环境损害公平责任原则和限制赔偿原则的无力

公平责任是根据致害人的情节不能适用无过错责任，而适用过错责任原则又会使受害人遭受的损害得不到赔偿。在显失公平的情况下可根据双方当事人的情节轻重确定赔偿责任。按照公平合理负担原则确定，由双方分担损失的一种民事责任。① 和过错责任不同，公平责任原则是基于公平合理的理念，而非惩罚任何一方当事人，反而是由双方共同承担责任，以减轻和弥补彼此的损失，也可以称为道德意义上的责任。所以，当事人可以只承担最为直接的损失，无须承担其他间接损失。这是归责原则的一种发展和完善。

限制赔偿原则也称部分赔偿原则，是指依据法律的特别规定，损害赔偿责任人的赔偿限度小于环境本身所遭受的损失以及环境污染损害所导致的受害人的财产、生命、健康和精神损失的总和。② 该原则的合理性在于能够保障企业在无过错环境污染损害中，不致因巨额赔偿金而陷入困境甚至走向破产。这样不仅拯救了一个企业，而且可以防止社会失业率的提高。但是从这两项原则的反面来思考的话，这使环境污染的受害者无法得到与损失对等或相称的赔偿，同时造成环境治理费用的不足，所以建立环境污染损害赔偿基金也就成为必然。

---

① 韩德培主编：《环境保护法教程》（第4版），法律出版社2003年版，第338页。

② 常纪文：《无过错环境污染损害的赔偿限度研究》，载《政策研究》2001年第8期。

所以,为了避免企业因巨额赔偿金而陷入困境甚至走向破产,也为了保障受害人可以得到充分的赔偿,为了解决这一矛盾引发的社会问题,世界上很多国家已经确立了环境损害补偿基金。该基金是指由引发环境侵害的主体出资成立民间基金会,当出现环境侵权事件时,用以承担赔偿责任。还可以由政府设立基金,而该基金的资金来源于征收环境费和税,以及其他的费用等,①用于无法寻找污染主体或者年代已久的环境修复工程。但是我国现阶段还不存在此制度,可以借鉴并构建该制度。

四、构建我国环境与健康损害补偿基金制度

(一)环境损害赔偿基金制度的立法基础

首先,在现代法治国家,行政机关为行政行为时,必须遵守依法治国的原则。其中包含依法行政的原则,即行政机关行使行政权力时,必须遵守法律规范,这也是权力分立原则的体现,要求行政权必须遵守代表民意的立法权规定的法律和法律的授权。以此来避免行政权的恣意与专擅,任意侵害人民的权利。同时,行政行为必须具有明确性,使人民得以了解和预测行政权的行为,避免遭受不可预期的负担。

其次,以人权的保障为现代法治国家的重要理念与原则。此由各国宪法皆将基本人权的保障纳入其中可以得知,财产权亦属于基本人权之一。我国《宪法》第13条规定:“公民的合法的私有财产不受侵犯”。而基金的财源,无论是直接向潜在的污染者征收,或间接由其他基金拨出,实际上仍是由潜在的污染者负担。虽然该规定有其正当性,但是应该以法律明文规定对基金权的限制,以符合宪法的规定,保障人民的人身财产权。

最后,法律保留原则。即在没有法律授权,行政机关不能合法的作成行政行为。其目的在于把保护人民的权利,以防止行政权的过度侵害。此原则是在干涉行政,因为环境损害赔偿基金涉及人民生命、自由及财产的保障,当然有其适用的意义。至于在给付行政上,虽然依据传统理论无法适用法律保留原则,但根据重要性理论,认为如给付行政涉及原则性问题,因而履行重要性事项者,亦应有法律的依据,盖为防止行政机关出于恣意并尽可能使行政机关的决策具有可预测性。同时,对于特定人受益,但对于他人可能是负担,因此,在给付行政仍应有法律保留之适用。

基金的用途是补偿他人因环境污染所受损害并同时作为环境整治的财源,因

---

① 季卫东:《不可寄望“环境风暴”》,载《财经》2005年第20期。

此,基金应属给付行政。基于上述说明,基金的要件与组织应明确化,使基金的行政具有可预测性。因此,基金应于法律中明文规定其要件。组织经费来源等相关事项,以使人民明了基金补偿的要件与财源,保护人民的权利,至于其立法方式,可单独指定环境补偿与整治基金条例,或于环保相关法规如基本法中增定其法源依据。

(二)国际环境与健康损害补偿基金制度的立法经验

实际上,环境污染损害补偿基金在国际社会上已经被广泛确立,发展至今也很成熟了。大多数国家在该制度中都规定了较为明确的资金来源,其中很多规定为:一方面源于社会人士、企业和组织机构的无偿捐献,另一方面源于与环境保护措施有关的各种税和费。相较而言,这些资金来源已经非常广泛,聚集了全社会的力量,也充分呼吁了人们进行环境保护。

日本较早实现了工业化,但是这也让该国人民付出了惨重的代价,在该国曾发生4起世界性的公害事件,对该国国民健康产生了毁灭性的打击,付出了生命的代价。为了迅速且有效地解决这一问题,该国制定了《公害健康受害补偿法》,该法中明确规定了污染企业需要向国家交纳各种排污费和税,同时也设立了基金制度,将征收的税费作为基金的资金。经探究发现,该国成立基金理由如下:第一,因环境污染而受到健康侵害的人非常多,一般都是某一区域的人口,面对这么多的受害者,对他们的赔偿是一笔无法想象的数目,当然,这样的赔偿也不是一个普通企业能够承担得起的,为了避免企业因此而破产,从而制约本国经济发展,成立该基金制度是最好的选择。第二,基于环境致害因素复杂,致害的范围也非常广泛,甚至还没办法确定因果关系,使这种情况无法进展,即使是向法院起诉,也会因为无法提供证据、无法证明责任承担而得不到相应的赔偿判决。此时,该基金制度就可以解决这一问题。① 只要受害人符合相应的条件就可以通过公害补偿基金获得相应的赔偿。

美国为了解决超出船东责任限制的损害赔偿和费用偿付,制定了《1990年油污法》,设立一项10亿美元的溢油赔偿责任信托基金。② 该基金的资金来源主要是征税取得,其他源自罚款等。该基金的设立主要用于对未获得赔偿的费用进行填补。

从上述国家的基金制度可以发现:各国制定基金制度,主要针对一些受害人

---

① 王灿发:《环境纠纷处理的理论与实践》,中国政法大学出版社2002年版,第302页。

② 高振会:《建立我国海上溢油应急体系专项基金刻不容缓》,载《中国海洋报》2006年7月4日,第3版。

在特殊情况下无法得到赔偿,或者是不能得到足额赔偿的情况,为了体现社会正义,为了对受害人进行救济,使受害人在符合相关法律规定的条件下,可以通过该基金获得赔偿。

(三)我国建立该项制度所具备的条件

首先,“污染者负担”的原则的适用。“污染者”负担原则强调污染环境造成的损失及防治污染的费用应当由排污者承担。而不应该转嫁给国家和社会,明确了污染者不仅有承担治理污染的责任,而且具有防治区域污染的责任。有参与区域污染控制并承担相应费用的责任。这一原则并未将环境责任主体限于排放者,还包括了污染物的产生者,治理污染的责任范围不局限于主体本身,还扩展至区域的保护而环境损害赔偿基金从其来源,即污染才向国家交纳一定的税费,表明是污染者共同承担责任的结果。同时克服数额巨大的补偿金和污染者具有的不确定性起到积极的作用。

其次,环境侵权责任社会化的发展。这是借鉴国外其他国家的立法演变发展而来的,其目的是对因环境污染致损害的受害给予弥补,实现社会公平,其作用是分散责任,汇集社会力量共同对受害人作出补偿。这与环境损害赔偿的基金制度的作用不谋而合。一方面,为避免企业在生产和经营过程中,因担忧环境污染引发的赔偿责任无法承担,而不敢采取更多技术手段促进企业发展,使企业不能获得较好的经验而无法创收。这不仅会减少社会就业,也会对一国的经济造成巨大的打击。所以,环境侵权责任的社会化可以为企业解决这种忧虑,从而促使其积极投身于企业的经营。另一方面,为了体现社会正义,对于社会中的弱势群体,必须给予他们更多的关怀,而且这也不仅保障一国企业的顺利经营,还可以减少很多社会矛盾。

(四)环境与健康损害补偿基金的适用范围

民事赔偿、环境责任保险制度存在很多无法救济的情形,此时就需要该基金来弥补二者的不足之处,体现在以下几个方面:

首先,属于是不明污染源的,存在以下几种情况。一是由于污染的时间较早,现在已经无法寻找当时的污染者了,如旧矿山开发。二是由多人引发的环境污染,对于这种污染,无法确定具体是哪一人造成的损害侵权,也无法确定这些人的侵权程度,然而又不能采用共同诉讼的方式解决,如某区域有很多企业,他们都不同程度地排放了污染物,对当地居民产生人身以及产业损失。① 三是没有责任主

---

① 盛玉芳、陈华:《浅议环境侵权损害的社会救济制度》,载《广西政法管理干部学院学报》2007年第3期。

体导致的侵权，即自然灾害引发的人身伤害等。①

其次，虽然可以找到具体的污染者，但是如前所述，该污染企业没有经济实力承担巨额的赔偿金。或者该企业破产了，但是没能对所有受害者给予全部赔偿，还存在受害者未获得赔偿的情况，而且该企业也没有环境责任保险。

最后，不仅可以找到具体的污染者，该企业还具有保险，但是由于投保的数额少，保费不足，依然导致很多受害者得不到救济，这种情况依然属于基金赔付的范畴。

（五）环境与健康损害补偿基金的资金来源

环境与健康损害补偿基金制度也是一种行政补偿制度，因为该制度的资金大部分都是通过国家强制力的征收而得到的，综观世界主要国家的经验可以看出，该基金的资金绝大部分都是各国的环境税费。此外还会有一些行政罚款纳入，以及社会组织或个人的捐赠，但是这仅占很少一部分。当然这并不排除存在例外情况，例如，大连无主溢油应急基金就不是通过征收来筹集资金，反而所有的资金都是以企业为主的单位的提供的。我国制定的《船舶油污损害赔偿基金征收和使用管理办法》，也会将主要的企业确定为该基金的资金提供者，由潜在的污染企业承担共同赔偿责任，也是相对公平的举措。

面对我国解决环境侵权手段单一的弊端，以及避免一些社会矛盾的出现，我国也有必要建立环境基金制度，在无法寻找污染者时、众多污染者无法确定哪一个时、自然灾害给人们造成侵害时、可以找到具体侵权人但是其无力承担时，或者保费数额不足以赔付时，都可以利用该基金填补受害人损害。

基金制度的设立最难的事情就是如何筹集资金，如何扩大资金来源，为赔付受害人提供物质基础，而一般包括下列来源：第一，国家或政府的财政支持。第二，对环境税的征收。环境税是我国近两年才确立的普遍征收的税种，还存在很多需要完善的地方，还需要进一步扩大征收范围，例如，将一些含有污染因素的物和产品等纳入征收范围。第三，环境责任保险之保险金内补偿基金之附加费。与环境责任保险相结合，是此种财源之优点。第四，向不明污染源关系人追索所得款项。第五，基金孳息和其他收入，如社会捐助。

从上述可以发现，环境与健康损害补偿基金制度其实并不是一个完全独立的，它实际上是作为环境责任承担的补充制度，以弥补现阶段各国环境侵权问题无法全面解决的矛盾。构建这一制度，与环境民事责任共同致力于对受害人的赔偿救济，不仅形成了一个完整的救济体系，也体现了社会公平。

---

① 李锴、周辉：《试论我国环境损害赔偿的国家责任》，载《江西社会科学》2007年第1期。

第五节　环境与公共健康安全管理公众参与法律制度

一、公众及公众制度的概念

公众参与,是近年来在社会的公共管理和公共事务中频繁出现的一种社会行为模式。一般而言,公众参与就是指具有共同利益和兴趣的社会群体,对政府涉及公共利益事物决策的介入或者通过参与提出意见与建议的活动。公众参与有其深刻的社会经济、政治背景,不同的社会治理方式同样会对公众参与产生重要的影响。

从利益分析的角度看,一切对政治决策或公共事务的参与都可以被视为是围绕着利益而展开的。公众参与作为利益维护的一种重要手段或方式有其深刻的经济根源,在一个利益意识尚未觉醒、利益分化尚不明显的社会是无所谓参与的。因此我们可以说传统社会是非参与型的社会,而现代社会则是参与型的社会。参与往往同利益的分化、利益格局的多元化密切相关。例如,在环境保护领域公众参与的直接因素就是因为经济利益和环境利益的冲突而导致的生态危机,已成为威胁人类生存、制约经济发展和影响社会稳定的结果。而参与的目的就是通过对不当经济利益的追求所导致的环境利益的缺损补偏救弊,实现环境和经济、社会的协调发展。

按照美国学者科恩的观点,"民主是一种社会管理体制,在该体制中社会成员大体上能直接或间接地参与或可以参与影响全体成员的决策"。① 民主的实质就在于参与、表达和选择。因此,从这个意义上说,公众参与环境保护是民主主义的理念在环境管理活动中的延伸。其能否实现以及实现的程度如何往往同一个国家民主的广度、民主的深度、民主的范围紧密相连。

因此,以治理为名的社会本质上是与公众参与相容的。就我国的环境管理而言,多元善治既是世界各国公共管理发展的必然趋势,也是我国政府环境行政治道变革的必然选择。

在现代社会,由于公共权力的扩张对社会产生的影响日益深远,这意味着公众参与的社会意义也就更为重要。

首先,公众参与有利于实现公共权力的再分配和社会利益结构的重新组合,特别是通过参与可以使那些受到公权力影响的公民的利益在决策中得到表达,从而促进社会的公平和公正。

---

① ［美］科恩:《论民主》,董果良译,商务印书馆1988年版,第10页。

其次,公众参与有利于加强对政府部门的监督和制约,弥补政府能力的不足,促进政府行政和公共决策质量的改进,提高政府决策的科学性和民主性,从而有效降低政策执行的成本和阻力。同时,通过参与有利于提升参与者的民主意识和参与精神,促进社会的进步。

就环境保护而言,公众参与是符合环境管理特点的富有成效的制度,在国际社会和各国的环境法理论与实践中都具有十分重要的地位和作用。生态环境问题的社会性,决定了单纯依靠政府来应对环境危机只能是孤掌难鸣。从西方国家的经验来看,公众参与及其形成的压力是环境法发展的强大动力。目前,公众参与已成为包括我国在内的世界各国所公认的环境保护的一项基本原则。

在环境法的意义上,公众参与制度是指生态环境的保护和自然资源的合理开发利用,必须依靠社会公众的广泛参与通用规制。公众有权参与有关环境问题的决策、参加环境管理,有权对环境行政管理活动和其他对环境产生影响的活动进行监督,并提出意见和建议。

公众参与制度在环境法上的确立主要是基于如下理由:

其一,社会政治因素。一切国家和社会事务都应有广泛的民意基础。公众参与原则,是民主理念在环境管理活动中的体现。

其二,是由环境问题的公共性和环境保护的要求所决定的。首先,生态环境是关涉每一个人生存与发展的重大问题,自然资源则维系着最广泛、最普遍的社会福利,保护生态环境和自然资源是一项所涉利益广泛的公益事业,只有广泛的公众参与才能实现预期的环境保护目标。其次,环境问题最突出的一个特点是"污染容易治理难、破坏容易恢复难",所以环境保护重在预防。这实际上意味着我们不能仅重视法律方面的作用,法律措施往往都是事后的救济,然而此时环境已经遭受破坏了。所以还必须重视社会公民广泛参与到环境保护工作中,充分发挥社会公众的积极性、主动性和创造性,才能使环境保护工作变被动为主动。最后,环境保护的范围和对象非常广泛,由此而产生的环境社会关系也十分复杂,涉及生产、流通、生活各个领域,并同开发、利用、保护和改善环境资源的广泛社会活动有关。这决定了环境保护工作要有成效,仅靠专门机关是难以胜任的,必须依靠广泛的公众参与。

其三,出于环境管理的需要。公众参与是一种典型的社会环境管理的形式,是对国家环境管理的必要补充。基于国家环境行政担负着实现环境保护目标的重任,其权力的配置是否合理、其职责是否能正确履行以及行政决策方式的改进,往往会对维护社会的公共利益、保护公民的权利产生至关重要的影响。例如,就环境风险决策而言,"环境行政往往涉及浓厚的科技关联,导致决策风险提高。在时间的压力下,不论行为或不行为或采取哪一行为,在特定的时空条件下,由于信息的欠缺,决策的对错很难判断,纵于事后亦难检证,形成所谓决策于未知之中的情形。由于科技背景的因素,也容易造成决策者为求慎重或不敢负责任,而拖延决策的现象"。[①] 所以,有很多的风险其实都源于政府自身的决策之中。因此,无论组织或个人要适应这种状态,一方面要努力降低不确定性,另一方面就是应提高不确定性决策中的理性成分。显然,通过公众参与不仅可以加强对环境行政部门的监督和制约,还有利于促进政府环境行政决策质量的改进,提高政府环境决策的科学性和民主性,弥补政府能力的不足。

毫无疑问,加强国家对环境的管理、维护环境质量有赖于广泛的公众参与。但由于环境保护它是以实现公共利益为归依,所以可能会对个人利益产生一定的影响,这不可避免地会使公众参与环境管理和决策受到一定的限制。近年来,在环境法学研究中,国外学者提出了"环境公共财产"论、"公共委托"论和公民"环境权"理论。[②]

"环境公共财产"论认为:空气、水等人类生活离不开东西,它们并不是取之不尽、用之不竭的,然而一直以来,人们都无节制地使用和浪费,使我们现在面临各种资源短缺以及环境污染等问题,从而对人类生存构成严重威胁。面对这样的情况,我们应该重新定位环境资源的意义,以及重新规划如何有效利用它们,我们应该意识到,它们是全人类共同享有的物质,是人们的"公共财产"。所有人都没有权利随意使用、浪费和侵害,因为这将对其他人以及后代人的利益造成损害。

根据公共信托理论,环境资源是人们共有的物质,为了避免人们无节制地浪费侵害到其他人的利益,为保护好我们的共有物质,以全体国民为共有人,由全体国民委托国家替他们保护、管理这些共有物,国家享有国民赋予的权利,则不能滥用权利,不得侵犯国民利益。

以"公共财产"论、"公共委托"论为依据,又有人提出了公民享有"环境权"的理论。"公民环境权"论主张,任何人都应该享有可以在适宜的环境中生存的权利,以保障人们健康利益,以提升人们的生活质量,那么这一权利的享有,就必须在法律上得以确认。

"环境公共财产"论和"公共信托"论表明,环境问题不仅是一个社会公益性问题,而且还是一个关涉每一个共有人切身利益的私益问题。"公民环境权"论的提出,不仅为政府环境行政提出了更高的要求,而且为公众参与环境管理奠定了权

---

① 叶俊荣:《环境政策与法律》,中国政法大学出版社 2003 年版,第 85 页。

② 金瑞林:《环境法学》,北京大学出版社 2002 年版,第 93 页。

利基础。

二、公众参与法律制度的形成与发展

(一)国外公众参与法律制度的形成与发展

“公众参与原则”的产生,主要是基于20世纪60年代以来的环境保护运动的推动,使人们对环境污染及其危害有了初步的了解。1969年美国在其《国家环境政策法》中明确提出了公众参与的要求,并通过环境影响评价制度予以落实。该法提出“任何人都享有良好环境的权利,当然,任何人也应该对构建这样一个良好环境而奋斗”;各政府部门应该将与环境有关的信息向社会公众公示,尤其是与人民群众切身利益相关的或者可能严重影响人们身体健康的环境信息,同时,还应该向相关的公示主体针对该环境信息可能产生的影响提出预防或解决的建议。1972年斯德哥尔摩人类环境会议之后,不少国家在《人类环境宣言》的影响下,开始了公众参与环境保护的立法实践,引起了国际社会的广泛参与,不久之后,众多的国际环境法律也都开始确立了公众参与的重要性。例如,1980年《世界自然资源保护大纲》提出由广大人民群众共同参与各种与环境有关的决策之中,是非常有必要的,明确提出了让更多公众参与环境决策。1982年《内罗毕宣言》规定,“应该采取宣传、教育等各种有效措施,加强社会公众对环境保护的重视,调动各方积极性,共同努力实现环境的健康发展”。

1992年的《里约环境与发展宣言》原则10规定:“环境问题关乎我们的切身利益,而且影响极大,为了更好地维护人民权利以及有效解决环境问题,最好的办法就是让所有与环境问题有关的公民都参与进来,行使自己的权利,并促进决策的有效性。加强信息公开,是公众参与的前提,应该保证任何与环境污染有关的人民都能及时获取到相关资料,并为他们参与决策提供渠道,保障他们权利的顺利实现。各国都应该采取各种有效措施,例如公正的司法救济或者行政救济,重视对受害人的补偿或赔偿”。从这些规定可以看出,第10项原则包括了三个方面的主要内容,即环境信息公开、参与环境决策和获得司法或行政救济。

公众参与决策也是《21世纪议程》的一个重要组成部分,该议程提出,人民群众以及社会团体的积极参与,是解决环境问题的必要因素。因此,应注重发挥非政府组织(Nongovernmental Organization,NGO)的作用。议程还明确提及可能参与进来的很多主体,包括非政府组织、工人和工会、科学家以及农民等。实际上,环境问题的引起与我们每个人的离不开,人们是该问题的起因,所以想真正解决该问题,也只能依靠全体人民。公众参与可以使人们更好理解环境知识,并运用相关技术,促进环境问题的有效解决。

除此之外，特别值得一提的是1998年在丹麦通过的《奥胡斯公约》（Arhus Convention）。该公约集中体现了近年来国际社会在环境管理方面倡导环境民主、加强环境管理透明度、促进公众参与决策、重视发挥公众团体在决策中的作用的一系列新理念，并对公众在环境问题上获得信息、参与决策和诉诸法律的权利作了具体规定。

（二）我国公众参与法律制度的确立与发展

在我国，宪法和环境资源法中都对公众参与原则做了相应的规定。如我国《宪法》第2条第2款规定："人民依照法律规定，通过各种途径和形式，管理国家事务，管理经济和文化事业，管理社会事务"。我国《环境保护法》第五章专章规定了信息公开和公众参与的具体内容。《水污染防治法》中规定"任何单位和个人都有义务保护水环境，并有权对污染损害水环境的行为进行检举"。

我国2002年通过的《环境影响评价法》首次在环境立法中较为明确地规定了公众参与条款。并于2018年修正该法规定："专项规划的编制机关对可能造成不良环境影响并直接涉及公众环境权益的规划，应当在该规划草案报送审批前，举行论证会、听证会等，征求有关主体对环境影响报告书草案的意见"。2003年颁布的《行政许可法》（于2019年修正），也专门就涉及公众重大影响的行政许可规定了听证制度。2007年国务院通过发布的《政府信息公开条例》（于2014年修正）和国家环保总局通过发布的《环境信息公开办法》，则为公众参与环境信息知情权方面提供了法律依据。

三、公众参与法律制度的主要内容

（一）参与的主体

参与的主体，即谁有权和能够参与。顾名思义，公众参与的主体，其强调的是只要是与社会公众的利益密切相关的事情，那社会公众就应该享有过问的权利，这样的权利当然不限于某一国的公民，还应该包括与本国国民享有同等权利的外国人。显然，公众既可以是公民，也可以是非公民群体。公众不同于公民，公民是一个法学概念，其更多的是强调一种公民的"资格"。另外，公民仅指自然人，而公众则不以此为限，法人也可能包含在公众的范畴之中。例如，欧洲经济部长会议签订的《奥胡斯公约》规定："公众是指自然人或法人。而且从各国的实践可以发现，还包括社会组织和团体"。《奥胡斯公约》界定了两个概念，即"公众"和"所涉公众"。根据公约，"所涉公众"，是指正在受到或可能受到环境决策影响或在环境决策中有自己利益的公众。由此可以看出，公众是一个内涵和外延并不确定的概念，往往会因使用的时间和地点的不同而有不同的含义。所谓立法中倡导的"广泛的公众参与”,意指不仅需要通过立法扩大公众参与的范围,还应包括不断扩大参与主体本身的范围。

目前,就我国公众参与存在的问题而言,从参与的主体上看,自为性参与还极其有限,还主要限定在一些少数社会精英分子的参与上,远未实现从精英走向大众。这说明通过宣传、教育、培训等方式来提高“沉默的大多数”的参与意识和参与能力仍任重道远。另外,社会团体特别是环境NGO无论是在数量、规模上,还是在其广泛的社会影响力上都非常有限。

一些发达国家环境保护的实践证明,民间环境保护团体和组织在促进环境问题的有效解决、监督政府依法行政方面发挥着重要作用。托克维尔在《论美国的民主》中,对个人的无助和结社的作用作了这样的描述:“在民主国家里,全体公民都是独立的,但又是软弱无力的。他们几乎不能单凭自己的力量去做一番事业,他们如不学会自动地互助,就将全部陷入无能为力的状态”。[①] “人只有在相互作用下,才能使自己的情感和思想焕然一新,才能开阔自己的胸怀,才能发挥自己的才智”。[②] 笔者认为,由于每个人的能力和学识都很有限,因此将公众组织起来,成立各种民间环境保护团体和组织,集中开展环境保护宣传、环境学术交流、环境知识咨询、环境科技成果推广等活动,对群策群力开展环境保护活动,把保护环境变成参与者的自觉行动,对促进广泛的公众参与具有十分重要的意义。

(二)参与的对象

所谓参与的对象,即参与的范围,是指公众具体能够参与哪些与自身利益相关的事情,并就该事情提出建议。通常情况下,该范围一般是可能会对社会公众的生存与发展产生重要影响的公共性事务。

从各国公众参与环境保护的发展进程看,公众参与环境保护的领域越来越广。在早期的公众参与活动中,公众参与主要针对的是环境污染和破坏行为,以及政府在环境保护方面存在的管理不当等问题。随着对环境问题认识的深入、以及环境保护意识的提升,公众参与已不仅限于对一些污染和破坏环境的具体活动投反对票,而发展到对环境决策的参与。另外,在“理性生态人”意识的促导下,公众参与也更加强调自为性参与的自觉性,有更多的觉悟者开始积极倡导并践行绿色消费,致力于减少废物的排放,注重对可再利用物品的循环使用等。从总体上看,公众参与的对象主要包括:可以对环境管理防控措施的制定提出建议;可以积极参与环境防控与治理技术的研发;可以积极投身于环保事业,组建环保组织或

① [法]托克维尔:《论美国的民主》(下卷),董果良译,商务印书馆2003年版,第636~637页。

② 同上书,第638页。

社会团体,促进环保知识与技能的普及,提高环保问题的解决效率;还可以对因环境问题引发的人身、财产等矛盾进行调和等。

相较而言,我国的公众参与无论是在参与的形式上还是在参与的内容上还仅限于一些浅层次上的参与,尤其是对环境决策等高层次的参与尚处于启蒙阶段,自为性参与就差得更多。

(三)参与的方式

参与的方式,就是指参与的方法、形式或途径,即如何参与。公众参与的方式主要有听证、座谈、咨询等。

召开多种形式的环境论证会、听证会,主要是为公众环境保护参与权的实现提供程序上的保证。从国外的立法可以看出,各国对公众参与环境决策的程序都有具体的法律规范予以保障,使公众参与原则成为具有法律约束力的原则。

对公众的生存利益或生态平衡有重大影响的决策、计划、规划、标准颁布以前,都应当召开听证会,广泛接受公众的质询,这是公众参与的最直接的方式。如美国《清洁水法》就规定,如果某一项污染物的排放标准向社会公众公布之后必须给社会公众留出60天,使他们有充足的时间对该标准提出意见。英国《城镇规划法》规定,相关部门在制订各项规划之前,主管部门应该把该项规划向社会公众公示,在人们充分了解内容后,如果对其有什么不理解或者觉得不妥的地方,都可以向主管部门提出,之后就针对该规划所存在的问题举行公共审查大会,任何人都可以参与并提出建议。在为每一个“发展”颁发许可证以前,应召开“公开的地方调查会”,有不同意见者可以参加并发表意见。

我国的《环境影响评价法》第11条也规定,“举行论证会、听证会等,征求有关主体的意见”。存在的问题是,尚需对一些程序性的规定进一步细化,强化保障措施。

(四)参与的权利保障

在环境保护方面取得成功经验的国家,为改善环境质量、调节因环境问题而引发的各种利益冲突,都普遍遵循着一个共同的做法,那就是有效地利用公众参与在环境保护方面的积极作用,并通过立法为公民和其他社会组织在环境保护方面实现参与规定广泛的权利和义务,以促进公众参与。从国外公众参与决策过程的立法和实践看,环境知情权、环境决策参与权和环境损害诉讼权,构成了公众参与环境保护的三个权利支柱。

1. 环境知情权

一般来说,公民只有在充分享有并能行使知情权的情况下,其追求的其他权利才能充分实现。因此,知情权应当是当代法治社会中的一项基础性人权,是其他权利得以正确行使的先决性权利。

环境知情权，是指自然人、法人及其他社会组织依法享有的知悉、获取与其有关的环境信息的自由和权利。环境知情权，是公众参与国家环境管理行使监督权的前提。由于环境问题的公共性、环境保护的公益性、公众参与的广泛性，决定了环境信息公开的必要性。环境信息只有与公众分享，才能充分发挥公众对不利于环境行为的监督与制约作用，预防环境损害、保护环境，维护社会公共利益和公众自身的利益，从而体现出环境知情权的法律价值。

在一些国家的宪法和环境保护法中，对环境知情权作出了明确规定。较为典型的，如挪威《宪法》第110b条第1款规定："每一个人都有权获得一种有益于健康的和有益于自然条件的生产力和多样性得到保护的环境。自然资源的利用应建立在全面的、长期的考虑基础上，由此未来世代人的这一权利也应该受到保护"。第2款规定："为了维护前款规定的公民权利，公民享有被告知自然环境状况和任何已经计划或着手的对自然的侵蚀所产生的后果的权利"。第3款规定："国家将制定具体的规定来实施这些原则"。俄罗斯2002年公布实施的《环境保护法》，也确立了公众环境知情权。该法明确规定，每个人都有获得充分、准确和可靠的环境状况信息的权利，俄罗斯各权力机关有保证其实现的义务等。

知情权的行使，只有通过对方告知义务的履行才能最终实现，知情权是主体之间"获知"与"告知"双向互动的产物。[①] 所以环境知情权的确立，要求政府、环境保护部门及相关企事业单位承担公开相关环境信息的责任。如我国《环境保护法》规定："国务院和省、自治区、直辖市人民政府的环保主管部门，应当定期发布环境状况公报"。这意味着，环境保护行政部门负有披露环境信息的义务。再如，我国《固体废物污染环境防治法》确立了"信息公开制度"，要求环境保护行政主管部门应当定期发布固体废物的种类、数量、处置状况等信息。该制度有助于实现公众的环境知情权，让群众了解环境状况、参与环境保护、加强监督，促进环境利益的实现。

2. 环境决策参与权

参与权是普通民众能够和领导阶层、决策阶层进行沟通的最主要方式，通过普通民众的广泛参与，更利于解决不同主体之间的利益冲突。国家是公共利益的代表者，然而公共利益的维护，不可避免地会侵害其他方面的利益，所以，不同阶层都享有广泛的参与权，就可以针对某一问题提出建议，作为利益权衡的参考因

---

① 徐显明：《人权研究》(第2卷)，山东人民出版社2002年版，第268页。

素，以实现最优的解决途径。决策前的广泛参与，可以将问题解决在萌芽之中，预防和避免很多社会矛盾的激化，促进环保事业的顺利开展；除此之外，参与权也是社会民主化发展过程中应该赋予人们的权利，社会公众的广泛参与，有利于社会监督发挥其应有的作用，而社会监督可以有效制约权力机关的权利行使，促使其立法、司法和执法等各个环节都能公平公正，促使其更好地为人民服务。① 因此，在国际社会的环境保护立法中，历来都十分重视对参与权的规定和保障。

环境决策参与权，即保证给予每个公众参加环境决策的机会。环境决策参与权是公众参与的3项权利支柱的核心。从根本上说，公众是参与的主体，解决的是谁参与的问题；决策是参与的对象，解决的是对谁参与的问题，即参与的范围问题；听证、论证、咨询、评议、座谈等是参与的直接方式，解决的是参与的形式、途径或方法问题，即保证参与实现的程序问题；环境信息是制约参与的前提性基础条件，信息公开是满足参与知情的手段；环境诉讼是保证参与不流于形式，实现真正参与的司法保障。所以，获得信息和环境诉讼可以大大拓展参与的程度。参与过程中政府和公众的关系，解决的是能力互补和知识来源的问题，由于参与不是决策主体内部的行为，决定了参与需要政府为其提供服务，公众需要为更好地开展参与提高其能力，两者相辅相成。所有的一切，都是在为参与权利的实现创造有利于其实现的机会。所以公众参与的核心是公众在环境事务中的参与权。很显然，环境决策参与权的实现，离不开实现参与的法律机制和相关制度的建立与完善。

3. 环境损害诉讼权

环境损害诉讼权，即当环境或公众的环境权益受到损害时，任何人都应该享有司法和行政救济的权利。只要人们因环境问题引发了人身侵害或者财产损失，都享有让侵权人停止侵害、赔偿损失的权利，这就把保护环境与每一个人的切身利益联系起来，使公众参与原则更有实际意义。

环境诉讼是公众参与环境管理的一种重要方式，在环境法制建设中，扩大和保障环境诉讼特别是环境公益诉讼，是实现公众参与、监督制约不当行政行为和企业行为、维护公共利益的法律手段和重要机制。

传统民法的基本原则之一是民事主体不得对与己无关的财产主张权利。由于公民对环境“公共财产”没有所有权，因而不能对像水、空气等环境要素提出权利要求。这等于在说当环境受到污染和破坏时，公民只能袖手旁观、坐视不管，这显然不利于环境保护。

---

① 吕忠梅：《环境法新视野》，中国政法大学出版社2000年版，第130页。

自19世纪以来，为了促进环境保护，西方国家在立法精神和法律形式上实现了"以财产所有权为中心，向以财产的利用为中心"的转变，使最初对诉权的严格限制，得到了不同程度上的扩张。例如，美国法律规定，只要某人能说明他有权使用或享受某些自然资源，或他本人生计依赖于这些资源，尽管资源的所有权不属于他，他也不是某一污染行为的直接受害者，也可以"以保护公共利益"为由起诉排污者。英国的立法进一步为提起环境诉讼扫除了"原告适格理论"上的障碍，如英国《污染控制法》规定："对于公害，任何人均可起诉"。

显然，通过对传统诉讼制度的扬弃、放松对原告资格的限制，赋予公众以环境公益诉讼的原告资格，对环境保护来说是极为有利的。

四、公众参与法律制度在环境与公共健康安全中的有效实现

（一）普及环境教育、提高参与能力

导致公众参与的热情不高、参与的程度肤浅、参与的层次低下，被动参与居多、自为性参与不够的主要原因，从根本上说就是参与能力弱的问题。因此，只有面向社会、面向公众进行长效的环境保护宣传教育，不断培育其生态环境保护意识、提升其对环境问题和环境法律知识的认知水平和程度、让其真正认识到环境保护的重要性，才能把环境保护切实变为一种全民的自觉行动。如杰斐逊所言："任何时候只要人们熟悉情况，就可将治理的责任托付给他们，如果我们认为民智未开，尚不足以周到审慎地自我管理，则补救办法不是剥夺人民的自主权，而是通过教育培养其自我治理能力"。①

其实，人的能力问题也是人的责任问题。R. 卡尔逊在其《寂静的春天》一书中指出："是什么东西使得美国无以数计的城镇的春天之音沉寂下来了呢？不是魔法，而是人们自己"。② 因为人的责任是同人的自由选择的范围和自由选择的能力紧密相连的。其实，在人类发展史上，人类每一次实践活动的重大飞跃都表现为人的选择范围和选择能力的扩大，因而人的社会责任也必须随之而扩大。在全球性生态危机日益严重的情况下，人的责任问题就显得更为突出。

从根本上说，责任问题是一个人的发展问题。人的社会责任不断扩大，集中到一点就是培养和造就出一种新的人来。在生态文明的时代，就是要培养和造就出"理性的生态人"。③ 理性的生态人首先是具有良好生态伦理学素养的人，能够

① ［美］杰斐逊：《托马斯·杰斐逊文集》（第12卷），普林斯顿大学出版社1964年版，第163页。
② ［美］蕾切尔·卡逊：《寂静的春天》，吕瑞兰、李长生译，吉林人民出版社1997年版，第2页。
③ 吴继霞：《当代环境管理的理念建构》，中国人民大学出版社2003年版，第229页。

自觉地用生态文明原理对世界的价值、利益与权利重新审视与关照。其次，理性的生态人具备与其职业活动及生活方式相应的生态环境知识，能对一切与环境有关的事务作出符合生态学的评价，并制定符合生态学的策略。

当然，我们要充分认识到，人的发展问题既是一个根本性问题，同时又不是一个可以一蹴而就的问题。

（二）健全公众参与环境保护的配套的法律制度

公众参与环境保护是搞好环境保护工作的群众基础和社会保证。良好的公众参与需要与之相适应的人文环境和制度条件。目前，我国公众参与环境保护的实际状况与对其提出的要求还有较大差距。除了要不断加强参与者的能力建设外，还要进一步建立和健全各种有利于公众参与的激励机制和保障制度。要逐步建立、健全环境信息公开制度、环境影响评价公众参与制度、许可证审核颁发公众参与制度、环境公益诉讼制度、信访制度、听证制度、质询制度，对侵犯公众参与权的行为还应设立侵权补救制度或公众参与的司法保障制度等。

在这里需要指出的是，由于目前在立法中没有公益诉讼的规定，使与环境污染和破坏并无直接利害关系的个人和单位不具有诉讼的主体资格，无法通过法律途径对危害环境的行为提起诉讼，从而无法有效地以诉讼的方式遏制侵犯公益的行为。所以，尽快建立环境公益诉讼制度的现实需求很迫切。

公众参与制度既包含公众参与的权利，也包含公众参与的程序性规定，以保障这些相关的规定落到实处。例如，我国《环境影响评价法》对违反法律规定，不征求公众意见或不吸收公众参与所要承担的法律责任并未加以规定，可能会使公众参与环境影响评价制度的作用因缺乏司法保障而在实际运作中被弱化。再如，在我国的环境立法中相继规定了环境信息公开制度，除了需要进一步对环境知情权的权利、义务主体，环境知情权的范围、环境知情权的行使方式等问题明确和细化外，当环境知情权主体在获知环境信息的权利得不到满足的时候，要使环境知情权具备可诉性，即司法保障，从而保障获取环境信息的权利不会落空。所以，建立公众参与权侵权补救制度，或公众参与司法保障制度也是贯彻落实公众参与原则的当务之急。

第六节　突发性环境与公共健康安全事件应急法律制度

2004 年 2 月下旬到 3 月初，川化集团控股子公司川化股份所属第二化肥厂违规排污，导致沱江下游两岸突发环境污染事件，造成近万公斤鱼类死亡，百万人断水 26 天，经济损失达 3 亿元。受污染区域在事隔 1 个月后才恢复了从沱江取水。

同年5月,沱江再次遭到破坏,10万公斤鱼类被毒死,沿河群众举家提桶找水。

2005年11月13日,中石油吉林石化公司双苯厂发生爆炸事故造成大量苯类污染物进入松花江水体,引发重大环境破坏事件,该突发性事件对沿河流地区工农业生产及人民生活造成了严重的影响,国家环保局局长引咎辞职。庆幸的是政府采取了积极的应对措施,也履行了国际环境法上的赔偿义务,妥善处理了该突发性环境事件。

突发性环境事件不仅威胁人民群众的健康和生命,影响经济社会发展,在一定程度上还是公共健康安全的隐患。当有害物质或有害因子迅速进入环境后经过急剧的迁移及转化,能在短时期内破坏某一区域原有的公共健康安全状态,良性的公共健康安全状态一旦被打破就使该区域内公众躯体、精神及社会的适应能力降低,从长远来讲对人类的生存和经济的发展会产生十分不利的影响。显然,研究突发性环境与公共健康安全事件应急法律制度,规范社会转型期间人们对于环境的行为,有利于保证社会有序、健康发展,也有利于消除公共健康安全受到的侵害。

一、突发性环境与公共健康安全事件应急法律制度基础性问题研究

(一)突发性环境与公共健康安全事件应急法律制度的概念

研究突发性环境与公共健康安全事件应急法律制度基础性问题,其目的就是把突发性环境与公共健康安全事件应急法律制度规范与其他规范区别开来,把突发性环境与公共健康安全事件与其他突发性事件区别开来。由于环境法内容较多,公共健康安全的知识也是相当烦琐,况且环境法是从其他法律部门独立出来的,也就与其他法律部门有着千丝万缕的关系。如果仅从调整对象上加以概括,是很难将突发性环境与公共健康安全事件应急法律制度和其他规范区别开来的,所以必须分析其特点及定义,才能真正理解一个概念的科学性。

1.突发性环境与公共健康安全事件界定

突发性环境事件指突然发生,造成或者可能造成重大人员伤亡、重大财产损失和对全国或者某一地区的经济社会稳定、政治安定构成重大威胁和损害,有重大社会影响的涉及公共安全的环境事件。① 公共健康安全,是公众的一种健康状态,是躯体、精神和社会适应能力的良好状态。这种良好的公共健康状态是评价公共健康事业是否健康发展的标准。它也是一种动态的客观存在,可以用客观的

---

① 《国家突发环境应急预案》第7.1条,载央视国际网:www.cctv.com,最后访问日期:2011年5月5日。

指标对健康状况进行测量，可以通过个人和集体努力、社会的适当干预，使个人或者人群的健康状况进一步提升，达到更高的健康水平。由此可知，公共健康安全事件，是由于一些不安全因素导致公共健康不安全的状态的发生。由上述概念，可以看出：突发性环境与公共健康安全事件，是指突然发生的、涉及环境与公共健康的不安全事件。突发性环境与公共健康安全事件有以下几个特点。

第一，突发性。突发性是所有突发性事件所具有的最显著表面特征。正是由于存在突发性这一特征才使突发性环境与公共健康安全事件的发生一般很难准确去预测。对于政府来说，如果没有做好预案和具体应对措施，很难控制事态的发展；对于公众等突发性环境与公共健康安全事件非专业应对群体来讲，其表现往往是被动、仓促、意外。我们深入事件内部就会发现，突发性环境与公共健康安全事件的出现并不纯粹没有任何预兆，其并不是偶发性的、个别的事件，而存在一个发展、积累的过程。从哲学的角度看，事物的发展总是要经历量变到质变的过程，突发性环境与公共健康安全事件也不例外，只是很多时候某些因素并不显见或者某些诱因也不易被察觉，才导致有关主体很难预测到事件发生、走向及结果。

第二，较大社会危害性。现在的社会是一个人与人联系紧密的社会，很多人在一起工作学习和生活，一旦发生突发性环境与公共健康事件势必会影响到众多人的健康利益。环境便是围绕着人类的非人类的外部世界，①所以突发性环境与公共安全事件的发生往往会影响不特定的多数人的利益，或许影响许多人的基本生活、生存，或许涉及个体的生命健康。一般事件处理不当可能引起较大的经济、社会危机，严重的情况下可能会导致人员的伤亡，所以危害极大。

第三，跨国性。随着经济全球化的进程不断加快，突发性环境与公共健康安全作为一个社会问题，其发生不一定具有国际性，但是危害具有国际性，要解决此问题需要国际协作。突发性环境与公共健康安全事件的应对能力，也日渐成为衡量政府工作的一个标准。政府应对突发性环境与公共健康安全事件的时效、策略和能力反映了民众生命健康的受关心程度，事件的处理也关乎国际声誉。如松花江水污染事件。

综上所述，笔者认为，突发性环境与公共健康安全事件的定义应该是，突然发生的由于违反环境保护法律法规的社会行为、意外因素或者不可抗拒的自然原因等致使环境受到破坏，可能或已经造成公众健康严重受损，造成社会经济与人民群众财产受到损失，造成不良社会影响的事件。

---

① 张梓太：《环境与资源法学》（第2版），科学出版社2007年版，第1页。

2. 突发性环境与公共健康安全事件应急法律制度概念

突发性环境与公共健康安全事件应急法律制度，是指为了及时应对突发性环境与公共健康安全事件，由相关主体预先设定预案，在发生或可能发生突发性环境与公共健康安全事件时，启动应急程序以最大限度地减少人员伤亡和降低财产损失等法律规定的总称。

从现行的应急法律法规、应急制度来看，我国突发性环境与公共健康安全事件应急法律制度的特征如下：

第一，重视社会公众的生命健康与财产的维护。例如，规定出现突发性环境与公共健康安全事件后，灾区所在地的政府部门必须汇集各方的救灾物资，及时去往灾区，全力对灾区人们进行救援，尽可能减少人员伤亡，保护人们的财产，防止突发性环境事件造成公共健康安全的深层次危害。

第二，重视应急工作与经济社会发展的联系。将应急制度纳入发展规划，并贯彻了预防为主的理念，同时也注重对环境的治理。现阶段，我国很多的法律法规已经将防治工作上升为非常重要的地位，可以看出国家对预防措施的重视。实际上在近些年的实践中，各级政府高度重视突发性环境与公共健康安全事件的预防工作，包括建立监测网络，提高应急队伍的水平等。

第三，在突发性环境与公共健康安全事件应急中重视科学技术中作用。我国有关灾害应急的法律、行政法规，都非常注重科学技术研发，并将科研成果广泛用于环境污染的预防和治理过程中，也一再强调科学技术的重要性，因此政府应该采取各方面有效措施，以支持我国环境领域的科学研究，所以，不仅应该加大科研资金的支持力度，还应该将科研成果以更为广泛的方式向社会公众进行宣传，扩大环境治理的技术运用范围。

（二）突发性环境与公共健康安全事件应急法律制度的内容

1. 突发性环境与公共健康安全事件应急的原则

（1）预防为主原则。预防为主是我国环境、公共健康工作的一贯方针。在突发性环境与公共健康安全事件的应急工作中，认真贯彻预防为主的方针具有重要意义。面对复杂多变的环境，在现行法律制度的设定方面，一系列应急制度被规定下来，实际上就是这一方针在法律条文中的表现。

（2）执法及综合决策相结合原则。执行法比制定法更重要。强化执法、综合决策，就是要在日常工作中应坚持依法办事，做到严格执法。坚持环境保护与公共健康安全的综合决策，通过科学规划从源头解决突发性环境与公共健康安全问题。

（3）统一领导、分级负责、科学协作的原则。坚持贯彻以政府主管部门统一领导，相关职能部门分工协作，以提高效率为宗旨，促使应急主体在应急处理工作中反应及时、应急措施果断、应急处理效果明显。

2. 突发性环境与公共健康安全事件应急法律制度适用范围

突发性事件的范围很广，突发性环境与公共健康安全事件只是其中的一种。突发性环境与公共健康安全事件，主要涉及环境因素对于公共健康安全的影响所产生的应急事件。应对突发性环境与公共健康安全事件属于应对突发环境变化造成的公共健康安全事件的应急管理，但突发性事件应急制度包括多方面内容。

3. 突发性环境与公共健康安全事件应急法律制度的主要内容

(1)突发性环境与公共健康安全事件应急监测预警制度

应急预警监测制度在对突发性环境与公共健康安全事件应急工作中占有很重要的地位，它是应急工作科学性与合理性的有力保证。建立应对突发性环境与公共健康安全事件监测预警制度，可以通过平时细致地应急预警准备，在突发环境与公共健康安全事件到来前或者一经发觉时就迅速采取有效的措施，抵抗危机、减小损失。

(2)突发性环境与公共健康安全事件应急响应制度

该事件一旦发生，各有关部门将会按照预先制定的制度迅速展开工作，通过紧密的配合和有效的分工，可以在有充分调查资料和预警准备的基础上，保证应急处置工作有据可依、有序可循。突发性环境与公共健康安全事件应急现场快速的判断和及时的处理措施，将在反复模拟研究后形成制度。通过制度保障应急队建设、物资设备充实、现场救治指导等工作有据可依，在实际面对应急响应工作时能有条不紊地实施应急，进而真正有效保障人民群众的生命健康。

(3)突发性环境与公共健康安全事件应急善后处理制度

该制度不比其他任何制度显得次要，反而是应急法律制度中至关重要的一个部分。经过善后处理，将突发性环境与公共健康安全事件的事发原因、事发过程、应急情况、恢复情况、应对中存在的问题及加强和改进工作情况、各部门的责任和救助需求等做出全面调查，这些结论不但可以成为后期突发事件应急工作中的宝贵经验，从深层次意义上讲，应急上后处理制度将为完善整个应急法律制度做出重要的贡献。

二、日本、美国突发性环境与公共健康安全事件应急法律制度立法评析

突发性环境与公共健康安全事件在世界任何地方都有发生的可能，所以目前看来应对此类事件成功的国家不在少数，以日本、美国为例，对其应对突发性环境与公共健康安全事件应急法律制度进行考察。

（一）日本的突发性环境与公共健康安全事件应急法律制度及评析

日本是典型的岛国，该国四周环绕着海洋，又处于众多板块交界处，所以该国的环境形势是相对严峻的，然而无论是公众健康意识还是突发性环境与公共健康安全事件应急法律制度建设，日本都不逊色于其他国家。为了防止公共健康受到环境破坏的侵害，立法机构制定《公害控制法》对企事业活动及其他人为活动实行控制。该法作为日本环境法体系中的重要组成部分，其特征是通过控制公害的发生，以减轻或避免环境问题对人们健康所引发的各种危害，为人们创造优质的生活环境。第二次世界大战后，该国大力发展经济引发轰动世界的公害事件，迫使该国不得不寻找解决公害问题的方法，在经过长时间的实践与试探，最终确立了较为有效的公共健康安全应急法律制度体系，特别是在解决突发性环境事件方面卓有成效。

日本在突发性环境与公共健康安全事件发生后，按照相关规定，执行上述的应急制度需要多个部门之间协作实施。环境省是该应急制度的最高监管者，是其他机构工作任务的发布者，以及各机构之间的协调者，其他各机构在环境省的监管下执行各自职权范围内的事物。与此同时，各机构或组织的履职行为也要受到本国国民的监督，以提高履职行为的公平公正和执法的有效性。该国的信息管理制度也是非常完善的，由于该国技术的飞跃进步，科技实力迅速增强，再加上国家在资金、物质方面的大力支持，使该制度发展得非常迅速，成效也十分显著，已经成为日本解决环境健康应急问题中不可缺少的制度。[①] 信息管理部门会以合法的方式收集各种相关信息，并由专业机构对数据进行分析后，将结论提交给有关部门，作为相关问题决策的参考。除此之外，还要根据收集的最新信息对结论进行实时更新，并且，政府部门要将这些信息以公众能够接触的方式向公众公布，尤其是与公众有密切关系的信息。按照这样的方式，如果发生突发性环境与公共健康安全事件，也能够采取有效的方法加以解决。

参考日本多年环境破坏防治与公共健康安全的成功经验，可以发现：日本的政府、企业和公众是三个独立的主体，他们之间不仅会彼此制约，还会彼此协作，共同促进环境与健康问题的解决，这种机制至目前为止已经比较成熟了；具有非常严格的立法程序；构建了完备的信息公开制度，为民众实现公众参与提供了坚实的基础。

需要注意的是，我国的现状与日本情况不完全相同。日本在较长期的经济发展过程中基本上是依次经历了工业化带来的公害问题、城市化带来的区域环境污

① 陈威：《日本的环境健康安全体系》，载《环境与职业医学》2006年第4期。

染以及全球性工业化和城市化进程化带来的全球环境问题,并逐一加以解决和面对。然而我国由于经济发展不平衡、起步晚,使我们在经济发展的同时应该结合实际提前制定应对各种各样环境问题的策略,建设有中国特色的环境与公共健康安全体系。

(二)美国的突发性环境与公共健康安全事件应急法律制度及评析

美国环境与公共健康安全事件应急法律制度具有众多的法律政策渊源,为该制度的实施提供了坚实的基础。该制度的具体落实主要基于美国《宪法》中规定了总统和政府的各自权力,再通过其他成文法具体规定制度实施的程序性事项。针对环境与健康的立法中,非常值得提及的是《综合环境反应、补偿和责任法》中对危险污染物泄漏的应急管理。该法规定了很多主体的义务,通过义务的设定督促其积极维护环境安全。例如,行为人如果发现泄漏事件,必须及时向有关部门进行报告,积极采取各种有效措施进行止损,如果对他们或者环境造成损害还会承担相应的法律责任;泄漏事件发生后,行为人向有关部门报告后,该部门或者指令其他部门进行协助,污染现场进行紧急处理,以减轻损失、避免人身健康损害;在环境与健康保护中,美国宪法,扩大了联邦政府在法律制度建设方面的权力,包括对应急处理措施提出建议等。

近年来,美国成功地减少了空气、水或者其他物质对公共健康安全的不良影响,也由于环境风险对公共健康安全的评估的推动作用,美国环境状况得以与公共健康安全问题紧密结合,所制定的应急法律制度通过监管各种媒介以降低环境对公共健康安全的威胁。同时,政府也非常重视应急预案制度的完善,并先后成立了应对不同突发性事件的政府机构,如美国公共健康协会、疾病预防控制中心等。通过立法的形式,议会为突发性环境与公共健康安全事件提供了法律制度保证,强调将环境保护纳入公共健康的评价标准。

美国宪法将管理公共健康事务的职权赋予了州政府,这就表明州政府具有积极采取防控和治理措施的职责,应该对其管辖范围内的事务承担责任。[①] 联邦政府拥有宪法赋予的其他权利,而那些权利以政府运行体制的形式展现出来,这就使联邦政府最终成功地介入环境与公共健康事务的治理活动中。从本质上来看,这种介入可以说是权力的再分配,面对当前该问题解决之困境以及社会公众健康面临的严重威胁,不可否认,这种权力再分配对该问题的解决具有重大意义。

---

① 熊建军:《美国宪法治理公共健康的理念与实践》,载《时代经贸》2008 年第 114 期。

三、我国突发性环境与公共健康安全事件应急立法现状及存在问题

(一)我国突发性环境与公共健康安全事件的应急制度现状

从现有法律来看,对突发性环境与公共健康安全事件应急处理作出了规定的法律是很多的,立法涉及海洋、防洪、大气、卫生检疫、海上交通安全、安全生产、森林、防震减灾等很多领域,这些法律中均对应急事件处理措施有所规定。实际上,国家环保主管部门为解决该问题做出了积极的努力,例如,根据《国家突发公共事件总体应急预案》颁布了《国家突发环境事件应急预案》,该预案成为后续系列工作开展的重要依据。目前,我国针对突发性事件立法主要有:《国家突发公共事件总体应急预案》《国防法》《戒严法》《防震减灾法》《防洪法》《传染病防治法》等专门的法律。人大常委会通过的卫生法律有9部,由国务院发布或批准发布的卫生行政法规有27部,各省、自治区、直辖市人大和政府也制定发布了大量的地方性卫生法规或地方性规章。

《国民经济和社会发展第十二个五年规划纲要》指出:坚持预防与应急并重、常态与非常态结合的原则,建立健全统一指挥、结构合理、反应灵敏、保障有力、运转高效的国家突发事件应急体系,提高危机管理和风险管理能力。环境健康事故应急是需要效率和效果的,强调专业性和及时性,也就是在短时间内把应急人员、物资输送到事故地方,展开控制和治疗行动。该制度的核心是应急的指挥系统、运输系统、通信系统、培训系统的设计。

我国已经制定了《国家突发公共事件总体应急预案》,初步建立了应急制度,明确了突发事件应急管理预案体系等方面,为建立和完善环境健康事故应急制度提供了指导。在环境健康事故应急方面,还需要进一步具体完善,使其制度化。首先,明确领导机构及参与部门,明确部门职责和部门间的协调机制;其次,明确各部门应急物资、通信保障的责任,按人员、物资、运输、通信分部门明确责任;再次,专业人员培训措施,包括培训机制、培训保障措施等;最后,对应急不作为或者明显适当行为的法律责任。

从某种程度上说,我国现行的应对突发性环境与公共健康安全事件的应急立法不可谓不丰富,以《环境保护法》为主干,再分解到各行业应急法规中涉及环境与公共健康安全问题的条款,几乎包含了可能出现突发性环境与公共健康安全事件的众多领域。现行的应急法律体系,为应对突发性环境与公共健康安全事件,依法实施有效的管理,提供了一定的法律保障。但是,由于整个社会的发展变化,我国的基础设施、环境与公共健康保障条件以及人们的意识等诸多方面适应不了目前的环境,使环境与公共健康安全工作面临严峻挑战。

2006 年 1 月由国务院颁布《国家突发公共事件总体应急预案》,2007 年 11 月 1 日《中华人民共和国突发事件应对法》正式实施,时任环保总局局长周生贤也在 2007 年提到增加应急预案制定。但是当前我国的突发性环境与公共健康安全事件应急预案制度状况并不令人满意,表现在应急预案所规定的部分措施的采取与否缺乏法定的启动标准,相应的技术力量、处置物资和资金难以及时到位。

由于应急预案的制定受到很多因素的影响,如科技因素。这就需要综合考虑影响事件应急的各种因素,为下一步实施有效的应急工作做充分准备。

(二)我国突发性环境与公共健康事件应急制度存在的主要问题

1. 突发性环境与公共健康安全事件应急机制存在的问题

我国的《国家突发环境事件应急预案》虽然针对突发性环境应急事件机制做出了规定,但是我国没有完全建立起突发性环境与公共健康安全事件的应急体制。表现在应对突发性环境与公共健康事件的管理机构只是临时设置,甚至有人认为环境与公共健康安全关系并不是十分紧密;环境保护与公共健康安全、突发性环境与公共健康安全事件应急等管理与运行机制存在各自为政及分散执法;突发性环境与公共健康安全事件的信息传播环节不受重视。

这样的制度框架既可能会使处理突发性环境与公共健康安全事件的政策不能很好地得到贯彻,亦制约了突发性环境与公共健康安全事件应急主体处理对事件的控制能力,更严重的是影响处理突发性环境与公共健康安全事件的效率。突发性环境与公共健康安全事件发生后,有关部门及其负责人由于缺乏全局观念,往往存在将事故情况没有及时向有关部门报告,甚至有谎报、缓报、瞒报的现象,更不用谈及时向社会公众发布。松花江污染事件表明,不完善的政策制定和执行体制则会限制突发性环境与公共健康安全事件应急体制的有效建立。

目前,我国突发性环境与公共健康安全事件应急工作基础仍比较薄弱,特别是民众预防意识淡薄,突发性环境与公共健康安全事件应急能力有待提高。所以妥善解决突发性环境与公共健康安全事件应急体制存在的问题相当关键。

2. 突发性环境与公共健康安全事件应急法律规定在执行中存在的问题

法律要运行也要有一个社会背景和社会条件,在合理的平台下才可以进行有效的操作。从目前来看,现行的应急立法是丰富的,但突发性环境与公共健康安全事件真正出现时,应急法律规定在执行中往往不能起到预期的作用。

突发环境与公共健康安全事件应急法律规范之所以未能充分发挥出应有之保障作用,其中一个原因就是存在执行力度不大的问题。针对法律自身来说,突发性环境与公共健康安全事件应急预案繁多,然而不同应急预案体系针对同一类型事件并不完全统一,突发性环境事件与突发性公共健康事件应急法律制度的公众认同以及民众接受心理状况等规定也存在冲突。有部分应急机制规定的又过于抽象简陋,导致可操作性差、执行力不大。加之在立法准备上存在不足,表现在对突发性环境与公共健康安全事件法律责任规定不明确,公民在应急事件中所应该承担的义务不明确,应急措施欠缺法律依据,缺乏有效应急程序,缺乏统一指挥的法律依据。这就使突发环境与公共健康安全事件应急法律规定无法适应实际操作。

四、完善我国突发性环境与公共健康安全事件应急法律制度建议

(一)完善我国突发性环境与公共健康安全事件应急制度体系

从实践中可以看出,我国环境与健康安全的矛盾比较突出,这类关乎环境及公共健康安全的事件处理起来也比一般的事件更加复杂,更加难处理。因此,针对这些问题,制定较为完善的法律制度与相关规范是非常必要的,以避免在出现健康安全事件时没有相应的解决依据,使安全事件得不到遏制而迅速蔓延,最终引发更为严重的健康损害结果。除此之外,还必须更加注重有关部门之间的协作处理能力,通过在实践中不断磨合,以实现各部门都能有一个较快的针对突发事件的反应速度和较强的处理能力。这些方面的不断完善,对于突发性环境与公共健康安全事件的解决会有非常明显的推动作用。

1. 协调统一我国突发性环境与公共健康安全事件应急法律规范

突发性环境与公共健康安全事件的应急处理仍旧处于理论探讨阶段,主要问题是实际工作中操作经验不足。因此,研究者试图通过大量制定法律,且在法律法规中规定突发性环境与公共健康安全事件应急处理条款来完善应急法律制度是不太科学。现如今的重点工作在于,协调已有法律规范之间的冲突和矛盾,同时应完善突发性环境与公共健康安全事件应急等法规的应急预案与应急准备、监测与预警、信息的收集与事件上报等方面的基本规定。

2. 加强有关突发性环境与公共健康安全事件应急管理部门协作

突发性环境与公共健康安全事件应急处理是一项系统工程,加强部门协调是必要的。当前,各级政府大多设立了环境与公共健康安全事件应急指挥机构,突发性环境与公共健康安全事件应急处理部门是其中的一个重要组成部分。为此,突发性环境与公共健康安全事件应急管理应该有机地整合到国家常规管理体制之中去,建立一个具有决策功能的常设综合协调部门。此外,各部门之间应进行突发性环境与公共健康安全事件的应急处理演习,明确各自的职责。突发性环境与公共健康安全事件应急处理要经过实践的检验,以提高应急处理能力。此外,应建设国家突发性环境与公共健康安全事件应急案例库和应急培训中心。

(二)完善突发性环境与公共健康安全事件监测预警机制

1. 突发性环境与公共健康安全事件的监测预警阶段

总体来讲,针对该事件的监测预警,包括以下四个方面。

第一,重视信息收集。政府部门和其他有关机构需要采取各种方式收集与环境和健康有关的各种资料,并将收集的所有资料都整理然后存档,以备后续需要时使用,这是做好突发性环境与公共健康安全事件预警工作的前提。真实、完整的信息保证了应急准备工作和应急处理的信息畅通,从而有效减少人员伤亡和降低财产损失。应急信息系统的建立,确保了各级政府部门、其他有关机构与信息监测平台能够实时沟通或联系,使相关信息以更快更便捷的方式被获取,能够更为有效地促进各部门间的协作,更利于该工作的顺利实施。

第二,对相关信息进行准确分析评价。其主要是对突发性环境与健康事件的现实危害性以及日后可能引发的威胁进行科学的分析与评价。① 事情总有轻重缓急之分,面对该问题,如何做到及时分析、提出科学的解决方法,进而实现问题的有效解决,这就显得十分关键。按照常理,发生突发性环境与公共健康安全事件,各级人民政府应当及时汇总突发性环境与公共健康安全事件信息,如有必要可以组织专业技术人员进行会谈,保证对发生突发性环境与公共健康安全事件的可能性及其可能造成的影响进行准确评估。所有的决策这些工作都有赖于规范制度对信息的准确分析。

第三,形成报告阶段。基于信息收集系统汇集的各种环境与健康的相关资料,对其进行数据分析与评价,并将最终得出的结论整理出报告的形式,内容主要包括环境健康问题产生的缘由、该事件可能会引发的影响、如何进行解决的方案等一些思路等。所形成的这个报告也应该考虑到相关部门解决该问题的能力,以及在救援中会出现的其他意外事件,并尽可能做好应对的准备。最后,应该按照应急制度的规定在规定的实时间内把报告提交给相关部门。

第四,预警公布阶段。基于对环境与健康信息数据的分析,对可能引发的健康风险进行预测,并依据预测的是否严重、时间是否紧迫以及该事件可能引发的潜在性危害,做出不同的预警提示,而且必须及时将预警信息向社会公众公告,以各种有效、便捷的方式使广大人民知情,以给他们提供充足的时间应对危险。发布警报后即进入预警期,按照预案应该启动应急程序,应急主体就应该根据突发性环境与公共健康安全事件的实际情况采取相应的应对办法。

---

① 袁海英、李娜:《重大突发性水污染事件应对机制研究》,载《法学杂志》2010 年第 7 期。

2. 预先建立突发性环境与公共健康安全事件监测体系

建立预警机制是提高应对突发性事件能力的第一步，也是消除危机的第一步。[①] 这就要求预先建立监测体系对可能出现的突发性环境与公共健康安全事件进行预防性应对，将诱发因素彻底消除。对突发性环境与公共健康安全事件的监测，是针对事件本身的暴发可能性和程度，按照科学合理的推理分析所得出的结论，是相关部门向全社会发出预警的依据，是环境与公共健康工作者作出应对突发情况决策的基础。关于监测预警制度也应该有法律的保障，根据《突发公共卫生事件应急条例》[②]第 14 条规定，能够确保有指定的机构负责开展突发性公共卫生事件的日常监测。同时，应该根据突发性环境与公共健康安全事件的类别，以不同的类别对资料进行分类，并采取分别监测的方法，以便获取更精准的监测数据，在对这些数据进行综合分析的基础上，提出科学的监测结论，并对人们健康可能存在的威胁进行明示，提出预防的解决方案，以促进人们健康的维护，以及环境问题的尽快解决。通过开展法律制度的研究，进一步明确突发性环境与公共健康安全事件应急过程中各主体的权责。例如，研究制定损害赔偿办法及法律援助办法，完善损害赔偿的法律依据。

监测的一般意义是监视、测定、监控。现阶段我国在解决突发性环境与健康问题过程中遇到很多困难，使该工作的进展非常缓慢。例如，对环境与健康相关的资料收集还不够全面，环境对人体健康引发的侵害具体有多严重还不清楚，信息监测与跟踪都不够及时，还有各部门之间办案的协作也不密切等困难。所以，面对我国现阶段严重的环境污染情况，必须采取更为先进的设备以及更为有效的监测方法，对我们的生活环境和健康水平进行实时监测，尤其是那些污染极其严重的地区，必须引起国家的重视，这对于构建和谐社会是非常必要的。

3. 建立突发性环境与公共健康安全事件监测网络

面对我国现阶段非常不乐观的环境与健康状况，迫切需要采取相应的手段去应对，然而实践中可以发现，对于环境的以及人们健康进行全方位监测是最有效的方法之一。通过从国家到地方各部门积极配合，组建一个全方位、遍及每一个角落的环境与健康监测系统是非常必要的，加强监测的科学技术运用，提高监测的精准性以及有效性。除此之外，还需要重视对监测人员进行定期培训，以提高操作能力，提高工作效率。在对监测数据分析以及实践过程中，不断完善监测方

---

① 孙浩森：《突发性事件应急机制问题研究》，载《山东工商学院报》2009 年第 2 期。

② 《突发公共卫生事件应急条例》，载百度百科：http://baike.baidu.com/view/439197.htm，最后访问日期：2014 年 6 月 20 日。

法与技术，对内容进行更新，构建一个十分精准、有效的国家监测系统，及时了解环境与健康事件的发展动态，并为可能引发灾害的地区提供及时的预警，为该问题的解决提供科学依据。

需要建立的监测网络，应该是有制度支持的灵活覆盖较多医疗卫生机构的监测体系有机组成部分，可以做到对突发性环境与公共健康安全事件信息进行及时、全面而快速的传递、收集和分析，做到理论有支持，实践有依据，识别有保障。同时，通过建立突发性环境与公共健康安全事件常规监测制度和重点监测制度相结合的机制，实现对农、林、牧、渔等产品环境良性的间接监测。借助现代科技直接判定环境及其衍生物对公共健康的影响，进而形成一些数据或者经验的积累，形成一个富有成效的监测机制。例如，在某一区域设立土壤监测点，加强对该区域土壤肥力的提升及其对潜在危机的排查，最后整合所有监测资源，形成一个特定场合特定设置监测的监测方案。在此基础上，对可能发生的突发性环境与公共健康安全事件进行预警，合理制定不同风险等级预警和救治有区别的方案，在制度的保障下不断提升应急水平。

（三）健全突发性环境与公共健康安全事件应急响应机制

1. 健全突发性环境与公共健康安全事件应急响应机制总体思路

从突发性环境与公共健康事件的应急法律制度发展趋势来看，一方面是因突发性环境破坏事件导致的公共健康安全损害事件不断发生，另一方面是公共健康问题在全国范围内普遍存在。而目前针对突发性环境与公共健康安全事件应急响应机制所开展的研究只在环境问题或者公共健康安全问题的某一个方面，且现有的研究范围、广度和深度还远远不够。为了明晰我国突发性环境与公共健康安全事件应急响应制度的具体情况，应该开展专项研究活动，不仅要研究典型区域的环境资料和公共健康状况，更要从局部、零散地应急响应策略中摆脱出来，做到结合区域实际情况和顾全大局，确保应急法律制度落到实处。

2. 健全突发性环境与公共健康安全事件应急响应机制具体措施

突发性环境与公共健康安全事件发生后，首先，是减灾救灾，防止事件危害扩大。所以在事件的处理中应该坚持政府主导、社会动员、措施合理的原则。一般来说，所开展的一系列工作需要结合事件的紧急程度，制定和实施应急措施与事件的紧急危险阶段相一致。其次，要做好信息报告，及时、准确地发布信息，保证应急主体全面掌握突发性环境与公共健康安全事件的发生和发展态势，采取积极有效的措施，最大限度地减少突发性环境与公共健康安全事件的发生以及造成的损失。如果涉及跨区域、跨国界的突发性环境问题，一定要及时履行告知义务。最后，就是立即进行应急响应。将存在危险的人们赶紧转移到安全区域，并由特定人员把他们安置到指定地方;对灾区的发展状况进行实时监测,了解污染情况以及人员伤亡情况,并及时向有关部门进行报告;将人民生命健康置于第一位,采取各种可能有效的方法,将损失控制在最小范围内。

(四)建立突发性环境与公共健康安全事件处理后阶段制度

1. 突发性环境与公共健康安全事件的善后处置工作

突发性环境与公共健康安全事件的危害得到控制或消除后,应该做好善后工作,善后处理的制度必须形成文字,处理的结果关乎公共领域的结论应为广大公众所知晓。只有在制度的保障下,才能确保各执行主体责任分明,进而使事件有一个较为及时合理的善后处理。

2. 突发性环境与公共健康安全事件后续调查制度

突发性环境与公共健康安全事件应急处置工作结束后,应当尽快启动事故调查工作,在第一时间掌握信息、收集证据。应当对突发性环境与公共健康安全事件发生的起因、全程的发展状况、针对该事件采取了哪些应急措施、问题解决后人们健康的恢复状况、依然存在的待解决事项、还需要进一步完善的建议、各部门的责任等情况进行汇总,并将最终得出的结论提交有关部门。

3. 明确突发性环境与公共健康安全事件责任

根据突发性环境与公共健康安全事件的调查,对在应对突发性环境与健康事件中做出明显贡献的主体提供奖励;对那些不提供真实信息的企业以及不正当行使监管职权的人员依法严惩;对于违反法律法规导致突发性环境与公共健康安全事件发生或者危害扩大的群体或个人,依法追究其责任。

(五)突发性环境与公共健康安全事件应急配套实施制度

1. 突发性环境与公共健康安全事件应急公众参与制度

当前人们已经逐步认识到突发性环境与公共健康安全的重要性。应该调动公民的积极性,应该进一步完善公众参与制度。首先,要确立和完善公众的参与权。其次,要拓宽公众参与的渠道。我国《宪法》第 2 条第 3 款规定:“人民依照法律规定,通过各种途径和形式,管理国家事务,管理经济和文化事业,管理社会事业。”这是公众参与制度的宪法依据。实践中,听证会、座谈会、访谈、热线电话、公众信箱等多种形式的公众参与活动正逐步完善。

突发性环境与公共健康安全事件应急的公众参与制度是环境保护及公共健康安全的一项基本制度,从某种意义上说,公众参与制度成为衡量区域环境保护程度和公共健康安全系数高低的一个重要标志,成为突发性环境与公共健康安全事件应急法律制度的重要配套实施制度。

2. 突发性环境与公共健康安全事件扩大化预防制度

由于突发性环境与公共健康安全事件涉及的群体复杂、影响广，在处理过程中难免出现超越事件或者衍生其他突发事件，果断做好防止此类二次事件发生相当关键。一个行之有效方法就是尽快了解清楚发生突发性环境与公共健康安全事件的事由，妥善解决隐藏在事件背后的一系列因素。只有切实处理好每一个突发事件，防止衍生其他突发事件，才能真正做到完善地应急。

第八章　环境与公共健康安全分类控制法制建设

第一节　日常生活污染源的法律控制

我们生活中的污染源非常多,尤其是近些年来,垃圾问题成为人们普遍关注的事情。不可降解的塑料垃圾流入海洋造成大量海洋生物的死亡,鸟类误食垃圾而死亡,台风过后城市街道成了垃圾场等事件的发生,使人们开始反思自己的行为。而且,近些年我国垃圾产生量持续攀高,“垃圾围城”现象愈演愈烈,不仅造成资源浪费,也使环境隐患日益突出。因此,遵循减量化、资源换、无害化原则,实施垃圾分类处置已实属必然。

其实,从 2000 年开始,我国就开始在城市推行垃圾分类试点工作,但是分类效果参差不齐,也一直没有取得常规性的突破。值得一提的是,2014 年修订的《环境保护法》在关于公民环境保护义务的具体规定中,还首次规定了公民应分类放置废弃物等以较少日常生活对环境造成的损害,对于引导和督促公民践行低碳、节俭的生活方式,切实履行环境保护义务具有重要意义。该法规定:“公民应当采取环境保护措施,将生活废弃物分类放置。”对于废弃物实行分类放置、分类处理已在多国实行,我国也应当尽快建立和完善废弃物分类的有关规定。

2016 年 12 月中央财经领导小组会议专项研究了普遍推行垃圾分类制度,垃圾分类开始进入新阶段。2017 年 3 月发布的《生活垃圾分类制度实施方案》,部署推动生活垃圾分类,完善城市管理和服务,创造优良人居环境。该方案提出,要构建一个各阶段、全过程的垃圾分类体系,坚持法治理念贯穿始终,加强政府的带动作用,加大垃圾分类知识及其危害的宣传力度,呼吁全国人民都积极参与,维护人们的生活环境。

2019 年 4 月住建部等九部门联合印发《住房和城乡建设部等部门关于在全国地级及以上城市全面开展生活垃圾分类工作的通知》提出,自 2019 年起在全国开展生活垃圾分类工作,到 2025 年基本建成垃圾分类处理系统。

值得关注和期待的是,2019 年 6 月 5 日我国通过了《固体废物污染环境防治法(修订草案)》,该草案进一步加重了企业排放固体废物的责任承担,对相关的审批程序进行更为严格的审查,强调构建生活垃圾分类各阶段、全过程的处理体系,这意味着生活垃圾分类有望入法。

一、城市生活垃圾污染的法律控制

(一)在垃圾选择中创造健康生活

生活垃圾,是指在日常生活中或者为日常生活提供服务的活动中产生的固体废物以及法律、行政法规规定视为生活垃圾的固体废物。[①] 那么,城市生活垃圾,是指在城市日常生活中或者为城市日常生活提供服务活动中产生的废物以及法律和行政法规规定视为生活垃圾的废物。

我国是世界人口最多的国家,人口基数越大,产生的垃圾当然也越多,再加上现阶段人们的物质生活都更加丰富,消耗各种物质的同时也加剧了垃圾的产生,根据相关数据显示,在我国中小城市中,每人每天会出现超过 1 千克的垃圾,其他的大一点的城市每人每天超过 1.2 千克。根据官方数据显示,我国现阶段的垃圾产量已经超过 2.5 亿吨/年,该数量还在以每年 8% 的比例持续上升。所以实际上,我国“垃圾围城”现象愈演愈烈,这不仅造成资源浪费,也使环境隐患日益突出,从而人们的健康也一直受到威胁,这已经成为制约城市发展的因素之一。

按照《城市生活垃圾分类标志》(GB/T 19095—2003)的规定,有 14 个分类标志:可回收物,包括纸类,塑料,玻璃,金属,织物和瓶罐等;有害垃圾,包括电池,灯管和日用化学品等;大件垃圾,包括家具和家电等;可燃垃圾,包括落叶,木竹以及不宜回收的纸类,塑料和织物等;可堆肥垃圾,包括落叶等有机物。纸类,包括包装纸和纸板纸等;塑料,包括容器塑料和包装塑料等;金属,包括各种类别的金属物品;玻璃,包括无色玻璃和有色玻璃;织物,表示废纺织物;瓶罐,表示各种类别

① 《中华人民共和国固体废物污染环境防治法》附则第 88 条。

的废瓶罐;厨余垃圾,表示易腐性实务垃圾;电池,包括柱形电池和扣形电池;其他垃圾,表示分类以外的垃圾。依照标准,城市居民生活一般有以下两种分法:第一种包括可回收垃圾、不可回收垃圾、厨余垃圾、有害垃圾;第二种包括有害垃圾、有机垃圾、无机垃圾。①

城市垃圾有以下危害:(1)对水体污染。固体废弃物进入水体影响水生生物的繁殖和水资源的利用,甚至会造成一定水域生物死亡。堆积的废物或垃圾填埋场等经雨浸淋,其浸出液和滤涸液也会污染水体。(2)对大气的污染。堆积的固体废物和垃圾中的尘粒随风飞扬,臭气四逸,污染大气。(3)对土壤的污染。固体废物及其滤出或滤涸液中所含的有害物质会改变土壤结构和土质,影响土壤中微生物的活动,妨碍植物生长;有时还会在植物体内积蓄,在人、动物食用时危及人、动物健康安全。

(二)我国城市生活垃圾的立法及缺陷

1. 我国有关城市生活垃圾的立法

(1)垃圾处理法律法规

迄今,我国共颁布生活垃圾处理相关法律法规35部。其中法律1部:《固体废物污染环境防治法》,行政法规1部:《城市市容和环境卫生管理条例》,部门规章9部:《城市生活垃圾管理办法》等,规范性文件24部:《城市生活垃圾处理及污染防治技术政策》等。由住房和城乡建设部(建设部)发布的有17部,由国家发改委(国家计委)发布的有5部,由环境部(国家环保总局)发布的有2部。

(2)标准规范

我国共发布生活垃圾国家标准5项,行业标准63项,国家标准和行业标准合计68项。由住房和城乡建设部发布的包括《城镇环境卫生设施设置标准》等工程标准21项,《生活垃圾采样和物理分析方法》等产品标准42项;由发改委发布的包括《生活垃圾卫生填埋处理工程项目建设标准》等建设标准3项;由环保部发布的包括《生活垃圾填埋场污染控制标准》污染控制标准2项。

(3)《固体废物污染环境防治法》

《固体废物污染环境防治法》是我国防治固体废物污染环境的基础法律,该法坚持污染防控的理念,以明确的法律规定尽可能地降低人们生活垃圾的产生量,并提倡将垃圾转化为可以再利用的资源,即使不能资源再利用,也应该采取对人们健康以及环境不会产生危害的方法进行处理,而且垃圾处理的全过程、各阶段

① 《中华人民共和国国家标准》(GB/T 19095—2003)国家质量监督经验检疫总局发表。2003年10月1日实施。

都会受到严格的监管。除此之外,该法不仅更为严格地追究污染者的责任,还进一步延伸对生产者的追责,在客观上确实对垃圾污染问题起到了缓解作用。

(4)《城市生活垃圾管理办法》

《城市生活垃圾管理办法》主要针对城市生活垃圾污染防治问题的特别法,该法的主要内容包括:规定了其立法目的在于进一步加强对城市生活垃圾的管理,为人们提供一个更好的居住环境;规定了该法对哪些行为进行管理,作出了具体的规定;规定了对城市生活垃圾管理的原则,即督促人们采取措施减少垃圾的排放量、将垃圾转化为可以再利用的资源、垃圾处理过程中应该保证对环境以及人们健康没有任何危害以及由谁产生的垃圾造成污染就由谁承担治理与损害赔偿责任;规定了各部门的责任划分制度,国务院以及各省、自治区、直辖市地方人民政府建设主管部门分别负责全国以及本行政区域内城市生活垃圾管理工作;规定城市垃圾实行分类收集运输;规定垃圾的收费;规定城市垃圾处理设施实施审批制度和核准制度。

现行立法,有关城市生活垃圾的法律制度有城市垃圾分类收集运输制度、垃圾设施审批和核准制度、垃圾收费制度。

2. 我国现行立法的不足

其一,现行立法未突出源头控制思想。《固体废物污染环境防治法》涉及源头控制的规定仅限于"城市人民政府应当有计划地改进燃料结构,发展城市煤气、天然气、液化气和其他清洁能源。城市人民政府有关部门应当组织净菜进城,减少城市生活垃圾"。《城市生活垃圾管理办法》中的规定也都是针对垃圾已经产生了,该采取什么措施予以解决的规定,在管理体制、资金技术等方面,也都属于事后解决措施,所以,现行立法未突出源头控制思想,无法从根本上解决固体废物污染问题。

其二,规定原则性强,缺乏相应制度和具体措施支撑。在垃圾回收方面,缺乏一些必要的管理制度导致垃圾回收利用率不高;城市收费的标准,收费的办法,费用缴纳的保障措施没有具体的规定;对于城市生活垃圾分类,违反了具体的分类规定又该分别承担什么样的法律责任没有明确规定。

其三,管理体制的矛盾,《固体废物污染环境防治法》规定"县级以上地方人民政府环境卫生行政主管部门应当组织对城市生活垃圾进行清扫、收集、运输和处置,可以通过招标等方式选择具备条件的单位从事生活垃圾的清扫、收集、运输和处置"。《城市市容和环境卫生管理条例》规定"国务院城市建设行政主管部门主管全国城市市容和环境卫生工作。省、自治区人民政府城市建设行政主管部门负责本行政区域的城市市容和环境卫生管理工作。城市人民政府市容环境卫生行政主管部门负责本行政区域的城市市容和环境卫生管理工作”。《城市生活垃圾管理办法》规定“国务院建设主管部门负责全国城市生活垃圾管理工作。省、自治区人民政府建设主管部门负责本行政区域内城市生活垃圾管理工作。直辖市、市、县人民政府建设(环境卫生)主管部门负责本行政区域内城市生活垃圾的管理工作”。

(三)其他国家生活垃圾控制的立法

1.美国生活垃圾污染防治立法及措施

美国用于固体废物污染防治的法规主要有《固体废物处置法》《资源保护及回收利用法》《危险废物管理条例》,其中规定了大量关于城市生活垃圾污染防治的法律制度。

美国近年城市生活垃圾污染防治工作的策略是:保持环境可持续发展,尽最大可能回收可利用废物,节约资源,减少浪费,将环境污染减少到最低限度。美国联邦环保局确定的城市生活垃圾管理的优先次序为:源头减量—回收利用—垃圾处理—最终处置。

美国对垃圾管理所采取的具体措施是:一是生活垃圾分类收集;二是促进生活垃圾的再循环;三是抵押金制度;四是生活垃圾收费制度。

2.日本生活垃圾污染防治立法及措施

日本有关生活垃圾污染防治的立法主要有《废弃物处理法》《促进可循环资源利用法》《容器包装回收利用法》《家电回收利用法》《建立循环型社会基本法》《资源有效利用促进法》等。

主要的措施是:垃圾的分类收集,政府环保部门对城市生活垃圾有严格的分类要求,并指导居民进行垃圾的分类和回收,为居民丢弃生活垃圾规定了具体的时间与地点,对垃圾丢弃方法也作出具体规定。日本的这些规定就是为了使城市生活垃圾的循环利用更加方便,以对生活垃圾的尽可能的循环利用来实现其污染防治的目的。

3.德国生活垃圾污染防治的立法及措施

德国有关生活垃圾污染防治的立法有《联邦清除垃圾法》《避免垃圾与垃圾利用法》《联邦循环经济法》《包装废弃物管理条例》。

这些法律涉及:废物定义、收集和运输、生产者责任、设施管理、废物输出和输入、废物处理设施许可证制度等,重视废弃物的回收利用,并制定了金属易拉罐和一次性饮料瓶还实行了押金制度。

4.瑞典生活垃圾污染防治立法及措施

瑞典生活垃圾的相关立法主要有《自然保护法》《环境保护法》《清洁卫生法》

《环境保护条例》《健康保护法》《废弃物收集与处置法》。其中《废弃物收集与处置法》对固体废弃物和城市生活垃圾的收集与管理作出了详细规定，是瑞典生活垃圾污染防治方面比较重要的一部法律。主要的措施包括：废弃物分类贮存、收费制度、生产者责任延伸制度等。

各国都是通过立法的形式，对城市生活垃圾进行分类控制，采取垃圾收费制度，以法律、法规规定生活者和生产者应该尽到注意的义务，减少垃圾的产量，重视垃圾回收利用等。

（四）完善我国城市垃圾控制污染立法建议

我国《国民经济和社会发展第十二个五年规划纲要》健全资源循环利用回收体系中指出：完善再生资源回收体系，加快建设城市社区和乡村回收站点、分拣中心、集散市场“三位一体”的回收网络，推进再生资源规模化利用。建立健全垃圾分类回收制度，完善分类回收、密闭运输、集中处理体系，推进餐厨废弃物等垃圾资源化利用和无害化处理。推广绿色消费模式中指出：减少使用一次性用品，限制过度包装，抑制不合理消费。推行政府绿色采购，逐步提高节能节水产品和再生利用产品比重。要求生活垃圾无害化处理率达到80%。[①] 推进我国城市垃圾的管理和回收利用，应当建立和完善以下几项主要制度：

首先，完善垃圾分类制度。对城市生活垃圾进行分类是治理垃圾污染的前提。按照垃圾组成的物质不同属性进行回收，这样既可以采取不同处理措施，也有利于实现资源化和无害化。但是我国现在对垃圾进行分类只是停留在口头上，没有明确的法律规定，因此，我国必须制定《城市生活垃圾分类细则》，细化垃圾分类及收集指导建议。

其次，建立资源综合利用经济刺激制度。建立特定废品回收的押金制度、回收利用财政补贴、奖励建立制度、垃圾收费制度，环境信贷制度，突出垃圾减量及回收过程中的经济刺激，用市场引导绿色消费和促进循环经济的发展。

最后，完善生产者责任制度。是指产品生产者的责任延伸到其产品的整个生命周期，特别是产品消费后的回收处理和再生利用阶段。具体内容包括以下三个方面：明确生产者需要承担其产品的全部或者部分回收成本，这些成本可以由生产者直接交付给回收处理者，或者通过向特定的基金组织缴纳；规定生产者在哪些阶段需要采取哪些行动参与产品的物质管理；为公众提供产品环境影响信息、回收利用信息。

---

① 《国民经济和社会发展第十二个五年规划纲要》第六篇第二节健全资源循环利用回收体系。

二、农村生活垃圾污染的法律控制

农村生活垃圾污染的种类主要包括：畜禽养殖污染；塑料制品、玻璃制品及其他固体废弃物污染；农村生活排泄物污染；农村生活污水污染；秸秆焚烧污染等。呈现量大面广、种类繁多的特点。对居民造成人体健康、经济收入等方面的不良影响。2008年，相关部门在多方面协作的基础上对我国人口死亡情况进行了第三次调查研究，最终统计出来的数据显示：在众多引发死亡的因素之中，癌症是近些年来导致农村人口死亡的越发明显的原因，尤其是肺癌、肝癌、乳腺癌等，实际上这些疾病都与人们的所处的环境以及人们的生活习惯有很大的关系，人们生活质量提高的同时，处处都存在各种致病的威胁因素，根据相关数据预测，农村人口以及全国各地区人口的癌症患病率以及死亡率都会大幅度上升。①

农村生活垃圾问题的主要原因在于：其一，立法缺位，没有相应的法律予以支持；其二，缺乏垃圾集中处理的设施和资金；其三；垃圾回收渠道不畅通；其四，农民环境意识需要加强。

我国《固体废物污染环境防治法》《城市生活垃圾管理办法》基本上实现了城市生活垃圾管理的制度化。但对于农村垃圾的处理规定比较少。《固体废物污染环境防治法》规定：农村生活垃圾污染环境防治的具体办法，由地方性法规规定。涉及农村生活垃圾污染防治的规定主要是“从事畜禽规模养殖应当按照国家有关规定收集、贮存、利用或者处置养殖过程中产生的畜禽粪便，防止污染环境。禁止在人口集中地区、机场周围、交通干线附近以及当地人民政府划定的区域露天焚烧秸秆”。目前浙江省和江苏省已对固体废弃物的管理颁布了地方性的行政法规，该两省都规定了“人民政府应当建立和完善农村生活垃圾组保洁、村收集、乡（镇）转运、县（市、区）集中处置的机制，对农村生活垃圾的清扫、收集、运输和处置给予财政补助和支持”。

德国1986年颁布的《废物防止与管理法》明确了一项新的理念，即针对废物应该加强采取措施以避免其产生其他危害，同时尽可能地对其实现循环利用，而不是将其随意丢弃，污染环境，损害人们健康。德国1991年颁布了《防止和再生利用包装废物条例》，由于包装物对产生的垃圾越来越多，为了解决这一问题，该条例中明确规定了包装物从生产到贩卖的各个主体所应该承担的回收义务，1996年生效的《资源闭合循环与废物管理法》，更加强调对自然资源的合理利用与保

---

① 王思彤：《中国近百癌症村悲歌》，载政经网：http://www.chinavalue.net/Finance/Blog/2009-5-10/617335.aspx，最后访问日期：2014年6月2日。

护。实际上德国的这些规定不仅明确要求人们注重环境污染的预防，尽可能减少垃圾的排放，除此之外即使排放垃圾，也要按照不同类别、不同性质进行分类投放，以实现资源循环利用。①

美国对固体废物监管有非常严格的职权划分，由于危险废物的危害性较高，所以对其的监管权由联邦政府承担，其他废物的监管权州承担。而且联邦对州的固体废物管理计划也规定了最低标准：不允许增设露天倾倒场，对可以再利用的固体废物进行回收；对已经存在的露天倾倒场的管理进行规定；各州应该明确各部门的管理权；倡导人们保护资源，禁止一切不利于资源保护的立法。②

我国城乡二元化的结构导致农村与城市的差异扩大，并且农村生活、生产模式与城市差异也很大，必须在承认这些差异的基础上，结合实际考量，才能合理构建农村生活垃圾法律控制措施。

农村生活垃圾处理，需要建立政府指导、公众参与的管理模式，加强市场机制的运用，才可以推进农村垃圾立法的良性发展。在具体措施上，可以探索：如何促进农村生活垃圾的分类回收和利用，如何集中处置农村生活垃圾，如何对农村生活垃圾减量化、资源化进行补贴等。

应进一步完善农村生活垃圾污染防治法律体系：对现行法律，包括《环境保护法》《水污染防治法》等法律作出修改，对于农村生活垃圾处理应当制定专门的农村生活垃圾污染防治法律制度，以适应农村地区的特殊需要；加强地方立法，各地区政府必须充分考虑本地区的情况，制定相适应的生活垃圾污染防治的规或规章；提高对农村居民环境与健康宣传教育的法律机制建设，提高其环境保护的法律意识；完善农村垃圾回收制度以及经济保障制度。

第二节　危险物品转移的法律控制

危险物品即由于其化学、物理或者毒性特性使其在生产、储存、装卸、运输过程中，容易导致火灾、爆炸或者中毒危险，可能引起人身伤亡、财产损害的物品。危险物品主要包括危险化学品及放射性物品。

随着我国工业化进程的加快，危险物品生产与物流量急剧增加。我国每年通过道路运输的危险品已经超过 3 亿吨，其中危险品运输占年货运总量的 30% 以

---

① 徐伟敏：《德国废物管理法律制度研究》，环境立法与可持续发展国际论坛，北京，2005 年 10 月，第 587 页。

② 王曦：《美国环境法概论》，武汉大学出版社 1992 年版，第 351 页。

上,并呈上升趋势。并且,道路上的危险品物流事故时有发生,事故频率与危害程度越来越严重。尤其是一些化学污染物质进入环境后难以降解并长期存在,对人体健康和环境造成重大威胁。管控不当,还可能对环境在成不可逆的损害,引发突发环境事件,因此必须严格管理。

鉴于此,我国对危险物品运输相继颁布了一系列规范危险品物流运作的法律、法规、标准和规定,特别是近年来出台了一系列的标准化管理规范。这对于规范我国危险品物流管理具有非常重要的作用,还存在缺陷,需要进一步研究和完善。

一、危险物品的概念

目前,在国内对该属性的物质还没有统一的界定,不同立法中称谓也不同,导致不同法律危险物品的范围有所差异。我国《安全生产法》第 96 条规定:危险物品,是指易燃易爆物品、危险化学品、放射性物品等能够危及人身安全和财产安全的物品。《道路危险货物运输管理规定》第 3 条规定:本规定所称危险货物,是指具有爆炸、易燃、毒害、感染、腐蚀等危险特性,在生产、经营、运输、储存、使用和处置中,容易造成人身伤亡、财产损毁或者环境污染而需要特别防护的物质和物品。危险货物以列入国家标准《危险货物品名表》(GB 12268)的为准,未列入《危险货物品名表》的,以有关法律、行政法规的规定或者国务院有关部门公布的结果为准。依据《中国民用航空危险品运输管理规定》,危险品是能对健康、安全、财产或环境构成危险,并在技术细则的危险品清单中列明和根据技术细则进行分类的物品或物质。《固体废物污染环境防治法》中规定的危险废物,是指列入国家危险废物名录或者根据国家规定的危险废物鉴别标准和鉴别方法认定的具有危险特性的固体废物。这些差异可能导致管理的交叉、重叠乃至空白。

二、我国有关危险物品运输的法律规定及其不足

(一)危险物品运输管理在相关法律中的规定

为了加强对危险物品的控制和管理,我国制定了一系列防止化学品和放射性物质污染的法律、法规、规章,对它们的安全标准和环境标准、使用、保存、处置等都有相关条款加以规定。任何单位、组织和公民个人在生产、储存、运输、销售、使用、处置这些危险物品的过程中,都应当遵守这些法律的规定,防止对环境的污染。如未按照法律规定的要求使用、处置危险物品的,需要按照相关法律规定承担法律责任,情节严重构成犯罪的,还应追究刑事责任。如有关危险物品的运输安全管理,我国相关立法较多。我国《环境保护法》第 48 条规定:生产、储存、运

输、销售、使用有毒化学品和含放射性物质的物品，必须遵守国家有关规定，防止污染环境。另外，我国《安全生产法》《固体废物污染环境防治法》《道路交通安全法》《海上交通安全法》《危险化学品安全管理条例》《水路危险货物运输规则》等有关法律、法规、规章对危险物品运输作出了明确的规定。并且，制定了一系列有关危险化学品运输的规则和标准。其中，我国《放射性污染防治法》第 15 条规定：运输放射性物质和含放射源的射线装置，应当采取有效措施，防止放射性污染。具体办法由国务院规定。

我国《产品质量法》第 28 条规定：易碎、易燃、易爆、有毒、有腐蚀性、有放射性等危险物品以及储运中不能倒置和其他有特殊要求的产品，其包装质量必须符合相应要求，依照国家有关规定作出警示标志或者中文警示说明，标明储运注意事项。

《危险化学品安全管理条例》适用范围不包括民用爆炸品、放射性物品、核能物质和城镇燃气的安全管理。① 第 43 条规定：从事危险化学品运输的，应当依照法律规定，取得相关许可证；运输的驾驶人员、船员等都应当取得从业资格；在运输的过程中，必须按照不同种类的化学品进行针对性的防护；运输过程中货物不得超载；运输车辆应当符合安全技术条件，并定期进行检验；运输车辆应当悬挂或者喷涂警示标志；未经批准，运输车辆不得进入特定区域等。

《道路危险货物运输管理规定》对从事道路危险货物运输活动，具体规定了：道路危险货物运输许可的条件和程序；专用车辆、设备管理；道路危险货物运输的具体要求。

《中国民用航空危险品运输管理规定》具体规定了危险品航空运输的限制、危险品航空运输的申请和许可、危险品手册的要求、危险品的运输准备、托运人的责任、运营人的责任、信息的提供等方面。

《危险货物运输规则》具体规定了危险货物的分类和范围、装卸和运输、保管和交付等方面。

---

① 有关危险化学品运输的管理体制规定：公安机关负责危险化学品的公共安全管理，核发剧毒化学品购买许可证、剧毒化学品道路运输通行证，并负责危险化学品运输车辆的道路交通安全管理；环境保护主管部门依照职责分工调查相关危险化学品环境污染事故和生态破坏事件，负责危险化学品事故现场的应急环境监测；交通运输主管部门负责危险化学品道路运输、水路运输的许可以及运输工具的安全管理，对危险化学品水路运输安全实施监督，负责危险化学品道路运输企业、水路运输企业驾驶人员、船员、装卸管理人员、押运人员、申报人员、集装箱装箱现场检查员的资格认定；铁路主管部门负责危险化学品铁路运输的安全管理，负责危险化学品铁路运输承运人、托运人的资质审批及其运输工具的安全管理；民用航空主管部门负责危险化学品航空运输以及航空运输企业及其运输工具的安全管理。

《放射性物品运输安全管理条例》将放射性物品分为一类、二类和三类。规定:国务院核安全监管部门对放射性物品运输的核与辐射安全实施监督管理;运输放射性物品,应当使用专用的放射性物品运输包装容器;托运放射性物品的,托运人应当持有生产、销售、使用或者处置放射性物品的有效证明;承运放射性物品应当取得国家规定的运输资质;县级以上人民政府组织编制的突发环境事件应急预案。

(二)控制危险物品污染的法律原则

现行立法确定的法律原则主要包括:分类与重点控制原则,依据危险品的特性予以分类管理,并对某些或者某种危险物品进行严格控制;全过程管理原则,即不仅要对危险物品的运输活动进行环境管理,还要对与之有密切联系的装载、搬运、积载、保管、照料、储存、卸载等环节予以管理;风险控制原则,由于危险品具有即时性或潜在性的人体健康和环境风险,减少和控制危险物品运输危害事故发生的可能性。

(三)控制危险物品污染的主要立法制度

制定的主要法律制度包括:许可证制度,包括运输危险物品品资质认定制度、从业人员资格认定制度、托运情况说明制度;危险品事故应急救援制度;转移联单制度;事故责任制度等。

我国现行危险物品运输安全立法的主要缺陷有:

第一,危险物品运输管理体系不健全。现行危险物品运输分别由多个主管部门管理,包括安全生产监督管理、环境保护、工商、海关、民航、交通、公安、港口、海洋等部门。《危险化学品安全管理条例》对管理体系作出了规定,但是,不同部门的具体权利、义务没有明确规定,部门间如何合作、制约也没有明确规定。导致部门权利和义务会出现交叉、冲突或者重复等问题,在一定程度上增加了相关管理实施的难度。

第二,重视行政性和技术性规定,民事和刑事方面的规定很不健全。现行立法的规定突出管理要求和技术规范,在危险物品运输造成损害救济方面以及刑事责任规定不足。在损害救济方面,相关规定的内容缺乏针对性,没有很好地解决危险品污染损害的赔偿范围、赔偿标准、责任主体、责任的承担方式、责任限额、预防措施以及损害补偿。虽然我国《刑法》专节规定了环境犯罪,但保护环境的指导思想并没有贯彻始终,这明显表现在罪状的表述和犯罪构成的设计方面,有些罪名注重保护的是人身和财产,对环境利益的损害没有纳入考虑范围。

第三,风险管理不突出。危险物品由于其自身属性,在运输过程中就是流动的潜在污染源,需要重视运输过程的风险防范措施,可是在现行立法中没有给予广泛的重视。

三、国际社会有关危险物品运输的规定

(一)国际社会的危险物品运输规定

关于危险品运输的规则主要有:联合国危险货物运输专家委员会编写的《关于危险货物运输的建议书·规章范本》(以下简称桔皮书)、国际海事组织(International Maritime Organization,IMO)制定的《国际海运危险货物规则》(International Maritime Dangerous Goods Code,IMDG Code)、国际航空组织(International Civil Aviation Organization,ICAO)制定的《空运危险货物安全运输技术》、欧洲铁路运输中心局(European Railway Transport Center,ERTC)制定的《国际铁路运输危险货物技术规则》、联合国欧洲经济委员会(Economic Commission for Europe,ECE)制定的《国际公路运输危险货物协定》和《国际内河运输危险货物协定》,这6部规则都简称为国际危规,其对危险品的分类、包装和标签等基本一致,但是由于运输方式和运载工具的不同,对于运输作业程序的要求也不同。在这6部国际危规中最常用的是桔皮书、《国际海运危规》和《国际空运危规》,其中桔皮书最具有权威性。①

《危险货物运输建议书》是国际社会有关危险货物运输管理的重要文件,是联合国经济及社会理事会危险货物运输专家委员会根据技术发展情况,新物质和新材料的出现,现代运输系统的要求,特别是确保人民、财产和环境安全的需要编写的。建议书的对象是各国政府和负责管理危险货物运输的国际组织。其目的是,提出一个关于包装危险货物运输各项规定的基本制度,使各国和国际上管理各种运输方式的规章在此制度下以统一的形式加以发展,为制定各种运输方式的国际统一规则奠定基础,并为各国制定危险货物运输法规提供立法依据。

《危险货物运输建议书》是一部对世界各国危险货物安全运输实行国际统一管制的总规则,也是制定海运、空运和陆运危险货物国际运输规则以及各国制定本国有关规则的总依据。

现行建议书的主要内容包括以下几方面的内容:建议书的性质、目的和意义;制定危险货物运输规章的原则;危险货物的分类和各类危险货物的定义;托运程序;应急反应;遵章保证;放射性物质的运输;意外和事故的报告。

(二)美国有关危险物品运输的规定

美国的《美国法典》把对危险品运输的监管权力授予了交通部,通过联邦法规

---

① 于群利:《有关危险化学品管理的国际规章介绍》,载《化工标准·计量·质量》2004年第7期。

的制定，交通部又将该项权利授予了管道与危险物品安全管理局，尤其负责对该物质运输过程中的一系列事项进行全面监管；同时，又将具体的执行权授予专门的运输部门，对安全管理局所部署的各项监管措施具体落实，各自在职权以及地域范围内履行职责。除此之外，美国对危险品运输安全问题非常重视，对运输的驾驶员以及其他工作人进行培训，必须取得相应的资质才能入职。运输过程中的各方面监管都是非常严格的，形成了相对完善的运输监管体系。①

（三）日本有关危险物品运输的规定

日本《消防法》规定，需要运输危险品的企业应该取得消防部门的审批，运输该物质使用的车也必须由该部门进行监测，取得合格证之后，还需要获得其他相关的许可，才能从事运输工作。只有是从事与危险品有关的任何工作，都需要取得相应的资质，并对其对相关人员进行培训，提供工作技能水平，以避免或减轻危险发生的可能性，当然该国也制定非常严格的监管制度。日本的相关法律规定了运行管理员制度，该制度具体是指针对一些具有众多运输车辆的单位，为了加强对他们的监管，应该确定运行管理员，明确单位运输人员各工作岗位和职位以及工作内容，采取相应的方法随时能够了解驾驶员的健康水平，以及在驾驶过程的状态，监督其认真驾驶，避免出现安全事故。②

四、我国危险物品运输立法完善建议

（一）明确危险物品监管体制，完善信息交流机制

可由安全生产监督部门统一归口管理危险物品的运输，明确相关部门管理的范围。确定管理部门的权利和义务、部门间的协调和约束机制。建立全国性的危险物品运输管理信息平台，形成危险物品运输信息网络。

（二）对危险物品运输实行分类等级管理

危险物品种类繁多，易燃易爆、剧毒腐蚀、放射性物品的化学特性各不相同，不同物品的危害性有很大差别，因此，很有必要建立危险品运输的分类等级管理制度。根据危险物品的化学特性和物理特性进行分类，并且在此基础上，依据其危害风险发生的可能性进行分等级予以管理。既有利于风险控制，又有利于减少社会资源的浪费。

（三）严格危险物品运输市场准入门槛

完善现行运输危险物品相关的许可证制度。加强从业人员业务培训，促进危

---

① 郑海棠：《美国的危险品运输安全监管模式值得借鉴》，载《中国远洋航务》2009 年第 9 期。

② 李前喜：《日本的危险品物流管理状况》，载《中国集体经济》2008 年第 10 期。

险品运输规范化、专业化。通过鼓励大型专业运输企业提高科技水平，加大安全投入，强化安全管理，保障危险品运输的安全。

（四）完善危险物品运输突发事件应急制度

在危险物品运输突发事件应急方面，还需要进一步具体完善，使其制度化。首先，明确领导机构及参与部门，明确部门职责和部门间的协调机制；其次，明确各部门应急物资、通信保障的责任，按人员、物资、运输、通信分部门明确责任；再次，专业人员培训措施，包括培训机制、培训保障措施等；最后，对应急不作为或者明显适当行为的法律责任。

（五）填补现行立法空白

现行立法使用的范围有所差异，比较全面的是《危险化学品安全管理条例》，但其第97条规定：监控化学品、属于危险化学品的药品和农药的安全管理，依照本条例的规定执行；法律、行政法规另有规定的，依照其规定；民用爆炸物品、烟花爆竹、放射性物品、核能物质以及用于国防科研生产的危险化学品的安全管理，不适用本条例。这意味着有些危险物品运输还存在立法空白现象，需要加以补充。

第三节　优先污染物法律控制

一、环境优先污染物的概念

环境优先污染物简称优先污染物，也叫优控污染物，英文名称为“priority pollutants”。是对众多有毒污染物进行分级排队，从中筛选出潜在危害大，在环境中出现频率高的污染物作为监测和控制对象。[①] 这一筛选过程就是数学上的优先过程，经过优先选择的污染物。优先污染物的筛选主要有以下基本标准：毒性强、降解难、残留时间长、污染易扩散。优先污染物的特点有：难以降解；在环境中有一定残留水平；出现频率高；具有生物积累性；属于三致物质；毒性较大以及现代已有检出方法的。

不可否认，我们的生存环境中含有大量的有毒物质，它们无处不在还不容易被人们发现，最主要的是，它们会给人类的身体健康带来巨大的危害。并且，虽然我们知道这些物质的危害性，但是却没有办法将它们全部消灭。随着人们物质生活水平的提高，这些有毒物质也越来越多，我们根本无法制约人们不产生这样的有毒物质，所以我们唯一能做的就是采取各种可能的手段进行控制，从我们身边着手，控制那些对身体健康危害最大的以及潜在性威胁较大的污染物质，加大宣

---

① 周文敏等：《水中优先控制污染物黑名单》，载《中国环境监测》1990年第4期。

传力度，让人们都知道自己身处的恶劣环境，提高警惕意识。但是，世界各国的地形、气候、生活习惯等各方面都存在较大的差异，导致在污染物质方面也是存在差异的，所以还需要因地制宜，采取有效方法加以解决。

有毒物质会对人类以及环境产生重大危害的原因在于其具有以下特征：很难通过其他物质将其分解；很容易通过饮食以及人们接触的其他物质进入体内，且长期聚集在体内，无法将其消化或者排除；具有隐蔽性，不容易被发现，一旦发现则可能无法治愈；具有很强的毒性，会导致人们死亡。

理论研究以及社会实践都表明，当人们无意中与有毒物质触碰后，会引发身体的不适，这很可能是急性或慢性中毒，而且也无法排除是患了癌症，如何确定是急性毒性，医学上的标准取决于可能引发死亡的剂量，一般的标准是 LD50（半数致死剂量），慢性中毒的标准是 TDLo（最低中毒剂量）。[①]

对污染物毒性，还要考虑它的毒性产生的环境效应（environmental effect）和生物效应（biological effect），考虑它的降解性（degradation）和积累性（accumulation），该物质在环境中是非常不容易降解的、在体内的潜伏期长，不容易被发现，主要是通过饮食以及其他可接触的物质进入体内，无法排除，对人们的健康损害非常严重。[②]

金属排泄的难易可用生物半减期（biological halflife）来衡量。生物半减期是指生物体内的元素，减少到原有的一半所需要的时间。时间越长，有毒物质在体内存续的越久，浓度也会越来越高，产生的危害性就越大，最终引发慢性中毒甚至癌症而死亡，日本的水俣病和骨痛病就是这一原因而引发的。

二、国外环境优先污染物控制研究的发展变化

美国是最早开展优先监测的国家。最早对环境优先污染物控制进行研究的也是美国，美国职业卫生研究所登记的有毒化学物质已达 25,043 种，主要分为：重金属如 Hg、Pb、As 等，有机物如有机氯农药、多环芳烃、多氯联苯等。在 1976 年美国环保局（U. S. Environmental Protection Agency，USEPA）就在《清洁水法》中明确规定了 129 种环境优先污染物。该法一方面，要求排放优先污染物的工厂采用最佳可利用技术（Best Available Technology，BAT），控制点源污染排放；另一方面，制定环境质量标准，对各水域实施优先监测。其后，又提出了 43 种空气优先污染物

---

① 刘红霞、李琼：《环境介质中挥发酚的监测技术现状与展望》，载《环境科学与管理》2012 年第 6 期。

② 同上。

名单。

苏联卫生部于1975年公布了水体中有害物质最大允许浓度,其中无机物质73种,后来又补充了30种,共103种;有机物378种,后来又补充了118种,共496种。到1975年的最大允许浓度,无机物及混合物266种,有机物856种,合计达1122种。①

欧洲经济共同体在1975年提出的"关于水质的排放标准"的技术报告,列出了所谓"黑名单"和"灰名单"。这样划分的依据主要是对它们毒性的强弱程度、对人体产生危害的时间长短等因素进行考量,"黑名单"中不包括无害物质。原联邦德国曾公布了120种水中有害物质名单,主要包括丙酮氰醇、丙烯腈、砷酸氢二钠、苯等。

三、中国环境优先污染物控制的发展变化

随着国际社会对优先污染物控制的研究兴起,我国也开始关注相关问题的研究,我国的学者对超过1万种化学品进行了详细的研究,最终选出52种毒性非常大、危害性极高的化学品,将其纳入我国未来工作集中控制处理的物质。它们对引发癌症(darcinogenicity)、会导致畸形(teratogensis)和致突变性(mutagenicity),其中国际限用或禁用的化学品达24种。②

我国在进行研究和参考国外经验的基础上也提出来首批68种化学污染物列为优先污染物。环境化学中定义为众多污染物中筛选出的潜在危险大,作为优先研究和控制的对象。我国选定的水中优先控制污染物黑名单有68种。③

"中国环境优先监测研究"已完成,并提出了"中国环境优先污染物黑名单"(见表1),包括14种化学类别共68种有毒化学物质,其中有机物占58种。④

有毒化学物污染的监测和控制,无疑是环境监测的重点。实际上已知的化学品有700万种之多,而进入环境的化学物质已达10万种。⑤

环境优先污染物是通过数学上的优先过程(筛选过程)经过优先选择的污染物,对筛选出的危害大、在环境中出现频率高的污染物通过进行重点监测和监控。

---

① 宋乾武、代晋国主编:《水中优先控制污染物及应急工程技术》,中国建筑工业出版社2009年版,第7页。

② 周文敏等:《中国水中优先控制污染物黑名单的确定》,载《中国环境监测和技术管理》1991年第4期。

③ 同上。

④ 奚旦立、孙裕生主编:《环境监测》,高等教育出版社1995年版,第135页。

⑤ 周文敏等:《中国水中优先控制污染物黑名单的确定》,载《中国环境监测和技术管理》1991年第4期。

筛选出环境优先污染物并对众多有毒污染物进行分级排队，对环境优先污染物进行的监测称为优先监测。这就需要通过立法规制控制环境优先污染物污染。

表1　中国环境优先污染物黑名单①

化学类别	名称
1. 卤代(烷、烯)烃类	二氯甲烷、三氯甲烷△、四氯化碳△、1,2－二氯乙烷△、1,1,1－二氯乙烷、1,1,2－三氯乙烷、1,1,2,2－四氯乙烷、三氯乙烯△、四氯乙烯△、三澳甲烷△
2. 苯系物	苯△、甲苯△、乙苯△、邻－二甲苯、间－二甲苯、对－二甲苯
3. 氯代苯类	氯苯△、邻－二氯苯△、对－二氯苯△、六氯苯
4. 多氯联苯类	多氯联苯△
5. 酚类	苯酚△、间－甲酚△、2,4－二氯酚△、2,4,6－三氯酚△、五氯酚△、对－硝基酚△
6. 硝基苯类	硝基苯△、对－硝基甲苯△、2,4－二硝基甲苯、三硝基甲苯、对－硝基氯苯△、2,4－二硝基氯苯△
7. 苯胺类 8. 多环芳烃	苯胺△、二硝基苯胺△、对－硝基苯胺△、2,6－二氯硝基苯胺禁、茨蕙、苯并[b]茨蕙、苯并[k]茨蕙、苯并[a]花△、茹并[1,2,3－c.d]花、苯并[ghi]花
9. 酞酸酯类	酞酸二甲酯、酞酸二丁酯△、酞酸二辛酪 A
10. 农药 11. 丙烯腈	六六六△、滴滴涕△、滴滴畏△、乐果△、对硫磷△、甲基对硫磷△、除草醚△、敌百虫△ 丙烯腈
12. 亚硝胺类	N－亚硝基二丙胺、N－亚硝基二正丙胺
13. 氰化物	氰化物△
14. 重金属及其化合物	砷及其化合物△、被及其化合物△、A 及其化合物△、铬及其化合物△、铜及其化合物△、铅及其化合物△、汞及其化合物△、镍及其化合物△、铂及其化合物△

四、中国环境优先污染物法律控制建议

(一)建立环境优先污染物总量控制法律制度

环境优先污染物排放总量控制制度，是将在环境容许限度的一定空间范围排

① 《什么是环境优先污染物和优先监测》，载泰州市华晨仪器有限公司网：http://www.jshcyq.cn/hcai-Article-337888/，最后访问日期：2013 年 6 月 22 日。

污源产生的环境优先污染物的数量，通过特定的时期内综合经济、技术、社会等条件，采取通过向排污源分配污染物排放量的形式进行控制和管理的总称。

这种控制方法与浓度控制方法相比较，更具有提高环境质量，防治水污染和促进社会经济协调发展具有积极的作用，但其主要的缺陷是只要区域内各排放单位排放的污染物达到国家或地方规定的排放标准，就可以合法排放，不能将污染源的控制和削减与当地的环境目标相联系。

根据相关污染防治法规定，环境优先污染物排放总量控制制度的内容如下：

1. 环境优先污染物排放总量控制适用范围

从空间范围来看，不适用某一地区的普遍范围实施，只适用于某一区域实施；

从适用的具体污染物来看，只适用于超过环境质量标准的水体、气体、固体废弃物。

2. 环境优先污染物排放总量控制的对象

环境优先污染物的控制因各地的排污情况不同而有所不同，环境优先污染物排放总量控制的对象主要是“环境优先污染物”的排放。

3. 环境优先污染物排放总量控制制度的管理主体

有权实施重点污染物排放总量控制制度的机关是省级以上人民政府。总量控制制度是一项重大措施，涉及的问题也比较复杂，法律规定只有国务院和省、自治区、直辖市人民政府才有权实施总量控制制度，具体办法由国务院规定。

4. 环境优先污染物排放总量控制制度实施的途径

污染物排放总量控制是将区域作为一个完整的系统，采取措施将排入该区域污染物总量控制在一定度数量之内，以满足该区域的环境质量要求。环境优先污染物排放总量控制制度的实施途径包括总量核定和指标分配。在污染物排放总量控制的基础上核定优先污染物排放量，在优先污染物排放总量控制基础上消减分配指标，以降低优先污染物排放量，对重点排污企业进行监督管理，实现总量控制目标。

（二）综合性控制环境优先污染物法律手段

控制优先污染物排放需要综合法律手段的规制，首先应是法律经济手段，通过经济领域尤其是税收领域的立法合理调整环境优先污染物排放，其次是通过法律行政手段、刑事法律规制综合调整，形成集民事责任，行政责任、刑事责任三层次的法律规制体系。

1. 完善税收法制，限制环境优先污染物污染排放

税收是直接作用于污染物的排放主体的、最敏感的经济调控手段。通过税收调整控制，可以加大对于环境优先污染物排放者的排放成本，而且这种成本是极

端容易预见的,排放者的减少成本利益驱动会要求其尽量减少税收,已达到利益的最大化。因此环境税收制度的设计可以使排污者在生产或者在消费时尽量使用节能、环保的原料并尽量采用环保技术。实现清洁生产,进行绿色的生产及消费最终达到在源头上控制优先污染物的立法目的。

在我国现行的税收制度中,尚未设立专门的以限制污染物排放的为课征目的的独立税收种类,更没有以限制环境优先污染物为课征目的的独立的税种。所以通过综合法律经济手段进行调整,可以期望通过于此制度完善优先污染物的排放控制。应修改消费税,限制优先污染物的排放。另外,开征优先污染物的排放税收,同时在税收总量不增加的情况下,减少环境达标单位的税收征收,达到税收总量平衡。

2. 通过环境行政责任予以规制

行为违法则需承担法律后果,环境行政违法引起环境行政责任,主要为两种责任:惩罚性行政责任与补救性行政责任。前者是指环境行政违法行为必然导致的,在法律上对违法主体进行惩罚的法律后果。后者是指环境行政违法行为的主体补救履行自己的法定义务或补救自己的违法行为所造成的危害后果的法律责任。

3. 严格环境刑事责任规制优先污染物排放

环境刑事责任是指环境违法行为人因实施环境犯罪行为而应当承担的必须受到刑事制裁的法律责任。我国环境刑事责任立法趋于严格化的立法趋势。环境刑事责任犯罪构成要件包括:环境刑事责任主体是单位或个人;主观方面:包括故意和过失。客体:违反国家环境管理秩序。客观方面:实施了违反环境保护法的行为,犯罪的危害结果和犯罪的因果关系等。2016 年 12 月 26 日,最高人民法院、最高人民检察院联合发布《关于办理环境污染刑事案件适用法律若干问题的解释》的出台,降低了犯罪标准门槛,为有效防范环境污染犯罪,规范污染物排放行为具有重要意义。

第四节　重金属污染法律控制

一、重金属污染的概念及其危害

重金属污染指由重金属或其化合物造成的环境污染。研究表明,该污染大部分是基于人们开采矿山的行为、企业排放超标气体行为以及人们在生活中使用重金属制品等活动,导致向环境中排放了大量的重金属,明显超出了环境的自净能力,从而引发严重的环境污染问题。该污染大部分都是由于工业生产过程中排放的废水、废气等污染物，除此之外，还来源于交通污染。通过大气、水体以及土壤，在人和动物、植物中富集，已经对环境和人的健康产生很大的危害。

重金属污染对人体健康的危害主要有直接和间接两个途径。直接的危害是指重金属物质直接通过环境要素的传播造成对人体呼吸和消化系统以及对体表肌肤等的侵害，这种危害往往是直接性的，相对比较容易发觉。还有就是间接的危害是指通过对各种环境要素造成的二次污染或侵害，这种危害的潜伏期比较长，而且在短时间内是不易发觉的，有的甚至潜伏几年、十几年才会被人们发现。近年来，由于重金属污染而引发的人体健康损害事件越来越频繁发生，从湖南儿童血铅超标事件到重金属污染菜篮子等事件，可知，这些事件频繁发生绝不是偶然。实际上，这种污染都存在我们生活周围，然而由于我们平时不关注这些事情，也无法发现其对自身生活产生的影响。但是其对人们健康的损害往往具有潜伏性，致使我们不容易发现其严重的危害性，但是最近频发的污染事件已经引起了人们的广泛重视。我国受镉、砷、铬、铅、汞等重金属污染的耕地面积近2000万公顷，约占耕地面积的1/5，所种植的农业植物(粮食、蔬菜、水果等)污染物含量超标或接近临界值，人体重金属超标。① 环境危害亦向人类的健康提出了严峻的挑战。

各类重金属对人体健康的危害具体表现为：(1)汞：食入后直接沉积到肝脏，对大脑、神经、视力破坏极大。如果水中含0.01毫克，就会导致人中毒。(2)镉：破坏骨骼和肝肾，引起肾衰竭，并导致高血压，引起心脑血管疾病。(3)铅：能直接伤害人的脑细胞，特别是胎儿的神经系统可造成先天智力低下，是重金属污染中毒性较大的一种，一旦进入人体将很难排除。(4)钴：主要是对人们的皮肤产生严重伤害，不易治愈。(5)钒：对人们的心脏、肺产生极大的损害。(6)铊：对人们的神经产生较大刺激，引发神经性疾病。(7)锰：对人体的很多器官都会产生严重的损伤。(8)砷：毒性非常大，能够使人在短时间内死亡。可以看出，上述重金属对人体健康的危害性极其严重，人体内一旦摄入这些物质，轻者会引发头痛、神经错乱等，重者就会死亡。② 重金属具有毒性大、难降解、易被河流底泥吸附、易产生复合污染效应并可通过食物链富集放大等特点，而且铅、汞、镉等又是环境内分泌干扰物的重要组成部分和饮用水源地不可忽视的致癌因子。由重金属引发的生态环境安全、饮用水安全、食品安全和人类健康问题越来越突出，因此重金属污染已经引起了人们的广泛关注。

---

① 吕忠梅：《环境法学研究的转身——以环境与健康法律问题调查为例》，载《中国地质大学学报》(社会科学版)2010年第4期。

② 陈明等：《综合防控重金属污染，保障群众生命安全》，载《环境保护》2010年第3期。

重金属污染的主要原因是：采矿、工业“三废”排放、含重金属污水灌溉、城市生活垃圾、汽车尾气、污泥农用及含重金属的农药有机肥、使用重金属制品等人为因素所致。

二、中国重金属污染防治立法现状

关于重金属污染防治立法，并没有专门立法，相关规定散见于《环境保护法》《水污染防治法》《土地管理法》等法律法规中，然而并未详细的规定重金属污染防治的具体措施和法律责任。

我国环境污染法治的范围主要指避免在生产或生活中产生的废气、废水、废渣、噪声等对环境的污染和危害。①

农作物是我们实现温饱的基本物质条件，其对我们的生存是必不可少的，所以，为了避免受到污染的农产品对人类健康产生严重危害，就需要保护好作物的土壤。因此，我国《农业法》规定：“农户在进行耕作的过程中，必须对自己使用的耕地进行有效的保护，不破坏耕地，不得随意更改耕地的使用范围，要尽可能地使用人畜粪便等有机肥，提高土壤肥力。应该积极利用科技手段提高作物产量，提高耕地保护意识，避免耕地受到污染和破坏。”②

《水污染防治法》规定：“利用工业废水和城市污水灌溉，应当防止污染土壤、地下水等。”③相关法律规定，利用上述污水灌溉的，地方主管部门必须对灌溉后的土壤、地下水等组组织质量监测，运用各种有效手段，避免其受到污染，保护我们赖以生存的基础。④

《农产品质量安全法》规定：“禁止向耕地排放废水、废气等毒害物质。农业用水要符合国家标准。”

《土壤环境质量标准》是我国防止土壤污染的最重要的标准，也是实现环境保护必不可少的组成部分之一，作为技术规范，它不仅明确了我国土壤的质量应该分为哪些类别，以及根据什么样的标准进行划分，除此之外还明确了如何对我国土壤监测的数据进行采样，并对样本进行详细分析，以研究我国土壤污染的成分、污染程度、危害性等。

现行立法在重金属污染防治方面的规定主要包括：

1. 污染物排放控制的规定，包括防治因排放含重金属的废气、废水、污水和处

① 《环境保护法》第24条。
② 《农业法》第58条。
③ 《水污染防治法》第37条。
④ 《水污染防治法实施细则》第24条。

理、处置固体废物等对环境造成的污染等方面。

2. 生产方面控制的规定，包括防治矿产等自然资源开发利用与保护、农药使用以及污水灌溉等对环境和食品造成重金属污染等方面。

3. 专门性规定，包括防治电子废弃物、危险化学品污染等方面。

4. 相关环境标准，如《环境空气质量标准》《地表水环境质量标准》《土壤环境质量标准》。

我国现行重金属污染防治立法的缺陷：尽管我国已经在立法中有重金属污染防治规定，但这些规定都比较零散，规定比较原则，可操作性差，也没有并没有形成系统的重金属污染防治制度体系，已制定的法律已不能遏制当前日益严重的重金属污染形势，不能保障防治重金属污染的有效实施。

三、国外重金属污染防治立法经验

美国通过严格立法、经济补偿措施等手段尽量减少重金属对于环境污染和危害人体健康，有 20 多个州制定了电子废弃物专门管理法案。美国《综合环境污染响应、赔偿和责任认定法案》的颁布目的在于，对那些因土壤污染而导致健康或财产侵害的受害者进行赔偿，为了获得对受害者进行赔偿的资金，美国建立了名为“超级基金”的信托基金，更加明确了污染治理费用的承担主体，即“谁污染，谁承担”，这也是符合公平原则的。但是问题在于，土壤污染的修复费用是相当巨大的，很多污染行为者很可能都承担不起修复的费用，所以在这种情况下，污染者不能承担的部分则由“超级基金”承担，以弥补企业赔偿能力不足的缺陷。

日本非常重视重金属对环境以及人们健康产生的危害，所以为了解决这一问题，其采取了很多解决方法，也颁布了很多法律予以规制人们的行为，例如，《农用地土壤污染防治法》《土壤污染环境标准》《农药取缔法》《土壤污染对策法》等。建立了土壤重金属污染区域划定制度、污染区域限制使用制度、登记表制度、土壤恢复制度、治理基金制度以及责任保险制度等。除此之外，为了有效避免电子废弃物引发的危害，该国颁布的法律、法规有《废弃物处理法》《家电再生利用法》等，这些法律法规的颁布，对于该国内重金属污染问题的解决起到了较大的作用，维护了人们的健康。

欧盟为防治重金属污染法律包括《欧洲土壤宪章》《堆肥和其他生物垃圾处理规程》等。欧盟国家、欧洲议会及理事会公布了众多的关于电子废弃物立法，其中《废弃电气电子设备指令》等要求投放市场的新的电气电子设备不得含有汞、镉、铅、六价铬等有毒有害物质。《欧盟包装指令》规定了包装物中铅、镉、汞、六价铬的含量限值。

总之,国外的立法突出土壤重金属污染防治,并且,对电子废弃物进行特别立法。制定完善的标准体系。在法律制度方面形成体系,注重公众参与,实行严格的法律责任。

四、完善中国重金属污染防治法律建议

首先,要填补立法的空白。制定专门的重金属污染防治的法律、法规。鉴于土壤是重金属污染的主要载体,亟须制定土壤污染防治法、重金属污染防治行政法规或部门规章、重金属污染严重地区制定地方法规规章等。

其次,修改现行法律法规。对《环境保护法》、《水污染防治法》和《土地管理法》等进行修改,使之对重金属污染防治的规定更具体,增强法律措施的可操作性。

再次,完善相关法律制度,建立以保护环境健康为核心的重金属污染防治法律制度体系。包括重金属污染监测制度、重金属污染责任制度、公众参与制度、信息公开制度、环境健康损害救济制度等。

最后,完善相关环境与健康标准。主要是有关土壤重金属标准、家电重金属含量标准、粮食及食品质量和生产标准等。

第九章　农产品质量安全法律规制

环境质量下降是威胁公众健康安全重要因素，农产品质量下降则是影响公众健康安全的另一个重要原因。环境质量和农产品质量都是影响公众健康安全的重要因素，为了保障公众健康安全，既要提高环境质量，也要保证农产品质量安全。

"民以食为天，食以安为先"，农产品安全作为重大的民生问题是人类社会生存和发展的基本要素，既关涉民众身体健康和生命安全，同时也是保障人类健康、提高人类生活品质的基础。因此，农产品安全的法律规制必须体现"公众健康权优位"的基本价值理念。影响食品安全的因素有很多种，其中环境因素是一个重要因素。近年来，由于环境污染引发的农产品质量安全问题时有发生，对人们的身体健康造成了诸多不利影响。因此，如何通过有效规制影响食品安全的环境问题来保障食品安全，就成了解决食品安全问题必须面对的重要课题。目前，国际社会越来越重视环境因素在食品安全中的重要地位，而且在食品安全的监管中制定了大量涉及环境规制的措施。

第一节　农产品质量安全基本问题分析

一、农产品质量安全问题研究背景

农业是国民经济的命脉，农产品质量安全问题是关系国计民生的大问题，是国民经济顺利发展和社会稳定的基石。随着经济全球化的迅速发展，农产品的贸易国际化也在迅速发展。农产品的质量安全已不仅关系本国人口的健康发展,还关系全世界人口的身体健康和生命安全。因此,农产品质量问题也受到世界各国的重视。

我国是个农业大国,农业是第一产业,是支撑国民经济建设与发展的基础产品。农产品质量的好坏直接关系到13亿人的身体健康和生命安全,是关系国计民生的大问题。而近年来,农业产品却不断地曝光出严重的质量问题,从2005年的苏丹红事件到2006年的河北红鸭蛋事件到2008年的三鹿奶粉的事件,再到2009年的瘦肉精事件,我们关于食用产品质量的底线一次次被触碰。

2010年1月以来,海南豇豆在武汉白沙洲农副产品市场连续三次被检测出含有禁用农药水胺硫磷。不久,全国已有武汉、上海等11个城市检测出海南豇豆农药残留超标。毒豇豆事件引发了人们对蔬菜安全的担心。

2011年的"3·15晚会"上,曝光了河南省孟州市等地养猪场采用违禁动物药品"瘦肉精"饲养生猪,而有毒的猪肉则流入了济源双汇食品有限公司。双汇食品有限公司以放心肉闻名,成为广大消费者信得过的品牌,而此次瘦肉精事件的曝光,使人们不禁要问,我们还能相信这些商家吗?

2011年10月,公安部门破获了一起特大地沟油制售食用油案,一条地沟油的黑色产业链浮出水面。地沟油是指对从酒店、餐馆收来的潲水(泔水、残菜剩饭等)和地沟油进行加工提炼,去除臭味而流到食用油市场的成品油。其炼制过程,是地沟油毒素滋生的原因。潲水油中含有黄曲霉素、苯并芘,这两种毒素都是致癌物,可导致胃癌、肠癌、肾癌及乳腺、卵巢、小肠等部位癌肿。这些事件无一不刷新人们对农产品质量安全的认识底线。当前中国的农产品质量正面临着前所未有的考验。

农产品质量安全关系每一个人的身体健康和生命安全,关系国家农业经济的发展,也关系农业经济在国际贸易的发展。目前,我国已有《农产品质量安全法》、《食品卫生法》和《产品质量法》等一些相关法律法规。衡量农产品质量的标准有了一定的改善,但在立法和执法中还存在很多问题。进一步加强农产品质量安全法律规制对保障农业持续发展、农产品的标准化生产、保护公共健康安全、避免"绿色壁垒",提升我国农产品的国际竞争力具有重要意义。

(一)国内研究现状和发展趋势

由于农产品安全问题不断发生,严重影响了我国公民的健康安全,农产品质量安全法律问题引起我国学者的广泛关注,我国学者关于农产品质量安全法律问题的研究主要围绕着两条主线展开的,一是国内农产品质量安全法律体系的建设研究,二是我国农产品质量安全在国际贸易中面临的挑战与对策的研究。另外,还有一些文献是针对农产品质量安全执法问题的研究。但我国学者对农产品质量安全的地方立法研究并不多，地方立法同其他立法一样，应当坚持法制统一原则，在不同宪法、法律、行政法规相抵触的前提下制定地方性法规。地方立法是遵守国家立法的基础上，针对地方特色进行的立法，由此可见，地方立法具有实践性、超前性和对国家立法的补充性的特点，地方立法具有重要意义。

(二)国外研究现状和发展趋势

农产品质量安全法律问题在国际社会普遍重视。美国有健全的产品质量安全法律体系，各职能部门分工明确，涉及农产品质量安全的管理职能联邦机构有10余个，食品安全的联邦法律有35部。美国农产品质量安全监管实现相对集中的管理体制，对有毒物质残留控制体系措施科学有效。实行全程监管，并将预防为主是农产品质量安全风险管理的主要原则。美国推行的HACCP管理体系，强调预防为主的食品安全管理理念。日本非常注重对动植物和食品的防疫检疫，制定了《家畜传染病预防法》《食品卫生法》《植物防疫法》等法律法规，除此之外，还严格监管进口事项，都需要进行更为严格的检疫流程。相关法规规定了动物疫病诊断、监测、检疫、兽医人员管理等各个方面的具体事项，为实践中具体操作提供明确的依据。该国特别注重对该问题的处理，保障人们的健康安全，为了支持该防疫工作的实施，提供足够的资金支持，尤其是面对疫情时需要采取各种有效的应急手段，例如对病症的监控、病情诊断、救助措施等都具有充足的经费，以确保及时控制疫情，及时对受害人进行救助。除此之外，对于应对疫情的各种基础设施都提供了大量的资金支持。

从国际社会关于农产品质量安全保障的实践来看，其主要特点是：农产品质量安全意识增强；发达国家建立了农产品质量安全风险评估体系，并将农产品质量安全纳入社会实践，制定相关标准、规范；发展中国家积极制定农产品质量安全法。因此，这些立法实践与研究既为我们研究农产品质量安全的法律保障提供了大量借鉴的资料，也促进了我们深入地方农产品质量安全法制建设与理论体系建设问题的研究。

二、农产品质量安全的内涵

(一)农产品

农产品的定义很广泛，我国《现代汉语词典》(第6版)对农产品的定义是：农业中生产的物品，如稻子、小麦、高粱、棉花、烟叶、甘蔗等。世界贸易组织的产品分类将农产品定义为：包括活动物与动物制品、植物产品、食品饮料等。农产品包括在农业活动中直接获得的未经加工以及经过粗加工但未改变基本形状和性质的加工品。包括蔬菜、加工前的鲜奶、捕捞船上的渔获物等。

按照我国《农产品质量安全法》的规定，农产品是指源于农业的初级产品，即在农业活动中获得的植物、动物、微生物及其产品。农产品包括未经过加工或者是初级加工的动物、植物、微生物和产品。①

综上所述，我们认为，农产品是直接源于农业生产活动的产品，是通过生物有机体的新陈代谢作用，在自然再生产和经济再生产过程中形成的，属于第一产业范畴。农产品包括直接食用农产品、食品原料和非食用农产品（主要包括棉、麻、丝、毛绒纤维类，花卉，烟草，饲料和工业原料等）。其中直接食用农产品包括种植的小麦、稻谷等，养殖的活猪、活鸡等和养殖或捕捞的鱼蟹等。②

（二）农产品质量安全

根据我国法律规定，农产品质量安全是符合人们的健康和安全的标准。③

农产品质量安全，是指植物性产品、动物性产品与食用菌产品以及它们的加工制品等，整个生产过程与终端产品，经过严格检验，各项技术指标与卫生指标符合国家或者有关行业的标准。由此，农产品质量安全是指农产的质量要符合一定的标准，这样才是安全、合格的。

三、衡量农产品质量安全的标准

依照有关法律、行政法规规定制定和发布的，关于农产品质量安全的强制性技术规范，这是衡量农产品是否安全的标准。一般要求该标准应该制定严格的质量安全标准，提高标准的技术水平，为保障人的健康提供更好的依据。

农产品质量的衡量标准应该是从几个方面进行。首先，是农产品的源头，从源头开始紧抓农产品的质量安全，在农产品的种植之初就要严格控制生产的安全，防止不安全的产品生产出来。其次，在生产过程中，对农产品种植、制作的各项指标应符合国家和地方的标准，将质量控制在指标之内。最后，在农产品的销售中，要安全运输、安全销售，防止在运输销售中发生意外，造成产品的不安全。在农产品制成食品或者其他产品后，也应同时监控农产品的质量安全，从而当农产品质量安全出现问题时，可以及时找到责任者解决安全问题。农产品的质量安全衡量标准应该是具体可直接应用的，它应符合国家标准，保障人的身体健康安全。

---

① 《农产品质量安全法》第2条。

② 丁关良：《涉农法学》，浙江大学出版社2011年版，第3页。

③ 《农产品质量安全法》第2条。

第二节　我国关于农产品质量安全立法现状分析

一、我国农产品质量安全的立法现状

2006年4月29日第十届全国人民代表大会常务委员会第二十一次会议通过了《农产品质量安全法》。该法针对农产品质量安全标准、产地、生产、包装以及责任承担等方面进行了规定。该法规范了农业生产，保障了消费者的权益，填补了农产品质量管理方面的立法空白。该法的出台明确体现了我国现阶段对农产品安全的重视程度，而实际上这是对人们健康的重视，对农产品从生产到销售再到监管等各个环节都进行了严格的规定，体现了我国对农产品质量的强化管理，这标志着其进入了一个新的管理阶段。该法的重点内容体现在以下几个方面：实行全过程监管战略，从农产品的产生到销售的每一个阶段都实行严格的监管；对每一阶段的责任人也都规定了相应的责任承担；明确了监管部门，初步形成了系统的监管体系，为人们的活动以及执法操作提供明确的依据。

其他与农产品相关的法律法规有：《农药管理条例》《种子法》《中华人民共和国动物防疫法》《渔业法》《草原法》《兽药管理条例》《农药管理条例》《饲料和饲料添加剂管理条例》《农业转基因生物安全管理条例》等法律或者行政法规等。这些法律法规主要是关于农业投入品监管的法律法规，与《农产品质量安全法》相互配套适用，对相关的农产品进行更为细致的规范和调整。

此外还有《标准化法》《环境保护法》《水污染防治法》《消费者权益保护法》等法律。

二、我国农产品质量安全立法中存在的问题

（一）农产品质量安全法律体系不完善问题

我国是农业大国，但我们关于农产品质量安全的相关立法有着巨大的缺失。在《农产品质量安全法》颁布之前涉及农产品质量管理的法律、法规主要有《农业法》《食品卫生法》《标准化法》《农药管理条例》等，然而真正系统的法律规定还是处于空白状态。

《农产品质量安全法》的颁布实施，具有非常重大的意义，其不仅弥补了我国一直以来在这方面的立法空缺，该法的颁布也为人们的健康安全作出重大贡献，让人们可以更为安心的选购农产品，维护了社会稳定。但农产品质量标准体系、质量监管等问题处于无法可依的状态，在司法实践中也无章可循。在制度配套方面，这方面的法律还不够健全，与该法相配合实施的其他相关制度还需要进一步

规定,例如,针对农产品进入市场应该获得相应的许可以及责任追溯等方面的问题还需要明确。针对生产和经营问题,生产过程中的记录制度以及经营销售过程中的标识制度都还存在一定的问题,我国现阶段虽然在一些省市做了相应的完善,但是在实践也出现了很多困难,各方的利益很难协调,也就导致该制度的推行步履维艰。实际上,我国一些农产品批发市场是有质量检测设备的,但是设备比较陈旧,精准度不高,并且在这方面的支持资金还不能够让每个人都能享受质量检测的服务。这严重制约了该法的实施效果,相关部门应加大对检测基础设施的经费投入,提高检测技术水平,以达到精准检测的目的。除此之外,在监测过程中还会出现很多事项没有统一的标准,进行检测的方式不确定等问题,在未来的立法中,还需要进一步明确规定。

《农产品质量安全法》是一部基本法,难免会存在一些立法调整不足的地方,部分规定缺乏普遍的适性和可操作性,因此不可能从根本上解决农产品质量安全问题。另外这些法律在一些方面存在交叉、重叠,对同一食品违法行为,法律有着不同的规定,有些规定甚至可能是矛盾的。对有些违法行为的规制存在法律空白,没有相应的法律法规去对违法行为进行相应的规制,这些都导致了不必要的纠纷增加、诉讼成本增加,造成司法资源的浪费。①

因为农产品立法体系不完善,导致在执法上,也同样存在很多的问题,而这些问题都影响着农产品的质量安全保证。

(二)农产品质量标准体系不健全

《农产品质量安全法》中关于农产品质量的安全标准有以下几个问题。

1.农产品质量安全标准体系类型和等级不明确。由于农产品质量安全标准体系类型和等级不明确,所以,更没有农产品质量安全标准的类型和等级之间相互衔接内容的规定。

2.没有专门的农产品质量安全标准及其实施条例。以《标准化法》取代专门的农产品质量安全标准,而《标准化法》主要适应是工业产品标准。无疑导致标准适应不对接的问题。

3.农产品质量安全标准的适用范围狭窄的问题。按照《农产品质量安全法》规定:农产品质量安全标准是强制性的技术规范。② 这就意味着大量的非强制性标准不属于农产品质量安全标准的范畴,被排除在外。导致出现误认为农产品质

① 李长健等:《我国农产品质量安全的法律监管探究》,载《青岛农业大学学报》(社会科学版)2009年第1期。

② 《农产品质量安全法》第11条。

量安全标准体系针对的对象只限缩为农产品本身，而不包括其产地是否受到污染，以及如何衡量其是否安全的衡量标准等，这实际上是不符合该体系的真正内涵的，而应该扩大其规范范围，从而更好地保障人们的身体健康。

4. 禁止性的规定不全面问题。对禁止生产区域划定进行完善，这对于农产品质量安全持续发展、保障农民利益、对稳定社会秩序安定具有非常重要的意义。而现有《农产品质量安全法》规范了禁止生产区域的划定、农产品产地的保护以及禁止性规定等内容，①但缺乏对禁止生产区域的修复治理的责任主体责任规定；缺乏对农产品产地分级具有基础性作用的农产品产地的监测与风险评估的规定；没有对因禁止生产区域划定而受到损失农户的补偿作出相应规定。这不利于解决实践中的相关纠纷问题。

（三）农产品质量安全责任追究和质量追溯难以落实

农产品瑕疵责任和农产品缺陷责任是《农产品质量安全法》的主要责任。

涉及农产品瑕疵责任条款主要是从第48～52条，内容主要涉及，农产品从生产到销售各个环节的主体都应该严格按照法律的要求实施行为，如果违反了相关规定对其进行包装或者实施了假冒质量标志等行为，都必须为该行为承担相应的法律责任。责任者无论有无过错均需承担责任，也就是无过错责任规则原则。

由于我国的人均耕地面积是非常少的，出现了规模较小、独立经营的特点；农户根据自己的喜好或者习惯种植作物，并向市场出售，这也就导致了市场上供应的农产品复杂多样。这虽然能够满足人们的不同的需求，但是对于在我国推行农业标准化生产具有阻碍作用。而且，我国城乡发展不平衡在农民的文化水平上也体现得非常明显，农民的文化水平往往都很低，甚至很多人都是文盲，他们对农业标准化不能很好地理解，也就导致新知识新技术在农村推广普及慢，信息化和社会化服务不到位，产生农产品缺陷问题。在《农产品质量安全法》规定了农产品缺陷责任的条款，规定了农产品生产者、销售者和批发市场如果将缺陷产品销售给消费者，导造成损害的，要承担赔偿责任，并且前述主体承担单向的连带责任，②即批发市场赔偿后，属于生产者、销售者责任的，批发市场有权追偿。但生产者、销售者不能向批发市场追偿。

从上述内容我们可以发现，关于农产品瑕疵责任的规定不仅规制众多主体，还规定了较为严格的归责原则，只要行为人生产或销售的农产品具有瑕疵就要承担责任，即无过错归责原则。这主要是因为我国实际情况的需要，我国对农户、生

① 《农产品质量安全法》第5条。

② 《农产品质量安全法》第54条。

产经营者、销售者等不同主体需要制定不同的责任承担方式。除此之外,农产品本身所具有的不易保存的特征,就使人们无法对其质量随时进行检测,而且一旦时间过了,证据也不复存在了。所以,如果出现农产品质量安全侵权事件,各方面的因素使得受害人很难提供有效证据对侵权人进行追责。

对比《农产品质量安全法》与《产品质量法》发现,前者对因提供缺陷农产品的主体所需要承担的法律责任并没有太多明确具体的规定,而仅规定了责任承担的原则,针对生产到销售的各个环节的主体并没有规定相区别的责任,也是非常模糊的。除此之外,针对很多特殊情况,实际上是可以免除上述主体的责任的,但是也没有相应的规定,亟须完善现行《农产品质量安全法》。①

(四)农产品质量安全监管存在缺陷

我们都知道,农产品从生产出来到最终销售出去是一个非常漫长的过程,单单说农作物的种植到成品就经历很多道程序,例如,播种、施肥、灌溉、收割等,之后还要经过加工处理,最后成品销售,可见这中间经历了多少个环节。最主要的是,这其中的每个环节都存在被污染的机会,也存在许多危险因素。所以,为了尽可能避免这所有过程中的任何环节都能安全,就需要采取非常严格的监管措施。但是由于每一环节都由不同的部门或者多个部门进行监管,不可避免地会出现监管漏洞和相互推诿的情况,所以,针对该问题的解决,各部门之间的协作是非常重要的。这些问题都需要在《农产品质量安全法》中进一步得到完善。

实践中,由于各地区发展不平衡,多数地区农产品质量安全监管体系处于起步阶段。各部门都根据2004年《国务院关于进一步加强食品安全工作的决定》的内容履行职权,也就是一个环节对应一个监管部门,各部门分工协作,共同致力于农产品质量监管。跟其他部门相比较可以明显发现,农业执法部门存在很多问题,例如缺少法律实施的资金支持、质量监测的基础设备也不够先进和精准、没有专门从事农产品监管的专业人员等,这种状况直接导致农业执法的效率很低、威信力不足。引发这些问题的原因在于:一方面,国家在这方面的投入太少。实践表明,要想真正建立一个完备的质量检测系统,所需的资金是非常巨大的,但是现在大部分城市都没有这样的资金支持渠道,这就使该项工作无法顺利开展。经调查发现,我国大多数县由于资金不足,质量检测的基础设施都已老化,精准度非常低,几乎没有使用价值,根本就无法实现对质量监测的目标。另一方面,我国针对该问题的监管体制不健全。农产品从生产到销售的每一环节都由不同的部门或者多个部门进行监管,不可避免地会出现监管漏洞和相互推诿的情况,再加上各

① 杜国明:《农产品质量安全的立法研究》,载《河北法学》2008年第9期。

农户独自经营使耕种的规模小且分散等特征，加大了监管的难度，最终导致监管的效率非常低。

第三节　国外农产品质量安全的立法考察

一、美国

美国之所以能够成为世界上最主要的农产品出口国之一，原因并不仅是其优越的地理环境以及先进的农业技术水平。更为重要的原因在于该国对农产品质量标准要求非常高。美国针对农产品质量安全制定了很多法律，从生产到销售的每一环节都有相应的规范对行为人进行制约。

美国《农业信贷法》等法律对农业从业人员资格进行了规定，从源头提高农产品的质量；《统一产品责任示范法》等法律制定了生产标准，生产者必须遵守；《公共健康事务法令》禁止任何不符合标准的农产品进入市场；《联邦肉类检验法》等法律制定了多重质量标准，为执法人员提高了可操作性等。①

美国农产品质量监管体系已经很完善，其主要分成三个部分。(1)农业部：主要监管所有肉类、家禽及蛋类产品的生产和加工。(2)卫生和人类服务部：主要针对食品添加剂、动物饲料和兽药进行监管。(3)国家环境保护署：主要监控动物饲料、农药中杀虫剂的残留量。② 每一个部门都有各自的职责，相互协作、相互监督，共同实现对公众健康的保护。

二、加拿大

加拿大的监管分为政府和非政府两大体系。其中政府的监管机构包括：(1)农业部：负责对农产品是否存在危险因素进行评估预测。(2)卫生部：制定生产农产品过程中使用的药物的剂量标准。(3)食品检验局：制定农产品的安全标准，并对其进行检测。

非政府的监管机构很多，主要负责检测工作，包括预防和治疗动物、植物患有的相关疾病，这些机构还可以下设其他机构，主要负责利用科技研究新品种，并按照规定的时间向有关部门汇报研究成果。该国的监管体系属于分级管理，食品检验署是主要的监管机构，对全国范围内的所有有关事项进行统一监管，地方机构

---

① 杨淼：《国外农产品质量监管制度的借鉴和启示》，载《沿海企业与科技》2010年第6期。

② 任天鹏：《农产品质量安全法律制度研究》，社会科学文献出版社2009年版，第53～60页。

应该将本地区的情况向其汇报。此种监管体系实现了该国农产品质量的有效提高。①

三、欧盟

欧盟针对农产品质量的监管也是非常成熟了，经过几十年的实践与完善，其监管体系包括以下内容。

（一）欧盟农产品质量安全管理体制

欧盟负责农产品质量监管的部门主要有欧盟委员会、欧盟议会和食品安全管理局。欧盟委员会和欧盟议会对在涉及农产品质量安全的问题上共同协商，并实行欧盟和成员国的两级监管制度。食品安全管理局主要负责确立农产品安全的指导原则及方针政策，制定农产品质量监管的一般性法律，协调各成员国的农业政策目标。各成员国管理模式各不相同，各成员国有自己独立的农产品质量监管机构。

（二）欧盟严格的农产品标准体系

从“田间到餐桌”的生产全过程归到农产品安全监管的体系由欧盟委员会提及，是对“从农场到市场”的全程监控制要求。这些标准不仅有对产品本身的标准规范，还有对加工操作规程标准的规定；还有对掺杂、掺假食品的一般禁止性要求和对食品中各种化学残留容许量的具体限制。

强制类标准和自律类标准是欧盟农产品的分类标准。强制类标准以法律法规的形式发布，具有强约束力。欧盟委员会主要发布强制类标准。

欧盟推行的《危害分析和关键控制点标准》（Hazard Analysis and Critical Control Point Standards，HACCP）体系，要求所有的农产品来源具有可追溯性。即对原料、关键生产工序及影响产品安全的人为因素进行分析，确定加工过程中的关键环节，建立监控程序和监控标准并采取规范的纠正措施，以强化食品生产者对食品安全。

欧盟委员会及各国政府委托标准制定机构制定自律型标准，社会可自愿采用，由农业、食品业协会实施管理与监督。欧盟为了提高农产品市场竞争力，高度关注农产品的质量，通过制定系统的法律。提高检测手段，具有标准化的农产品数据管理信息，是确保安全的农产品进入欧盟民众厨房。②

---

① 崔野韩、王富华：《科学认知放心消费——农产品消费安全面对面》，中国农业出版社2011年版，第17～19页。

② 任天鹏：《农产品质量安全法律制度研究》，社会科学文献出版社2009年版，第40页。

对于农产品生产、初级加工、储运卫生、检验检疫、销售安区等标准,欧盟通过法律法规发布。通过行政部门和行业协会制定技术性和操作性强的规则,并以规范多以条例和规定的形式颁布。欧盟的农产品标准有3万多项,占总共技术标准的30%。近年欧盟在农产品和食品安全和化肥、农药残留限量控制和检测方面的标准达到了23万多项,这得益于越来越多的法规和辅助控制标准。①

(三)欧盟农产品市场准入和监管

欧盟对进口农产品实行严格的市场准入制度,只有被列入安全名单的国家才能向其出口农产品。欧盟的农业行政主管部门实施检验和执法监督,按行政区和农产品品种类别设立全国性、综合性和专业性的检测机构。欧盟委员会、欧盟食品安全管理局和各成员国政府相关机构建立了预警和快速反应系统,应对农产品、食品突发性危害。欧盟建立了严格的触发机制和动植物疫病监测体系,触发机制对违规的农场处罚罚金、停产,最严重的是禁止从事农业生产行业,动植物疫病监测体系从根源上保障食品安全。欧盟从2004年起就强化了农产品法律,规定了140多种禁止使用的农药和添加剂,加强对农药和兽药残留量的监测,对农产品实验室加强管理。规定了有毒重金属在农产品中的最高含量,农药和添加剂的残留量在产品检测时不允许超标。

(四)欧盟可追溯性农产品规定

欧盟为了确保农产品供应链上各个环节信息的真实、可靠制定了一系列配套的法律法规和技术条例。所有上市销售的农产品必须可追溯,各成员国使用20世纪70年代在欧洲产生的国际物品协会"全球统一编码系统"(International Article Numbering Association)。该系统在成员国中普遍使用。通过这一系统,能够掌握农产品和食品的全部信息,如果发生违纪人体健康的突发性事件,可以追溯储运、加工和生产的每一个环节,直至农产品种植或者饲养的源头。②

在应用EAN条码技术后,欧盟的农产品销售商在供货时就多一张用于标识水果批次、种植过程、农田状况等信息的条码。而且用一个品种、同样的生产条件、同一批次使用相同的条码,专门用于产品追溯。拥有了统一的"身份证",欧盟能够根据"身份证"找到产品的上游供应链,跟踪产品下游消费者,不仅能将农产品对消费者产生的不利影响降至最小,还能减少企业的损失。③

---

① 任天鹏:《农产品质量安全法律制度研究》,社会科学文献出版社2009年版,第40页。

② 李怀林:《可追溯性与肉类产品安全ISO22000食品安全管理体系通用教程》,中国计量出版社2007年版,第1页。

③ 任天鹏:《农产品质量安全法律制度研究》,社会科学文献出版社2009年版,第52页。

(五)欧盟行业协会自律机制

每个行业协会都有自己的自律机制，对其下的协会、农场和企业开展技术培训、规定自查措施等。欧盟法规规定质检机构应当通过公报或者网站向社会公布按照技术标准每年定期、定时、定点监督和汇总取样分析的结果，以此来实现对农产品的监测和权威性评价。来自欧盟的统计资料显示，荷兰、比利时和卢森堡三国经过政府农业部门授权的农产品质检机构多达350家以上，这些机构负责建立和管理质量监测与定期预报工作。比如，这三个国家果蔬取样点就有3700多处，分析检测样本达550多种。①

(六)欧盟农产品包装规定

根据农产品的特性来选择适合的包装材料，保证包装不破坏本来的味道，便于存储、运输和延长保质期，包装物要有明确的品质成分、保质期、特殊储存品，另外食品是否为转基因食品也需详细说明。对纯绿色、有机农产品、食品等，有专门的衡量标准，包装物不能对环境保护造成不利影响。欧盟对农产品的包装有严格的规定，分为10大类20余种材料及符合标准物质的使用规范，如纸类、塑料、木材、编织物、金属等，同时农产品和食品的包装物要带有“农产品专用”标语或印有“盘子与刀叉”等易于分辨的图案。

四、国外农产品质量安全监管对我国的启示

(一)健全农产品质量安全法律法律体系

美国、加拿大、欧盟、日本关于农产品质量安全的立法都比较完善，法律涵盖了产品从种植到食用前的各个环节。并且建立了比较完备的农副产品卫生质量管理法律法规体系，不是靠一部法律对农产品的质量安全进行规定，而是由多部法律形成一个完整的体系，互相支持。如美国欧盟的各种检验法，标准规定，均对农产品进入市场的门槛，进入后的销售进行了详尽的规定，而对于违反法律法规规定的，同样规定了严厉的处罚。

(二)系统的监督管理体制

在对农产品的监督管理方面，各个国家略有不同。如加拿大是主要由农业部门对农产品的质量安全进行负责，美国则是多部门联合起来进行监管，而在欧盟，则是由国家独立的食品安全监督机构进行管理和监督。但总体来说：农产品质量安全监管最主要和最经常的方法是加强监督检查和制定严厉的法律责任，这一方

---

① 刘志扬：《应对食品安全危机中国农产质量安全目标与制度研究》，青岛出版社2005年版，第196~198页。

式的最终目标就是使法令、法规得以遵守。①

美国、加拿大等国法律规定监管机关能够对农产品的全过程场所进行检查,从生产、加工到销售场所无一例外。同时,检查人员不仅可以检查、复制和扣押有关记录,还能取样分析。在检查过程中一旦发现不符合法律规定的产品,监管机关可以采取一系列强制措施予以惩戒,比如查封、扣押和禁止移动、禁止销售等。

(三)严格的农产品质量安全标准

综观这些国家的农产品质量安全的法律法规,可以看出,在食品安全监管中,政府最首要和最广泛的任务只能是制定食品安全标准并予以强制执行。并且,明确具体的农产品质量监测体系和农产品质量标准对确保农产品质量安全具有重要意义。

(四)尊重公众的知情权

尊重公众的知情权也是政府的职责,政府应及时向公众公布食品安全的相关情况,对于质量安全出现的问题,政府也应及时提出相关的建议,同时应开展多种形式的教育活动,使人们了解相关的食品安全问题。美国在食品安全方面,特别重视公众的知情权。9 月是美国的全国食品安全教育月,在食品安全教育月政府为公众提供食品安全信息,开展针对食品服务人员的食品安全训练和向公众宣传正确处理食品的知识,完善全国食品安全信息网络,从而减少食品安全事故的发生。

第四节　我国农产品质量安全的规制

一、完善农产品质量安全的法律体系

农产品质量安全法应该包括食品产生的全过程,涉及产前、产中、产后和流通。我国应建立一个完整的法律法规框架,以《农产品质量安全法》为核心,囊括一切农产品质量安全领域,建立农产品产地环境管理制度、农业品投入管理制度、生产加工过程管理制度、包装标识管理制度、市场准入制度等,为农产品质量认证检验检测和监管工作提供法律保障。严格规范农业投入品的生产、经营和使用行为,建立农业投入品质量安全定期监督抽查制度,及时剔除有危害的高残毒农业投入品,大力推广高效低残毒农业投入品。我国应该将无公害农产品、绿色食品、有机食品纳入农产品质量安全法律法规管理范畴,适应农业和农产品质量安全实际,将好的农业操作规范和农业投入品生产规范纳入法制管理的范围。

---

① 郑红军:《农产品质量安全控制综观研究》,人民出版社 2011 年版,第 206 ~ 207 页。

我国已于2006年11月1日实施了《农产品质量安全法》,但这部法律的实际可操作性不强,我国应该继续出台《农产品质量安全法》实施细则及配套法规以提高其可操作性以及细分化。这有助于明确政府的职权与监测范围和种类等,弥补当下主体法规定过于原则化的缺点,使民众更加清楚自己的权利与义务,从而可以使民众积极响应《农产品质量安全法》。

《农产品质量安全法》涉及许多制度,比如市场准入制度、农产品质量安全标准、检验检测制度等,这些制度不仅要靠《农产品质量安全法》,还需公布单独法规、条例。对于已经设立的制度,要加快修订,对没有设立的制度应该尽快立法。而且要根据各地区不用的特征制定不同的制度,针对我国农户生产的分散性、自发性的特点,由省级行政部门制度符合各个地区的法规,把工作落实到各县级基层单位,执行到各村。①

二、健全农产品质量安全法律原则

(一)农产品质量安全法与现有食品卫生等法律相衔接的原则

农产品的很大一部分最终会成为食品走向千家万户,走向人们的餐桌,而此时农产品的质量安全也成了食品的质量安全问题,只有与食品卫生等相关的法律法规相结合,农产品质量安全法才不会处在孤立的状态中,才能从不能得以实际应用的情境下走出来,与其他法律相互作用,形成一个完整的法律体系。

(二)全程监控与突出源头治理相结合原则

农产品的问题,不仅发生在生产过程中或者生产后,而且贯穿整个生产,从种植到端上餐桌,全程都应有严格的监控,发现问题及时治理,防患于未然,让农产品是安全的,保障人身体健康的产品。

(三)统一管理与分工负责相结合原则

这要求政府部门对农产品的监管控制应做到应有的责任。各级管理机构都应对自己管理范围清楚明白,并且同时应完成自己应尽的责任,在出现问题时有直接的负责部门,各个部门间做到不互相推诿,能够及时解决问题,这样的管理与分工,才是合法合理的。

(四)政府部门监管和行业协会自律相结合原则

行业协会应当在监管中起到非常重要的作用,行业协会有着其独有的敏锐性,它与市场直接相通,可以最先发现问题,而后政府来解决问题,这样农产品质

---

① 李海勇:《我国农产品质量安全法律制度研究》,华东政法大学2011年硕士学位论文,第20页。

量问题就能够及时被发现，及时被解决。同时，行业协会对于一些轻微的农产品问题可以通过行业自身的自律行为进行解决，对不符合行业规则的，可以被行业协会排除在外，丧失其在行业生存的可能性。此外，行业协会和政府的管理部门也可以互相监督，任何一方有不作为，或者其他的问题，都可以提出建议和意见。行业协会在很大程度上可以弥补政府监管不足和政府监管不到的问题，政府可以根据行业协会的意见和建议解决问题。同时，政府也监督行业协会，促使其自律，为整个行业更好的服务。

（五）严要求与区别对待相结合原则

对于不同的农产品，应有着不同的衡量标准，而不是一个标准通用到底。国家标准是总的衡量标准，地方标准的制定应严于国家标准，但需要注意的是，这不代表说不同的地方，就可以有着不同的监控标准，各地方标准都应在国家标准下严格制定。如此，农产品的质量安全才有保障，人的健康安全也有保证。

三、建立多元化的农产品质量安全法律制度

（一）市场准入制度

生产基地和农产执法品批发市场、农贸市场都要明确自己的责任，健全农产品检测检验体系，对于政府指定的检测机构的检测检验均要自觉接受配合，对于执法单位对不合格产品依法作出的处理，要积极处理。有关部门对检测合格的主体发布合格检测报告和检测合格证书获得入市资格，亮牌生产和经营。所以，应该尽早实施市场准入制度，在大型农产品批发市场上尤其重要，以此为基础，一步一步向集贸市场、乡镇、社区菜市等农产品推广。

（二）农产品质量安全信息披露与监测制度

农产品质量安全一个重要的特征就是其有极强的信任特质，会有不对称现象存在，为了缓减这一现象，我们需要在公开场所公告农产品的质量安全信息。首当其冲的是政府的作为，政府应该慢慢建设国家食品安全信息与监测网络体系，成立食源性疾病与危害的监测、溯源与预警系统，在农产品产地或市场建立质量安全信息公开制度。第一，由政府主导，定期对产地农产品质量进行监测，并公布结果；第二，对农产品生产过程检查监督，并对检查结果予以公布。此外，我们还可以建立质量安全举报制度，首先，必须要保护举报人，这样才能使人民群众有举报的积极性，解决人民群众举报的后顾之忧；其次，还可以对举报人予以重奖，鼓励举报人的举报行为，可以减少信息披露所花费的成本。

（三）农产品质量安全认证制度

建立并完善国家统一规范的农产品认证体系和与之相配套的管理、监督机

制,并对其进行法制化和制度化。重中之重就是解决多头认证的问题,以国家统一、规范为基础,走向认证公益化。同时,要保证认证的国际化,认证标准和管理的统一,把认证标准和管理手段与国际标准衔接,争取取得其他国家的认同。

完善农产品质量安全认证制度,需要以科学的技术标准为前提。随着农产品质量安全问题在世界范围内越来越广泛的受到重视,检验检测技术已经成为各个国家强化和管理农产品质量安全的一个重要的方面。所以,对农产品质量标准的研发工作应当加大资金的投入,注意开发对农产品的检测技术和设备,并注重对这方面人才的培养,为农产品的安全认证提供有力的技术支持。①

(四)农产品质量安全全程监控制度

"严格农产品质量安全全程监控"被写进了2009年的中央一号文件,可见中央政府对农产品质量安全的重视。

农产品质量安全全程监控,必须由法律做出相应的规定,以保障其监控结果的有效性。所以,为了全面落实农产品质量安全全程监控制度,还需要法律对该制度实施的具体内容和程序问题进行明确规定。例如,农产品质量标准、监测标准、监测内容、监测技术、监测流程,以及监测数据分析等作出详细规定,不仅可以提高各部门实施法律的可操作性,还能确保监测结果更精准、更有利用价值。除此之外,法律还要详细规定针对农产品质量安全监控的各监管部门的职权划分,以避免权力滥用或相互推诿等监管问题的发生。

农产品是人们生存的最基本物质基础,其质量安全直接决定了人类的身体健康甚至存亡,所以对其进行质量检测是必须采取的手段。国家一个重视对农产品质量监测体系的构建,提高监测设备的先进性和精准性,采用科学的监测方法对所有农产品进行严格的监测,相关管理部门也要采取更为严格的监管制度,严格把控好农产品从生产到消费的各个环节的安全问题。当然这些问题的解决需要大量的资金支持,基于农产品安全对一个国家甚至全人类的重要性,理应将该资金纳入各级政府的财政预算,促进农产品质量安全监测系统的正常运转。

(五)问题农产品召回制度

建立缺陷农产品召回制度,需要建立农产品溯源制度。建立该制度最主要的就是加强对农产品包装标识的监管,针对一切未按照规定进行标识的产品都禁止流通。除此之外,要推广应用商品条码技术,以确保农产品从生产到消费的各个环节都能够信息畅通。实际上,该制度与传统的销售模式有很大的不同,其是一种创新的符合时代要求的新制度,对于追踪农产品的来源具有非常重要的作用。

---

① 李朋:《论农产品质量安全认证制度的完善》,载《科技博览》2011年第3期。

与此同时,我们必须提高农产品的质量检测水平,这是确保人们身体健康、让人们放心购买的最主要环节,所以必须在各个市场和超市都设立质量检测点,对进入市场的农产品质量进行严格的检测,以保证质量安全,另外,还要对未按照要求进行标识的产品以及质量不符合要求的产品进行封存,并由相关部门予以相应的处罚。逐步建立起农产品登记管理制度,引导农产品经营者建立进货检查验收、索证索票、购销台账、商品备案、质量安全等制度。

四、严格农产品质量安全标准

标准化建设实施的主要对象是种子标准化、生产技术标准化以及农产品标准化。实施农产品质量安全标准制度,能够在生产源头对其质量进行控制,提高质量水平。以法律规范的形式对生产者的行为进行制约,引导他们在生产的过程中采用合法、健康的方式,严格控制生产的各个环节都符合相应的标准,这样就可以从源头提高农产品的质量水平,从根本上解决农产品污染问题,保障人们的健康安全,更重要的是可以避免社会冲突,促进社会稳定。① 但是我国现阶段的农产品质量安全标准制度还有很多不完善的地方,要想真正解决该问题,实现上述目标,就必须对该制度进行多方面的完善,加强国家对该问题的重视,提供更多的资金支持以保障制度的顺利落实。组建专门的质量研究机构,由专业的人员对质量监测数据进行科学的分析,在此基础上制定有效的解决方案。当然我们还应该借鉴国外经验,在综合研究与本国实践的基础上,促使我国的农产品质量安全标准可以更加有效地解决我国的现实问题。除此之外,人们的安全意识也是非常重要的环节,应该借助互联网平台以及其他手段,对全国人民进行质量安全知识的普及,以引起人们的重视,并从自身做起,积极推动该问题的解决,把农产品质量安全标准制度发扬光大。

(一)农产品的质量安全标准数量制度

与世界上其他发达国家相比,我国的农产品质量安全标准数量较少。政府应该将农产品标准范围进一步扩大,在农业投入品、农业资源环境、安全卫生、动植物检验、检疫管理规范等方面都建立强制性标准。对于我国一些比较落后的标准,应该及时修改,从而形成一个全面、协调统一、层次清晰的农产品质量安全的强制性标准体系。当然,我们应当建立一套实际有用的激励机制,发挥行业和企业的作用,由行业和企业建立非强制性标准,建立一套涵盖产品品格规制、分析测试方法、生产技术规程、名词术语的推荐性标准。

① 郑冬梅:《完善农产品质量安全保障体系的分析》,载《农业经济问题》2006年第11期。

制定标准就是为了提供农产品的质量水平，对从生产到消费的各个环节的行为进行制约，以实现保障人们健康的最终目标。但是，有标准只是前提，更主要的是有效实施，实施过程中可能会出现很多问题，所以还需要加强对实施过程中各个环节的监管，才能使标准发挥出预期的作用。国家标准是人们行为的最低标准，存在国家标准的时候必须按照该标准实施行为；没有国家标准的，各地可以按照地方标准进行监管。

（二）农产品限量标准和检测制度

完善限量标准和检测方法等技术法规，要加快制定生产必需、监管急需的农兽药残留标准和检测方法标准。对于农产品质量安全突发事件中涉及的标准，应组织相关力量，通过快速程序制定临时管理规定和检测方法。各地也要紧紧围绕国家和行业标准，加快制定符合本地生产实际的技术规范和操作规程，突出实用性，要让广大农产品生产者真正看得懂、用得了、效果好。

（三）可追溯农产品的监测与监督抽查制度

来自发达国家的经验表明，“单独的食品质量追溯系统不足以保障食品质量安全”，“除非与适当的要求或方法相结合，追溯工具并不能独立提高产品的品质与安全性”。所以，政府应该在农产品质量追溯系统建设中将严格监管与科学引导相结合。第一，政府相关管理部门需加强对可追溯农产品的例行监测与监督检查，将国家规定的限量类危害物中对人类健康影响大的项目，如重金属、农药残留、兽药残留、农产品添加剂、工业污染物和生物毒素等进行例行监测。第二，追溯产品的全过程进行监督抽查，“从田间到餐桌”，系统运行程序被监督企业追溯，对于违反农产品质量标准的产品要及时向社会公众公布，提供证明企业追溯过程的文件，提升企业的市场认可度。第三，大力宣传追溯标识码，以影响消费者在消费时的选择，从源头上刺激生产者运用追溯的积极性。①

五、确立有效的农产品质量安全监督管理体制

（一）完善相关管理机构

要使《农产品质量安全法》得到真正的实施，关键是要把各个制度措施落实到位。《农产品质量安全法》有待于进一步完善，其中，尤其要加强有关规定的普适性与可操作性，加快推进相关配套办法和实施细则的制定。对风险监测和评估制度、产地准出和市场准入制度，以及责任追溯和追究制度等重点研究，从风险预

① 涂传清、王爱虎：《我国农产品质量安全追溯体系建设中存在的问题与对策》，载《农机化研究》2011年第3期。

警、过程监控和责任落实三个方面进行规定和要求，切实解决风险未知、环节不清、责任难究等问题。[①] 此外，要进一步明确《农产品质量安全法》的调整范围，尽快研究制定农产品目录，并不断完善产品目录，同时，对不同监管部门的管辖边界进行确认。

（二）确立有效的控制体系

要确立有效农产品质量安全的控制体系，设定合理的控制范围，激励、诱导和规制生产主体从源头上解决质量安全。在环境、投入品和生产过程三个环节中，环境和投入品是源头，是保障农产品质量安全的最关键环节，这是事前规制，因此要加大这两个环节的规制力度，采取严厉的规制措施，提高违法成本。生产过程因为链条比较长，生产主体发育不成熟，这是事后的控制，不但成本高，效果也不明显，因此需要加强源头农产品质量安全的组织体系建设，把重点放在规模化生产企业协会和组织上。对于生产主体则采取诱导的方法，使其对生产过程进行记录以加强实施控制。解决分散的千家万户执法难度比较大、监管成本高，我们可以探索推广"种养农户＋龙头企业＋中介组织＋销售网络（超市或批发市场）"一体化组织体系建设。[②] 对各个环节进行探索、对各组织间质量安全责任和产品质量安全收益的合理分配进行界定，用以调动各组织成员的积极性、各个环节的产品质量安全。而政府的责任就在于组织好、协调好和管理好这些。

（三）加强执法力度

实际上，我国农产品质量安全法律法规体系还不健全，实施过程中存在很多问题，所以我们可以借鉴一下世界各国的经验，用以处理我国监管不到位问题、针对各侵权者的行为如何对其进行归责问题以及采取什么程度的处罚措施更合适等问题，都需要进一步明确。所以，首先要对各侵权者的责任承担进行详细的规定，加强政府的监管力度，扩大监管范围，应该对农产品从生产到消费的各个阶段都进行记录、严格控制标签标识等。其次要增加对侵权人的惩处力度，通过各种信息可以明确行为人，在出现质量安全事件后可以很快找到侵权行为人，以追究其法律责任，并对其进行严惩，以增强法律的震慑力，促使他们严格遵守法律规定。对严重违反农产品质量安全法律法规行为的生产者，不仅要罚款，增加其违法的成本，还要追究其相关刑事责任和相关监管部门负责人的责任，这既维护了法律的权威性和震慑力，也可以促进法律的有效实施，从而保护人们的健康安全。

---

① 郑红军：《农产品质量安全控制综观研究》，人民出版社 2011 年版，第 216～219 页。

② 李中东、房德东：《农产品质量安全的宏观控制研究》，载《山东工商学院学报》2010 年第 2 期。

六、加重农产品质量安全法律责任

完善农产品质量安全的法律责任，应当坚持公平与正义的原则，既不能加重相关利益主体的负担，又要对其具有一定的合理的威慑。以平衡消费者的权益保护与生产者的生产热情，经营者的经营成本来确定相关主体责任，以体现法的公平性与正义性。

（一）农产品质量安全的民事责任

1. 农产品质量安全的瑕疵责任

对于农产品的瑕疵责任，《农产品质量安全法》虽然进行了大篇幅的规定，但大多属于准用性规则，需要援引其他法律法规方能理解。如对于销售含有禁用农药的农产品的处罚，就需要参看好几个法条（第33条、第50条、第52条），之后才能在法律应用中明确处罚主体、处罚内容、处罚依据等事项。综上笔者认为为了使法律的应用性效率得到提升，应当驻足于法律法规的修改方面，尽量使法条具体化，降低法条使用过程中的低效率化。此外，国务院颁布的《关于加强食品等产品安全监督管理特别规定》第3～7条对产品安全的不同主体不同阶段的责任均进行了明确规定并且较之前的规定更加细化，处罚力度也大大增加。在该规定的作用下，产品安全有了大大的提升，这也对农产品的质量安全提供了借鉴意义，对于农产品从生产到销售全过程任何一个环节中产生的瑕疵责任都应该加大对责任主体的惩罚，尽量从源头上保证农产品安全。

2. 农产品质量安全的缺陷责任

基于我国的国情，对农产品相关责任主体而言，不适用美国等国家所规定的统一的严格责任，而更宜适用过错责任、过错推定责任与严格责任相结合的归责原则。其中，对农户适用过错责任，对农产品生产企业适用严格责任，对农产品经营者包括农业投入品经营者适用过错推定责任，若农产品本身存在缺陷，而经营者故意继续销售，此时应与生产者承担连带责任。

购买农产品的主体，在一定程度上我们可以认为其是消费者。作为消费者，如果在使用了购买的农产品后造成损害，主张权利要区分是否具有买卖合同。如果具有买卖合同，那么受害人则能够基于该合同主张违约责任和损害赔偿；如果没有买卖合同，受害者也可以主张侵权，以维护自己的合法权益。①

对于农产品缺陷责任，《农产品质量安全法》将其归责原则确定为无过错责任原则，当初立法者的意图是在最大限度上保障农业产业的稳定，但目前我国虽有

① 李朋：《农产品质量安全法律规制问题研究》，河南师范大学2012年硕士学位论文，第25页。

超1/3的人口从事与农业生产相关的工作,但我国的农业产业与第二产业、第三产业相比占比仍然较小,因此较之严苛的无过错责任原则,适用过错责任原则更契合我国目前扶持农业发展的初衷。因此在农产品缺陷责任方面我们可以参照《产品质量法》将其归责原则确定为过错责任原则,即消费者因农产品缺陷导致损害提起诉讼时,应当同时附有证据证明其损害与生产者或者销售者有因果关系的责任,在其无法举证或者举证无法证明的情况下,被告不用承担相应责任。

3. 界定无过错和免除责任的法定情形

无过错在农产品产业当中具体表现为相对于消费者所处的产业链的下游位置,与之相对的制造、加工、销售等主体就处于上游位置,只要其在农产品侵权案件中能够证明其提供的相关农产品信息是在符合法律法规规定情形下作出的,即可推定其本身不具有过错,从而不用承担损害赔偿责任。免除责任相对于无过错则更加明确一些,借鉴《产品质量法》相关规定,我们可以作出下列说明:(1)农产品上游主体尚未将产品交付消费者的;(2)农产品虽已交付,但在投入流通后交付前产品缺陷并未显现;(3)以当时的科学技术并不能发现或者避免该类产品缺陷的。只要农产品产业链的上游主体能够证明其满足上述条件之一的,即可免除其承担损害赔偿的责任。通过上述法律条文的明确,为农产品上游主体承担责任的具体情形进行了细化,做到了有法可依。另外,符合法律规定的农产品相关信息即可使上游主体免于承担责任,这也有利于该类主体积极践行农产品信息的收集、记录、归纳和保存等相关事宜,保障了农产品信息可追溯制度的进一步完善,为农产品安全增添助力。

(二)农产品质量安全的行政责任

行政责任主要有行政处罚和行政处分,对不同的主体,运用不同的处罚原则。

从行政责任主体上看,可以分为农产品监管人员的法律责任和行政相对人的法律责任。《农产品质量安全法》从我国实际出发,按照"从严要求和区别对待"的原则,对广大农户重在引导、教育和技术指导;对农产品质量安全检测机构、农民专业合作经济组织、生产销售企业、批发市场等组织化程度较高的主体则重在健全制度,规范行为。因此,农产品质量安全检测机构、农民专业合作经济组织、生产销售企业、批发市场等主体是《农产品质量安全法》监管的主要对象,是违法责任的主要承担者,其法律责任也相对较重。

1. 与生产者、销售者相关的行政责任:

(1)农业投入品不符合法律法规的规定

《农产品质量安全法》规定:在农业投入品的使用过程中不符合法律、行政法规或者其他强制性规定的,依照相关规定处罚。从实务案例来看,目前涉及的包括《渔业法》《种子法》《农药管理条例》等。

(2)填写、保存农产品生产记录不合格的

《农产品质量安全法》第47条规定，农产品产业链的上游主体没有填写、保存农产品生产信息，或者以虚假方式填写、保存农产品产业信息的，应当责令限期改正；在规定时间内不作为的，行政主体可以处2000元以下的罚款。这一规定首先对上游主体进行教育，在其仍然不改的情况下才处罚款，说明了处罚程序的多样化，有利于督促主体填写农产品信息的积极性，同时对农产品质量安全的追溯制度也有帮助。

(3)包装销售的农产品未按规定包装的①

《农产品质量安全法》第48条规定，对违反本法第28条规定，用于销售的农产品在加工过程中的包装、标识行为不符合法律规定的，应当责令限期改正；在规定时间内不作为的，行政主体可以处2000元以下的罚款。上游主体中的生产企业、专业性合作经济组织、单位或者个人不得违规进行包装或者标识。

(4)《农产品质量安全法》有关条文规定：农产品加工过程中用到的添加剂、防腐剂等一系列化学添加剂不符合国家规定的行业规范的，应当责令销售者停止售卖，由具有资质的主体对该类农产品进行无害处理，难以处理的，应当尽快销毁；同时对作出该行为的主体处以2万元以下的罚款。

(5)农产品产业链上游主体中的生产企业、专业性经济合作组织有前文第(4)项中所述情形的，依照第(4)项承担相应的行政责任。同时，上游主体中的销售者有上述行为并且给消费者造成了人身或者财产损失的，还应当承当损害赔偿责任。

2. 农产品质量安全监督管理人员的行政责任

《农产品质量安全法》第43条规定，在农产品质量安全管理机构的工作人员在行使职权中不作为或者滥用职权的，应当依法作出行政处分。主要包括《行政机关公务员处分条例》《公务员法》《行政监察法》中所规定的警告、记过等处罚措施。该条文贯彻了行政工作人员权责统一的原则，有利于各级负责农产品质量安

---

① 2006年11月1日起施行的《农产品包装和标识管理办法》规定，应当包装销售的食用农产品包括获得无公害农产品、绿色食品、有机农产品等认证的农产品以及省级以上人民政府农业行政主管部门规定的其他需要包装销售的农产品，但鲜活畜、禽、水产品除外。未按规定进行包装是指应当包装销售的食用农产品未经包装进行销售或者使用包装的材料、保鲜剂、防腐剂、添加剂等不符合强制性技术规范的要求；而未按规定进行标识，是指包装销售的农产品，未在包装物上标注或者附加标识，标明品名、产地、生产者或者销售者名称、生产日期，以及有分级标准或者使用添加剂的，未标明产品质量等级或者添加剂名称；未包装的农产品，未采取附加标签、标识牌、标识带、说明书等形式标明农产品的品名、生产地、生产者或者销售者名称等内容。

全的行政机构能够主动履职，依法履职，增加行政公信力，同时通过国家强制力保障农产品质量安全。

3. 实行健全的行政问责制度

（1）完善监管体系、严格主体问责。[①] 当前我国相关法律，如《种子法》《产品质量法》等将监管职责的模式确定为分段监管与分类监管相结合。因此在《农产品质量法》中笔者建议形成以农业部门为主，同时质检、工商等部门联合执法的形式，这样联合执法不仅可以提高行政效率，而且可以避免多次执法对农产品上游主体造成的困扰，健全监管体系。另外，尽管多部门执法，但仍然应当由每级政府负总责，由政府相关负责人员督促多部门加强联合执法，变有序监管为日常监管；一旦这些机构有行政不作为或者滥用职权的行为，给相对人造成损失的，首先应当明确政府负责人的责任，进而追究其他分管部门的责任，贯彻"有权必有责，用权受监督"的原则，把好农产品质量安全的政府关，为农产品质量安全增添强有力的保障。

（2）增强问责的时效性，建立透明公开的农产品质量安全监控网络。"阳光是最好的防腐剂"，在把关农产品质量时，应当公布农产品从生产、加工、销售等各个环节的信息，并由农业部门和质检部门联合对生产企业进行视察，抽检样品，一旦发现不合格即由工商部门负责作出停产停业的处罚。另外，还可以联合媒体，运用舆论的力量敦促上游主体主动避免自身生产过程中存在的违法行为。此外，在这一平台中还可以关联周边省市的农业部门，实现数据共享，并对周边地区提供的重要数据进行分析，防微杜渐，避免本地出现同样的农产品质量数据。完善这一信息网络监管平台，一方面能大大增强问责的力度和实效性，一旦发生事故相关政府机构能够及时作出处理，防止损失的扩大；另一方面信息的公开透明也有利于公众进行查阅，增强公众的农产品质量安全知识和权力保护意识。

（三）完善农产品质量安全的刑事责任

《农产品质量安全法》规定违反本法构成犯罪依法追究刑事责任的主要有：

1. 行政机关中的农产品质量安全负责人员在履职过程中有不作为或者滥用职权行为，给农产品生产链上的相关主体造成损失，情节严重的追究刑事责任，以滥用职权罪、玩忽职守罪承担刑事责任。

2. 农产品质量安全检测机构伪造检测结果，构成犯罪的，依照《刑法》第229条的规定追究刑事责任。即中介组织提供虚假证明文件罪定罪量刑。

3. 有关主体违反规定向农产品生产地或者加工地投放废水、废气及其他危险

---

① 钟娟：《我国农产品质量安全行政问责制探讨》，载《农产品质量与安全》2010年第5期。

物质,情节严重构成犯罪的,以重大环境污染事故罪定罪处罚。

4. 销售的农产品有本法第 33 条所列情形之一,构成犯罪的,依照《刑法》第 143 条、第 144 条的规定追究刑事责任。即以生产、销售不符合安全标准的食品罪和生产、销售有毒、有害食品罪定罪处罚。

另外,如果该违法行为符合刑法其他条款规定的,也应当承担相应的刑事责任。

可见,关于农产品质量安全的刑事法律责任规定不是十分完善,农产品质量安全是一个完整的过程,其中会牵扯各种法律问题。因此,对于农产品质量安全的刑事责任,我们需要更为具体、专业的规定。对于农产品质量安全应更加重视,刑事法律责任的规定也应当更为完善。

降低立法成本,遏制犯罪发生。① 立法的过程是非常复杂的,所以也需要很大的成本付出。为了降低立法成本,还需要采取其他措施减少各种犯罪的发生率,而且实际上,任何人犯罪也是需要一定成本的,在准备犯罪、实施犯罪以及犯罪后的处理行为都需要一定的成本。如果犯罪所导致的净社会成本和预防犯罪以及与犯罪作斗争的成本之间保持平衡,那么社会威慑则处于最优状态。然而法治化的成本也是有限度的,要控制这个限度主要遵循以下标准:首先,该成本是不是一个社会或者人民群众可以承担的;其次,该成本是不是能够发挥出对其预想的效果。因此,我们应该精准立法,保证每一部法律的质量,避免任意性,及时发现法律的缺陷并对其进行修改;对于农产品质量安全事故应该加大对侵权行为者的惩处力度,提高违法成本,增强法律的震慑力,促使他们按照法律规定的标准进行生产或销售。

---

① 刘慧萍:《农产品质量安全刑法规制的威慑机理及实现途径》,载《东北农业大学学报》(社会科学版)2010 年第 2 期。

参考文献

文件和公约:

[1]《人类环境宣言》,1972 年。

[2]《里约热内卢环境与发展宣言》,1992 年。

[3]国务院:《国家突发公共事件总体应急预案》,2006 年。

[4]《国家环境与健康行动计划》,2007 年。

[5]中国环境与发展国际合作委员会:《中国环境与健康管理体系与政策框架》,2008 年。

[6]《国家环境与健康行动计划(2007 - 2015)》。

[7]《国民经济和社会发展第十二个五年规划纲要(全文)》。

[8]《经济、社会及文化权利国际公约》,联合国大会 1966 年 12 月 16 日通过。

[9]国务院新闻办公室:《中国应对气候变化的政策与行动》,2008 年。

[10]中国环境与发展国际合作委员会:《中国环境与健康管理体系与政策框架》,2008 年。

[11]卫生部国家环保总局:《关于印发卫生部国家环保总局环境与健康工作协作机制的通知》,2007 年 2 月 15 日。

[12]世界卫生组织:《2007 年世界卫生报告——构建世界安全未来》,人民卫生出版社 2007 年版。

[13]世界卫生组织:《国际卫生条例(2005)》(第 2 版)。

[14]世界卫生组织:《2008 年世界卫生报告——过去

重要现在更重要》。

[15]世界卫生组织:《2009 年世界卫生统计》。

[16]世界卫生组织:《2011 年世界卫生统计》。

[17]《卡塔赫纳生物安全议定书》,2003 年 9 月 11 日生效。

[18]《水与健康议定书》,2005 年 8 月 4 日生效。

[19]《濒危野生动植物物种国际贸易公约》,1975 年 7 月 1 日正式生效。

[20]《关于保护臭氧层的蒙特利尔议定书》,1987 年 9 月 16 日签署。

[21]《实施动植物卫生检疫措施的协议》。

[22]《关于持久性有机污染物的斯德哥尔摩公约》,2004 年 5 月 17 日生效。

[23]美国《公共健康安全与生物恐怖预备应对法》,2003 年 12 月 12 日实施。

著作:

[1]国家环保总局:《中国国家生物安全框架》,中国环境科学出版社 2000 年版。

[2]杨志峰、刘静玲:《环境科学概论》,高等教育出版社 2004 年版。

[3]蔡守秋主编:《欧盟环境政策法律研究》,武汉大学出版社 2002 年版。

[4]王曦:《美国环境法概论》,武汉大学出版社 1992 年版。

[5]陈慈阳:《环境法总论》,中国政法大学出版社 2003 年版。

[6][美]理查德·B. 斯图尔特:《美国行政法的重构》,沈岿译,商务印书馆 2002 年版。

[7]王灿发:《环境纠纷处理的理论与实践》,中国政法大学出版社 2002 年版。

[8]那力:《WTO 与公共健康》,清华大学出版社 2004 年版。

[9][美]霍尔姆斯·罗尔斯顿:《哲学走向荒野》,刘耳、叶平译,吉林人民出版社 2000 年版。

[10]郭太生:《灾难性事故与事件应急处置》,中国人民公安大学出版社 2006 年版。

[11]贾振邦:《环境与健康》,北京大学出版社 2008 年版。

[12]裴洪平、汪勇:《我国环境规划发展趋势探析》,重庆环境科学出版社 2003 年版。

[13]增光:《中国公共卫生与健康新思维》,人民出版社 2006 年版。

[14]崔野韩、王富华:《科学认知放心消费——农产品消费安全面对面》,中国农业出版社 2011 年版。

[15]刘志扬:《应对食品安全危机中国农产质量安全目标与制度研究》,青岛

出版社 2005 年版。

[16]任天鹏:《农产品质量安全法律制度研究》,社会科学文献出版社 2009 年版。

[17]《国家环境保护局中国环境科学研究院总量控制技术手册》,中国环境科学出版社 1990 年版。

[18]姜庆五等:《世界重大灾害事件记事》,公共卫生安全与应急处置系列书 2004 年版。

[19]郑红军:《农产品质量安全控制综观研究》,人民出版社 2011 年版。

论文:

[1]吕忠梅:《论公民环境权》,载《法学研究》1995 年第 6 期。

[2]郭冬梅:《危险品运输管理体制刍议——基于欧洲各国危险品运输管理经验借鉴》,2008 年危险品运输国际论坛论文,2008 年 5 月,山东济南。

[3]国冬梅、张立、周国梅:《重金属污染防治的国际经验与政策建议》,载《环境保护》2010 年第 1 期。

[4]罗吉:《我国重金属污染防治立法现状及改进对策》,载《环境保护》2012 年第 18 期。

[5]常纪文:《无过错环境污染损害的赔偿限度研究》,载《政策研究》2001 年第 8 期。

[6]李锴、周辉:《试论我国环境损害赔偿的国家责任》,江西社会科学 2007 年版。

[7]高振会:《建立我国海上溢油应急体系专项基金刻不容缓》,载《中国海洋报》2006 年第 7 期。

[8]李艳芳:《论公众参与环境影响评价中的信息公开制度》,载《江海学刊》2004 年第 1 期。

[9]於方、王金南、王灿发、杜光秋:《如何推进环境损害评估鉴定和赔偿修复》,载《环境保护》2010 年第 8 期。

[10]肖巍:《现代社会重视公共健康》,载《学习时报》2008 年 4 月 7 日,第 2 版。

[11]王洪涛、郭纯青:《城市水环境安全性与城市可持续发展》,载《安全与环境工程》2003 年第 10 期。

[12]柯岫:《应尽快启动国家层面的环境健康调查工作》,第五期中国现代化研究论坛论文,2007 年 8 月,北京。

[13]罗吉:《我国重金属污染防治立法现状及改进对策》,载《环境保护》2012年第18期。

[14]宋宗宇、颜可:《论环境侵权损害赔偿责任的社会化》,载《重庆工学院学报》2005年第1期。

[15]许春丽、李保新:《日本大气污染的控制对策及现状》,载《环境科学动态》2001年第3期。

[16]宋瑞金、廖岩:《国外制定国家环境与健康行动计划的基本思路与框架》,载《环境与健康杂志》2007年第1期。

[17]李长健、卞晓伟、吴薇:《我国农产品质量安全的法律监管探究》,载《青岛农业大学学报》(社会科学版)2009年第1期。

[18]杜国明:《农产品质量安全的立法研究》,载《河北法学》2008年第9期。

后　记

随着环境问题日益严重，各种疾病和自然灾害等使公共健康安全受到严重威胁，公共健康安全已成为人类社会实现可持续发展目标所面临的巨大挑战，建立并完善环境与公共健康安全法律制度体系是一项长期而艰巨的任务。

环境与公共健康安全保护法律问题是一个全新领域，涉及环境法学、环境经济学、环境管理学等多种学科的交叉与融合，本书只是对其中的部分问题作了初步探讨，还有诸多问题有待于进一步深入研究。

今后涉及研究的主要问题，一是进一步对重金属污染物、持久性有机物等污染物对公共健康安全危害的法律监督研究；二是对气候变化对公共健康安全影响法律对策分析；三是深入对环境与公共健康安全风险防范法律对策研究。

翻阅本书，尽管其中还存在不少问题，但总体来说具有一定的前沿性、创新性以及学术价值、应用价值。在本书的撰写过程中，我得到了西北政法大学出版基金的资助，在此深表谢意。感谢西北政法大学领导、专家、经济法学院和科研处给予的大力支持，他们为该书的顺利完成做了大量的工作。该书籍的出版并不代表我对环境与公共健康安全法律问题研究的结束，而是一个良好的起步和开始，我将会继续关注相关法律问题的研究。本书如有不足之处恳请读者批评指正。

韩利琳

2019 年 12 月于西北政法大学

图书在版编目(CIP)数据

环境与公共健康安全法律问题研究 / 韩利琳，王继恒著. -- 北京 : 法律出版社，2020
(长安经济法学文库)
ISBN 978-7-5197-4333-8

Ⅰ. ①环… Ⅱ. ①韩… ②王… Ⅲ. ①环境影响－健康－环境保护法－研究－中国 Ⅳ. ①D922.680.4

中国版本图书馆 CIP 数据核字(2020)第 047208 号

环境与公共健康安全法律问题研究 HUANJING YU GONGGONG JIANKANG ANQUAN FALÜ WENTI YANJIU	韩利琳　王继恒 著	策划编辑 沈小英 责任编辑 沈小英　张泽华 装帧设计 贾丹丹

出版 法律出版社
总发行 中国法律图书有限公司
经销 新华书店
印刷 北京虎彩文化传播有限公司
责任校对 王晓萍
责任印制 吕亚莉

编辑统筹 法治与经济出版分社
开本 710 毫米×1000 毫米　1/16
印张 16.75
字数 341 千
版本 2020 年 6 月第 1 版
印次 2020 年 6 月第 1 次印刷

法律出版社/北京市丰台区莲花池西里 7 号(100073)
网址/www.lawpress.com.cn
投稿邮箱/info@lawpress.com.cn
举报维权邮箱/jbwq@lawpress.com.cn
销售热线/400-660-8393
咨询电话/010-63939796

中国法律图书有限公司/北京市丰台区莲花池西里 7 号(100073)
全国各地中法图分、子公司销售电话：
统一销售客服/400-660-8393/6393
第一法律书店/010-83938432/8433　西安分公司/029-85330678　重庆分公司/023-67453036
上海分公司/021-62071639/1636　深圳分公司/0755-83072995

书号:ISBN 978-7-5197-4333-8
定价:78.00 元
(如有缺页或倒装,中国法律图书有限公司负责退换)